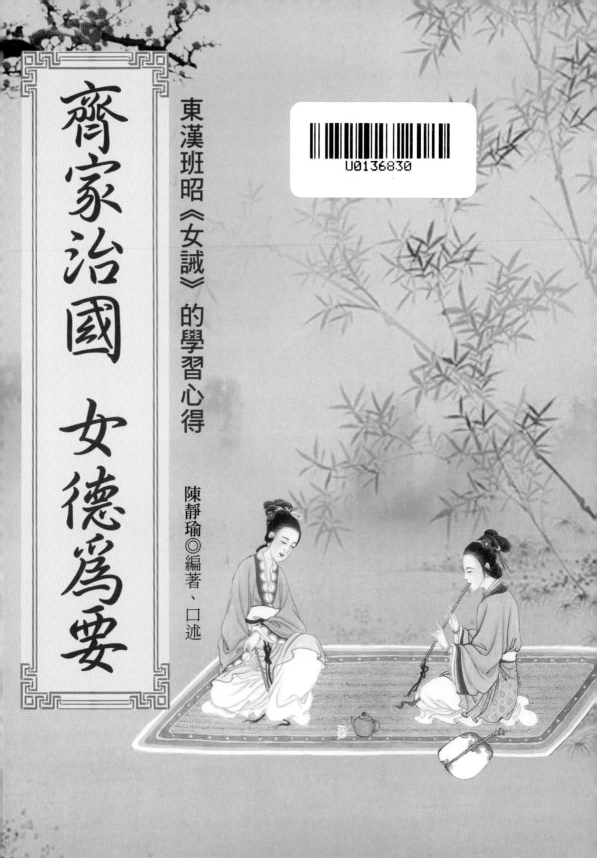

齊家治國 女德爲要

東漢班昭《女誡》的學習心得

陳靜瑜◎編著、口述

2014年雷州傳統文化論壇。

2015年10月於天湖淨寺。

2015年10月參訪福建泰寧古城。

2014年6月於梅州千佛塔寺講述《女德》。

2014年於香港三寶中心講述《朱子治家格言》。

和叔妹

　　求叔妹之心。固莫尚于謙順 。謙則德之柄。順則婦之行。知斯二者。足以和矣。詩曰。在彼無惡。在此無射。此之謂也。

前言：母教為天下太平之源

　　古人云：「建國君民，教學為先。」世出世間的複雜問題，唯一的解決方法就是教學。當今世界動亂，其根源在於家庭教育的喪失。

　　家庭就如同一棵大樹的樹葉，樹葉得不到養分就會腐壞、枯萎；大樹的生命正是要仰賴樹葉去吸收陽光、水分及各種養分，才能長得繁茂健壯，綠葉成蔭。而今社會家庭教育喪失了，兒女不懂得孝順父母、不懂得尊敬長輩，於是必定隨順煩惱習氣，胡作妄為，危害社會，社會何時方有安寧之日呢？

　　在中國歷史上，周朝享國最為悠久，達八百年之久。周朝之所以能有如此輝煌的成就，得力於周朝的三太：周文王的祖母太姜、母親太姙以及他的夫人太姒。三太都是厚德載物的聖人，她們教導出來的文王、武王、周公，都是德傳萬世的聖賢，周家所累積的德行非常深厚，才得以享國八百年，這都是得力於三位賢德母親的教導。

　　所以後世稱妻子為「太太」，根源就在於此，正是希望妻子都能夠學習太姜、太姙、太姒，把兒女培養成為聖人賢人。印祖說：「治國平天下之權，女人家操得一大半，蓋以母教為本也。」三太的行持，正是後世女子最好的典範。

　　諺語常說：「大道肇端乎夫婦。」

　　此話義理深遠無比。古禮男女結婚，婚禮非常之隆重，亦非常之繁瑣。這是因為兩個人的結合，並不是二人自己的

事情，而是與整個社會國家，乃至虛空法界均有密切關係，因此需慎重其事，不可草率。兩個人結婚，在家庭中是對祖先及後裔負責任；在社會上需對社會、國家負責任，要知道社會的安定、國家的興衰，與婚姻家庭有密切關係。夫妻就如同大樹上的一片樹葉，樹葉健康，樹木才能壯大，若是枝葉敗壞，對整棵大樹的生存就構成傷害。婚姻是道義的結合，應明瞭聖人之大道，並各盡本分的義務，方爲道義。

中國自古以來最爲重視家庭教育，家庭是否有前途，是否能夠興旺，完全取決於家教。然而當今做父母的本身就沒有受過好的家庭教育，雖生育兒女，卻不知如何教導兒女，於是孩子長大後叛逆、反叛成性，從而造成嚴重的社會問題。

教育的第一件大事，即是教導人們明瞭人與人之間的關係，此即是倫理的教育：父子關係、兄弟關係、夫婦關係、朋友關係、君臣關係。中國人將倫理教育分成五大類，即是五倫。五倫維繫著虛空法界的秩序，這個道理只有聖賢之人方能究竟明瞭，因此他們的生活正是在「替天行道」。

從前婚姻是道義之結合，現今婚姻是男女之亂愛，把倫理道德全部都破壞了，根本既已動搖，社會哪有不動亂的道理？當今之世，婚姻觀念異常淡薄，離婚率很高，離婚給兒女造成的傷害，是極其嚴重的。離婚家庭的兒女身心發育不正常，將來必然會危害社會、危害國家，這個罪業極重，夫婦都要背負因果責任！現代人不懂得自愛，如何能夠愛別人呢？

今日社會人與人之間的往來是利害，利害必然無法維持長久。專門看別人的過失，看別人的缺點，天下沒有一個是

好人。何謂善人？善人專看別人的好處，專看別人的善處，而不記別人的缺點，天下人人都是好人。因此夫妻應懂得這個道理，彼此多看對方的善處與好處，婚姻才不會破碎。離婚都是因為天天看對方缺點而造成的，所以一定要把念頭轉變過來，這就要靠教育。這是社會國家的根本大事，也是整個社會動亂不安的根源所在。

印祖對這個問題嚴加責備，談到現代婦女離開了家庭，成為職業婦女，在社會上跟男人去競爭，要當女強人。雖然這一代可以做女強人，但是因為自己沒有時間去教導兒女，下一代就完了。像唐朝武則天過年的時候想要看牡丹，而牡丹是在三、四月才開花，正月不可能開放。為了迎合她的旨意，人們就把牡丹放到溫室之中去培養，利用三、四月時候的溫度與氣候，強迫牡丹提前開放。於是在正月初一時，宮廷之中就有許許多多的牡丹花迎春怒放。但是這種花一生只開一次，以後就永遠都不會再開花。今天婦女在社會上去爭權、爭地位，就如同違逆時節而開放的牡丹花一樣，自己這一代無比的榮耀，但是後代就沒有了。所以印祖說，社會的安危，女人要負一大半的責任。

女人本分的職責，就是要好好相夫教子，縱使自己能當總統，也不要去做，要讓丈夫去做，讓兒子去做。婦女要為國家社會培育人才，這才是她的大功大德。如果女人把自己本分的職責丟掉，而去做分外的事情，社會焉能不亂？古人所說的道理，能夠帶給社會長治久安，只有真理才能夠永傳不絕，若不是真實的道理，傳不了幾代就隱沒而不彰了。

所以印祖說：「教子為治國平天下之根本。」這是永恆不變的真理。

疏忽了兒童教育，使得孩子自幼就接受網路及電視的薰染，學習暴力、色情、殺盜淫妄，從而出現兒女殺害父母、兄弟互相殘殺案件。此類案件比比皆是，不絕於耳，使全社會都生活在憂慮不安的氛圍中，後果不堪設想。由此可知下一代的教育無比重要。

印光大師說：「而教女尤為重要也。以有賢女，方有賢婦賢母，賢母所生之兒女，皆為賢人。」在中國有一位劉芳女士，她曾經在企業家論壇上做了一個報告，談到如何做一位賢女、賢婦和賢母，她的報告非常感人。她以自己的身教言行，相夫教子，不但是助夫成德，而且把兒女都培養成為賢人。

而今靜瑜老師，開風氣之先，在中華大地上，把從古至今代代相傳的女德教育，切實落實在生活上，以自身的言傳身教，宣演東漢班昭的《女誡》，使女德教育蔚然成風，影響至為深遠。其敬慎卑弱、溫婉賢淑的風範與行持，誠為後世女子學習效法之典範。於此世衰道微的當今之世，此乃扶挽狂瀾的至善之舉。誠願天下女子，至誠效法古今的賢婦賢母，落實女子德、言、容、功四行，敦人倫，盡本分，如此世界家國之長治久安，則可指日而待也。

◆齊家治國 女德為要（女誡學習心得）

《女誡》原文

【原序】

　　鄙人愚暗，受性不敏，蒙先君之餘寵，賴母師之典訓。年十有四，執箕帚於曹氏，於今四十餘載矣。戰戰兢兢，常懼黜辱，以增父母之羞，以益中外之累。夙夜劬心，勤不告勞，而今而後，乃至免耳。吾性疏頑，教導無素，恒恐子穀負辱清朝。聖恩橫加，猥賜金紫，實非鄙人庶幾所望也。男能自謀矣，吾不復以為憂也。但傷諸女方當適人，而不漸訓誨，不聞婦禮，懼失容它門，取恥宗族。吾今疾在沉滯，性命無常，念汝曹如此，每用惆悵。間作《女誡》七章，願諸女各寫一通，庶有補益，裨助汝身。去矣，其勖勉之！

【卑弱第一】

　　古者生女三日，臥之床下，弄之瓦磚，而齋告焉。臥之床下，明其卑弱，主下人也。弄之瓦磚，明其習勞，主執勤也。齋告先君，明當主繼祭祀也。三者蓋女人之常道，禮法之典教矣。謙讓恭敬，先人後己，有善莫名，有惡莫辭，忍辱含垢，常若畏懼，是謂卑弱下人也。晚寢早作，勿憚夙夜，執務私事，不辭劇易，所作必成，手跡整理，是謂執勤也。正色端操，以事夫主，清靜自守，無好戲笑，潔齊酒食，以供祖宗，是謂繼祭祀也。三者苟備，而患名稱之不聞，黜辱之在身，未之見也。三者苟失之，何名稱之可聞，黜辱之可免哉！

【夫婦第二】

夫婦之道，參配陰陽，通達神明，信天地之弘義，人倫之大節也。是以《禮》貴男女之際，《詩》著《關雎》之義。由斯言之，不可不重也。夫不賢，則無以馭婦；婦不賢，則無以事夫。夫不馭婦，則威儀廢缺；婦不事夫，則義理墮闕。方斯二事，其用一也。察今之君子，徒知妻婦之不可不御，威儀之不可不整，故訓其男，檢以書傳，殊不知夫主之不可不事，禮義之不可不存也。但教男而不教女，不亦蔽於彼此之數乎！《禮》，八歲始教之書，十五而至於學矣。獨不可以此為則哉！

【敬順第三】

陰陽殊性，男女異行。陽以剛為德，陰以柔為用；男以強為貴，女以弱為美。故鄙諺有云：「生男如狼，猶恐其尪；生女如鼠，猶恐其虎。」然則修身莫若敬，避強莫若順。故曰敬順之道，為婦之大禮也。夫敬非它，持久之謂也；夫順非它，寬裕之謂也。持久者，知止足也；寬裕者，尚恭下也。夫婦之好，終身不離。房室周旋，遂生媟黷。媟黷既生，語言過矣。語言既過，縱恣必作。縱恣既作，則侮夫之心生矣。此由於不知止足者也。夫事有曲直，言有是非。直者不能不爭，曲者不能不訟。訟爭既施，則有忿怒之事矣。此由於不尚恭下者也。侮夫不節，譴呵從之；忿怒不止，楚撻從之。夫為夫婦者，義以和親，恩以好合，楚撻既行，何義之存？譴呵既宣，何恩之有？恩義俱廢，夫婦離矣。

【婦行第四】

　　女有四行，一曰婦德，二曰婦言，三曰婦容，四曰婦功。夫云婦德，不必才明絕異也；婦言，不必辯口利辭也；婦容，不必顏色美麗也；婦功，不必工巧過人也。清閒貞靜，守節整齊，行己有恥，動靜有法，是謂婦德。擇辭而說，不道惡語，時然後言，不厭於人，是謂婦言。盥浣塵穢，服飾鮮潔，沐浴以時，身不垢辱，是謂婦容。專心紡績，不好戲笑，潔齊酒食，以奉賓客，是謂婦功。此四者，女人之大節，而不可乏之者也。然為之甚易，唯在存心耳。古人有言：「仁遠乎哉？我欲仁，而仁斯至矣。」此之謂也。

【專心第五】

　　《禮》，夫有再娶之義，婦無二適之文，故曰夫者天也。天固不可逃，夫固不可離也。行違神祇，天則罰之；禮義有愆，夫則薄之。故《女憲》曰：「得意一人，是謂永畢；失意一人，是謂永訖。」由斯言之，夫不可不求其心。然所求者，亦非謂佞媚苟親也，固莫若專心正色。禮義居潔，耳無塗聽，目無邪視，出無冶容，入無廢飾，無聚會群輩，無看視門戶，此則謂專心正色矣。若夫動靜輕脫，視聽陝輸，入則亂髮壞形，出則窈窕作態，說所不當道，觀所不當視，此謂不能專心正色矣。

【曲從第六】

　　夫「得意一人，是謂永畢；失意一人，是謂永訖」，欲人定志專心之言也。舅姑之心，豈當可失哉？物有以恩自離者，亦有以義自破者也。夫雖云愛，舅姑云非，此所謂以義自破者也。然則舅姑之心奈何？固莫尚於曲從矣。姑云不，爾而是，固宜從令；姑云是，爾而非，猶宜順命。勿得違戾是非，爭分曲直。此

則所謂曲從矣。故《女憲》曰：「婦如影響，焉不可賞！」

【叔妹第七】

　　婦人之得意於夫主，由舅姑之愛已也；舅姑之愛已，由叔妹之譽已也。由此言之，我之臧否譽毀，一由叔妹，叔妹之心，復不可失也。皆莫知叔妹之不可失，而不能和之以求親，其蔽也哉！自非聖人，鮮能無過。故顏子貴於能改，仲尼嘉其不貳，而況婦人者也！雖以賢女之行，聰哲之性，其能備乎！是故室人和則謗掩，外內離則惡揚。此必然之勢也。《易》曰：「二人同心，其利斷金。同心之言，其臭如蘭。」此之謂也。夫叔妹者，體敵而分尊，恩疏而義親。若淑媛謙順之人，則能依義以篤好，崇恩以結援，使徽美顯彰，而瑕過隱塞，舅姑矜善，而夫主嘉美，聲譽曜於邑鄰，休光延於父母。若夫蠢愚之人，於叔則托名以自高，於妹則因寵以驕盈。驕盈既施，何和之有？恩義既乖，何譽之臻？是以美隱而過宣，姑忿而夫慍，毀譽布於中外，恥辱集於厥身；進增父母之羞，退益君子之累。斯乃榮辱之本，而顯否之基也。可不慎哉！然則求叔妹之心，固莫尚於謙順矣。謙則德之柄，順則婦之行。凡斯二者，足以和矣。《詩》曰：「在彼無惡，在此無射。」其斯之謂也。

學習女誡的意義

親愛的各位老師，大家好！今天我們能有這樣殊勝的因緣，大家一起來學習《女誡》，真的是非常感恩。女德，可能對於現代社會中的女性聽起來是一個比較陌生的詞。我記得前兩天有一位老師還問我說，什麼叫女德？

女德是什麼呢？女德就是女子的道德品行。在今天的社會裡，可能很少有人去關注這個話題，更多的人是關注如何賺錢，如何提高自己在社會的名望、地位。女子多關注於自己的家庭是否更幸福，生活指數是否更高，但是這些幸福源泉卻沒有人去注意到。在中華民族五千年優秀的傳統文化中，祖先給了我們淳淳良善的女德的道德教育，這就是女子如何能夠獲得生活幸福的源泉。

我在這幾年學習傳統文化的過程中，有很多心得，也多次在論壇和講座中和大家分享。應很多朋友的邀請，我來跟大家一起學習一下《女誡》。《女誡》是一部只有一千八百多字的小冊子，是東漢時期班昭專門對女子寫的一部道德教育的書，是我國最早的女德教育的教材。所以我們可以看到，在中國古代其實是很重視女子的素質教育的。為什麼呢？因為有這樣的話─「王化出自閨門」。「王」是國王的王，「化」是教化的化。一個國家的教化出自於閨門，閨門是女子的出入的門戶。「家利始於女貞」，家裡要是有利，始於女子的貞德。所以自古以來，有賢才，得先有賢子；有賢子呢，得先有賢母；有賢母，得先有賢女。歸根究柢，還是母親，母親很重要。那麼好母親是怎麼來的呢？是教出來的。在今天的社會中，為什麼會忽視掉這樣的問題？是因為我們忽視傳統文化的教育。

第一講我們來探討學習女德的重要意義，我從三方面來跟

大家分享。第一個問題就是現代的女子不明白自己的本分是什麼。所謂「敦倫盡分」，就是女子在社會上、在家庭裡，到底是處於一個什麼樣的地位，己的使命是什麼，責任是什麼，有什麼樣的重要意義。

她自己不曉得，這是很麻煩的事情，就會無所適從，不知道從哪裡入手、怎麼做。所以《易經》上有一句話，「女正位乎內，男正位乎外，天地之大義也」。這句話現在很少有人提，但是它正好指出了男女的不同，就是在傳統文化的五倫關係中，第一倫「夫婦有別」。那「別」在哪呢？就「別」在《易經》裡指出來的這句話，一個在於「外」，一個在於「內」。外，由男子來承當，是指男子在外扛起一家的經濟重擔；內，由女子承擔，由女子培養家族的下一代傳人。而內比外更重要。為什麼呢？因為女子的使命是是「相夫教子」。「相」是幫助的意思，就是要助夫成德，要把先生的德行給助長起來。我們要想一想，自己要是沒有德行的話，怎麼能夠去成就別人的德行呢？這樣的事情是沒有過的。你自己懵懵懂懂的都不知道怎麼一回事，又怎麼能知道別人的問題所在呢？更別說去指導別人了。教子就是善教兒女。兩個比較起來，「教子」比「相夫」還要重要。什麼叫「相夫」呢？什麼是善教兒女呢？我們現在也在教，但是把兒女都教成什麼樣子了呢？將來長大令父母頭疼，進到學校後讓老師心痛，這是很麻煩的事情。如何叫善教呢？首先我們要有教育的能力，自己要有道德、要有學問。所以一個女子的使命，我們從這裡可以看出來，這個「別」是非常重要的，「內」比「外」還要重要。像一個國家一樣，對外可以不來往，但是絕對不可能沒有對內的管理。家庭是這樣，社會呢？國家呢？都是這樣。

《易經》後面緊接著這句話是「家人有嚴君焉，父母之謂也。父父，子子，兄兄，弟弟，夫夫，婦婦，而家道正。正家而天下定矣。」這句話的意思是什麼呢？是說家庭要有威嚴的家長，那就是父親和母親。在一個家庭裡，父子、兄弟、夫婦，他

們之間的關係，要依據倫常而行，只有這樣家風才會端正。家風如果端正了，那麼天下也就安定了。這句話裡有很深、很深的含義，但也包含了古代傳統文化的精髓。所以我們學習傳統文化其實是很簡單的，我經常跟人說的就是四個字，一個「五倫」，一個「五常」。「五倫」是讓你明白，人與人之間交往的五種關係，每一個人的一生都離不開這五種關係。「五常」是自己修行的五個根本。「五倫」第一個是父子有親，第二個是長幼有序，第三個是夫婦有別，第四個是君臣有義，第五個是朋友有信。「五常」是「仁、義、禮、智、信」。

我們一條條來討論。首先，我們解釋什麼叫父子有親。親的含義是「沒有分別的」。這種「沒有分別」究竟說明了什麼呢？是指父與子之間的感情是不講任何條件的，這是一。第二，父與子之間的情意是要理智的，是要有智慧的。我們現在幾乎都是不講條件的，比如說父親很有錢，可以無條件地給兒子買很多好吃的、好玩的，但他是沒有智慧的，不依據理智的，完全是依據情感來行事。這種對孩子的溺愛，完全放縱了對孩子的教育。所以古代傳統文化裡所講的「父子有親」，它其實有很深、很深的含義。如何把這個學透了，也就能夠明白什麼叫「父慈子孝」。至於父親怎麼慈，母親怎麼慈，我們在後面的《教子篇》裡會講到。「慈愛要不至於姑息」，就是不要放縱；「嚴厲要不至於傷恩」，對孩子太嚴不要傷了恩情。現代人不學習，沒有智慧，把握不好分寸尺度，這個就比較麻煩。

第二個是「長幼有序」。「長幼有序」講的是在家裡，兄弟姐妹之間要有禮讓和諧的倫理的順序，正如《弟子規》裡所講的「兄道友，弟道恭」，要守住自己的本分。

第三個是最重要的，就是「夫婦有別」，「夫婦有別」實際上講的是夫義婦聽。我們在學習傳統文化的女德教育裡曾經有這樣的一段話，可用來形容女德教育的重要意義－「治天下首正人倫」，是指想把天下都管理好，首要之務就要把人與人之間的

關係擺正了。「倫」就是指人與人之間的關係。「首正人倫」要首正夫婦，也就是夫婦之間的關係是五種關係裡最重要的一種。這個關係如果明確了、擺正了，其他的關係都會很好擺正，因為它是五倫的核心。正夫婦這一倫，要首正女德。也就是說，在夫妻關係之間，女子產生更關鍵的作用。在現代社會中我們也經常會發現，在家裡不安定的、鬧事的、抱怨的、挑起是非的、主動要離婚的女子，為數不少。女子要是心很安定，家裡就會比較太平，像一個定海神針一樣，大事化小、小事化無。夫義婦聽也是夫妻關係中最重要的一環。聽是「從」的意思。但是現代社會，有些人一提起古代的女德，第一個觀念就是指「男尊女卑，三從四德」，認為這個不好、壓抑女權、對女人不平等，還自以為是地予以全盤否定。實際上他們並沒有真正去瞭解其背後的真實含義，完全是按照自己的想法，想當然地認為它錯了。在古代的女子教育中，聽是在義以後，也就是說「夫義，婦才聽」。丈夫義的表現在哪裡呢？對妻子有情義、對朋友有道義、對父母有恩義，在情義、道義、恩義上，都能夠遵循祖先的教誨去行事，都能夠「有仁、有義」。所謂「仁愛、仁義」，就是「己所不欲，勿施於人」。想到自己就能夠想到別人。「義者，循禮也」。循是遵循、符合，就是做事情是符合道理的，而不是依據自己的感情來行事的。在這種情況下，做妻子的要完全去聽從先生，去輔佐他在外面成就事業，在家裡幫助他教育好後代，以承續他的事業。就怕先生忙碌了一生，到第二代後繼無人了。你是幫助他家裡培養接班人的，這個就很重要。這種情況下，作為妻子，怎麼可能沒有地位呢？怎麼會得不到丈夫的尊重呢？這是不可能的。先生對自己事業接班人的教育者、管理者一定是非常重視的、也一定會非常尊重的。你說的話丈夫必然是要考慮的，因為這會影響他後續的事業。所以在一個家裡面，如果能把夫妻關係弄明白了、弄清楚了，家裡的經就比較好唸。常說「家家都有本難唸的經」，這個難唸就難在女子「理不明、事不透」，做的時候糊裡

糊塗，所以就容易纏繞在家事中，而把家業給羈絆住了。夫妻，尤其是女人，要是把這個關係弄明白了，這個家就像個家了。

但是這個家要怎麼做才能像個家呢？基本上家是由四個元素所構成，如同蓋房子一樣，立好了四根柱子，就至少會有四面牆，每面牆都各有其意義存在，第一面牆要有家道，第二面牆要有家規，第三面牆要有家學，第四面牆要有家業。四面牆一圍起來之後，這個家就會形成有家風。家風良善，這個家就存續得長，百年基業，也就能夠延續下去。家風不善，所謂富不過二代，早早就斷落了。

什麼是家道呢？這個「道」，就是一家人要有道德。我們說得最簡單一點，最明瞭一點，家裡的人要積德、要行善。所謂「諸惡莫作，眾善奉行」。我們經常學傳統文化中很重要的一篇經典是《太上感應篇》，開篇第一句話就是「禍福無門，惟人自召；善惡之報，如影隨形」。夫妻組成一個家，怎麼做才能讓這個家不斷地積福，不斷地免禍，懂得趨吉避凶，做女人的，要明白這一點，就必須自己身體力行，領著孩子、引導丈夫去行善，不斷地去做這樣的事情。我們看《了凡四訓》，袁了凡的妻子每天都會幫助丈夫積德行善，有一次袁了凡發現妻子給孩子們做棉襖，用的都是不好的棉絮，就問為什麼？妻子回答道：「這樣可以節省更多的錢財，多做一些棉襖幫助那些貧困的人家。」袁了凡的命運能夠發生轉變，從短壽到長壽，從無子到有子，的確少不了家中賢妻的幫助。所以自古以來，賢妻乃家中一寶，好的女子正己化夫，育子成才，能改變一個家，乃至一個家族、一個民族的命運。一個有德行、有學識的女子能夠把家推到良善的大道上，這是最簡單的道。說白了，什麼是道？《大學》有很多論述，符合人性、符合自性、符合宇宙自然規律的，按照這個去做，就是在道上，不按這個去做，就不在道上。所以在古代，「德」，「道德」的「德」，與「得到」的「得」其實是相通的。也就是說，你按照自然規律、按照人的自性、本性去做，就

能夠得到你想要的一切；你不這麼做，就什麼也得不到。這就是家道。

　　什麼是家規呢？就是祖先留下的《弟子規》。誰是弟子呢？我們都是，我們是老祖宗的弟子，也是古聖先賢的弟子。我有一次聽蔡禮旭老師的課，蔡老師曾說，你這個「陳姓」是誰的後代呢？舜的後代，堯舜禹湯的「舜」的後代。當時我自己因認為自己沒有舜的德行，也沒有任何學問，而深感慚愧。是否再過幾百年、幾千年，我們祖先的德風、祖先的學問就會喪失殆盡呢？我們做後代的是無顏在九泉之下去面見祖先的，這是一件很令人羞愧的事情。所以自古以來有「不聽老人言，吃虧在眼前」的話。誰是老人？我們的祖先就是老人。我們現代人自以為很聰明，說現代不需要老祖宗的那些教誨，那些教誨不合時宜了。是不是這樣啊？我們祖先有他的智慧，他的精神財富，完全是跨越時空的，真的是這樣。因為它是符合人性的。只要是人，本性裡的東西永遠都是一樣的。透過文言文的傳遞（文言文本身並不像語言），隨著時代變化而變化，它完全保留了祖先的意思。我們只要一學就能夠明白、就能夠懂，然後應用到我們的生活之中，很簡單。前兩天我就很感慨於我們現代教育子女所採取的速食式教育法，它的訓練方式是：教了一兩句，孩子就得馬上給背出來，沒背出來時，家長就著急得不得了，心想都教了四、五遍，怎麼連「父母呼」這一句還背不明白呢？後來我回頭看《養正遺規》裡的教子篇，頓時就明白了，我們的教法錯了。因為我們的祖先教孩童的啟蒙教育並不是這樣的，它不像我們這樣，讀了一遍馬上就讓他背，而是反覆讀、反覆讀，讀到自然而然能夠成誦的時候，他自己就完全記住了，很符合人的自性，不需要強迫。

　　以前，一開始我教我三歲的二兒子讀書，教了一段之後，我就很想讓他背誦，他感到很煩，怎麼也背不下來，心裡又很急著玩。這個週六、週日，我又拿個小本跟他面對面一遍又一遍的地讀。在古代，這種連續讀了個十遍，基本上就能夠自己背下來，那必定是悟性很高、天分很好的孩子。有的可能得讀一百遍，才

能背下來，那倒也沒有關係。結果大概是十幾遍吧，他自己就完完全全地背下來了，很自然地沒有壓力。今天早上他坐在車裡就自己開始背起「入則孝……」，從頭到尾，琅琅上口。所以我有的時候真覺得很慚愧，我是碩士畢業，但哪怕是博士畢業，對於祖先總結出來的智慧的精華、經驗還是都給全部拋掉了。自己用的卻是屬於現代的方式方法教孩子，這是不符合自然規律的，所以難免會感到煩悶、苦惱，這是很正常的。

　　第三就是家學。一個家要有讀聖賢書的學習氛圍，絕對不能以吃喝玩樂為主。每到暑假，許多父母就張羅孩子國外旅遊、國內旅遊；平時琢磨孩子吃什麼，越豐盛營養越好。我們現代人的這些理念真的是需要好好反思。真正的營養不是來自於大魚大肉，絕對不是這樣子。粗茶淡飯、心態平和、清淨快樂，這就是最好的營養。天天吃鮑魚、海參，但是天天生氣、煩惱，也很麻煩，身體自然不可能好，很多人都是這樣。所以現代人就算沒有富貴命也會以得富貴病，糖尿病就是富貴病，最後什麼都不吃了，就讓你回歸粗茶淡飯。所以一個家最好的營養就是學問，要有學習的氛圍。就從媽媽開始吧！媽媽少一點逛街的時間，少一點美容打扮的時間，少一點出去遊樂的時間，少一點打麻將的時間，就能夠領著孩子學習，哪怕每天讀一點，功夫就在於能夠日積月累。昨天我在學古文的時候，《淮南子》裡的一篇文章就說，人都知道學習是有益於自己的，學習可以對自己有利，但為什麼都沒有得到真正的利益呢？其中的關鍵就在於「嬉戲」兩個字。「嬉」是玩耍的意思，「戲」是戲鬧的意思，一嬉戲就荒廢了，叫「業精於勤，荒於嬉」。你或許不覺得，但荒廢一點，不知不覺中，等到孩子長大了，想領他學習，已經沒有機會了，可能他也就完全不聽你的了。這是我們現在所面臨一個很大的問題。所以現代社會，應該從我們女子做起，從每一位母親做起，真正把心放平，真正去學習，不要不愛學習，媽媽不愛學習是件很糟糕的事情。你看那些很有成就的人，他的母親基本上都是比

較愛學習的，懂得一些道理的。端靠你自己去體悟，是有一定難度的，這就是家學。

最後才是家業。家裡有道德、有規矩、有學問，才能夠成就家的事業。事業雖然不一樣，但是扎的根基都是一樣的。現在講的事業也是速食式的，快速地發財、賺錢。但是沒有人會想到，賺錢之後怎麼辦？昨天我兒子就說了一句話，說媽媽你看這個車子很好，我長大了買來給你坐好不好？你說是不是很孝順啊！但我說不好。我們學傳統文化有四個字，叫「德不配位」，反過來就是你「德得配位」。車子是很好，它代表著一個位置。那媽媽反過來問你，你的德行能不能配得上？我這句話說完後，我大兒子老半天沒有說話，最後跟我說：「媽媽，我還是從好好學習，孝順父母開始。」我點頭稱是。其實，一個人沒有德，他所得到的位是什麼呢？就福祿而言，我們說有錢是福，有權有勢就是祿。你有權了、有錢了，但是你的德行配不上，這樣很是容易出事的。你看很多人，買彩票暴富，突然就會遭遇重病；有的人剛一升官，官做得挺大，沒想到卻遇上了車禍。記得好多年前，有一位不到四十歲的年輕人，剛升上來做法院院長，接到通知還沒有上任就出差了，不料在高速上他所坐的奧迪車就出事了，連人帶車被捲入一輛大車的底盤下，最後成了植物人，那個司機當場死亡。我們不妨仔細觀察，周遭生活發生這樣的事情太多了。想想我們自己，如果現在有名望、有地位、有財產、有權勢，就格外需要有一種戰戰兢兢、如履薄冰的心態。為什麼呢？當你福報有這麼大的時候，就要時時刻刻想著自己的德行夠不夠啊。如果不夠，後面的災禍是隨時跟著的。我們講福禍都是相依的，這個道理自己得懂。所以明白這個道理之後，你的家業就可以很好存續了。

家業越厚，越要注重自己德行的培養和子孫德行的培養，這個家的根基自然就會很穩。我們看清代曾國藩，他是兩省總督，他不僅對自己的子女，對整個家族、對子侄的教育也都非常

嚴厲。他在信中總是不厭其煩地敘述生活瑣事。，其中或談家事、或談國事，舉凡進德修業、讀書求學的方法指導，甚至人際關係及家庭經濟生計的建議，皆鉅細靡遺地一一描述。譬如有一次他看見他侄子，走路特別快，他回家就寫了一封家書，特地告訴這個侄子，「你走路的速度要慢下來。我回頭又仔細觀察了你一下，發現你說話也快，要慢下來；吃飯有點快，要慢下來。」他隨後補充說：「你這個快，就意味著你的心開始浮了、開始躁了。心一浮躁，義氣就不平，真正的學問之道就進不去，你沒學到什麼東西，這個人是沒有定力的。沒有定力，你做什麼都是做不長遠的。」他把道理給講得很深很透澈。我當時看曾國藩這個家書，心中特別感慨，感慨什麼呢？我們現代對於兒女的教育和自身的素質教育遠遠達不到這種深度，都是浮於表面，重視形式，由於內容空泛，更顯得外在的雜沓虛空。唯有家裡才是見「道」的地方，才是見「德」的地方。關起門來，怎麼吃飯、怎麼睡覺、怎麼說話，孩子的一言一行，自己的一言一行，怎麼去做，才是真正的道德所在。

孔子曾經說過，「以小能夠知大，以近能夠知遠。」從小事上，能夠推知未來大事的發生；從眼前的事情，可以推知未來的事情。在孔子的教學中，有兩個很重要的例子就是「以小知大、以近知遠」。一個就是他的學生子路，但見到有人掉到水裡，就下去把人救起來，別人為了答謝他，送了一頭牛給他，子路毫不客氣地收下了。孔子就很讚歎他，說當魯國將來遇到危難時就會有人出手相救了，這種作風會傳揚開來。因為看到救了人就能得到牛，那麼就都會去救。他的另外一個學生子貢，當時從別的國家贖了人回來，但未接受國家給的獎勵、獎金，孔子卻不贊同他，說以後國家沒有人願意去做這種事情了。為什麼呢？恐子解釋說，有人看子貢贖人都不要錢，自己贖人要錢好像不太應該，那麼我也不能要錢，可是不要錢心裡又不甘，好，乾脆就不去贖人了。子貢的家道很好，很殷實，別人家不一定是這樣。所

以這兩件事情在古代的很多典籍裡都被引用，這說明什麼呢？我們看到的屬於善的，屬於好的，未必是真善、真好。得看長遠才行，聖人的眼光跟我們不一樣，就在於他能夠推見未來要發生的事情，他的眼光能穿過時間、穿越空間，看到未來十年、百年及至千年之後的事情，因為聖人完全放下自己，顯露真心本性的大智慧，能見到宇宙萬有的一切真相。

　　我在香港，聽到一位很有德行的長輩講到，她說十年前，在香港的地鐵裡，沒有小孩子隨便喝飲料，都很規矩。可是這次來香港坐地鐵，孩子都很頑皮，而且在車廂內很沒有規矩地喝飲料。這位長輩就用粵語跟他：「難道你有沒有看到地鐵上面的警示標語？它是不允許在車廂內吃東西。」那個孩子點點頭說：「看到了，有看到。」這位長輩指著他手裡的可樂罐，那這個是什麼呢？孩子說可樂，這位長輩又指指警示牌，孩子說了一句話：「無所謂。」這位長輩感到很痛心，就說了一句話，她說：「一葉知秋。」意思是看見有一片落葉掉下來，就知道秋天不遠了，將來這一樹的葉子也都會掉下來。她說你看看現在的孩子是這個樣子，十年之後，他長大了，他帶的孩子會是什麼樣子？所以這位長輩就大聲疾呼「傳統文化的教育，倫理道德的教育，已經是迫在眉睫」。我們每一個人，作為中華民族的後代，都有責任和義務去承當，所謂「國家興亡，匹夫有責」，並不是國力強大了就是真正的強大，只有人人相信倫理道德，有了真正的民族精神，這個民族才有魂，才能有方向，才不會在任何逆境中倒下。如果沒有真正的道德根基的話，即使有再強大的國力，也是不堪一擊的。我們可能在很多的案例中都會得到警示，但是真正落實到自己家裡，可能並沒有幾個人願意腳踏實地地去做。女德真的就是每一個很普通的女性，在家裡做著的一個件最偉大的事情，所以不要忽視自己的這種責任、義務和使命。這是一個家的家業，如果每一個家的家業都是有道德根基的家業，這個國家的未來是無比光明的，這是很清楚、明白的道理。

後面兩個倫理關係，就是「君臣有義」和「朋友有信」。君臣有義指的是「君要仁、臣要忠」。君是指領導者，臣是指被領導者。比如說你的企業，你是老闆，是君，那員工就是臣，你要怎麼樣像愛護自己的兒女一樣，去愛護你的員工？前提是你要教育好自己的兒女後，你才有能力去教育好你的員工。如果不會教育你的兒女，同樣也不會教育你的員工。我也是在這六年學習中華傳統文化經典的過程中，走過一些彎路，不斷地在改過，不斷地作提升，我以前對員工是漠不關心的，覺得我把公司開起來，他們做他們的，我做我的，沒有這種教育概念。之後又理解偏了，開始一味地對他們好，舉凡吃、喝、工資待遇方面都儘量滿足他們的要求，但他們還不滿意，後來我才發現真正的問題是自己。就是這個「仁」字，它有很深、很深的含義，絕對不是我們凡夫所能理解的，表面的給他們物質上的待遇，而是真正在精神上的引領。精神上的引領，還絕對不是說，以你的意願來強迫他們跟你走，你覺得傳統文化好，他們就得學，不是這個樣子。而是站在他的角度，考慮到他們現在的經驗、能力、水準和想法，然後依據現狀，適時地去加以引導就對了，否則就會形成很強烈的對立。

　　人與人之間一旦有對立了，你的「仁」，就不是真正的「仁慈」了，而是「一人之仁」了，你所認為的仁慈，絕對不是大家眼中認為的仁慈。你的臣會覺得你很剛愎自用，自以為是。你覺得傳統文化好，就想把它推給他們認識，但你是老闆，你自己吃喝不愁，完全無法體會他們現在正為生計憂愁，除了要承受由於貸款買房所造成本身的經濟條件變差，還要面臨現代社會的各種壓力。所以我在學的過程中真的走了一些彎路。現在已經能夠慢慢地調整過來。這種調整就在於透過現實生活中的事情，把祖先的道理，一層一層地剖析開，不斷地去精深、去透澈地看它。然後在事情上反覆地揣摩，不斷地放下我執、放下自私自利，如此就能夠接近「道」，這種往「道」上接近。往「道」

上接近最大的一個感觸，就是你的煩惱會少很多，越來越少，不斷地去突破自己，然後明白祖先的意思到底是什麼意思，而不是我們想像中的那個意思。

「朋友有信」，也就是現代社會中所講的誠信。誠信是現代社會十分缺失的一樣東西。怎麼做呢？首先要從自己做起。從自己做起最重要的一點，就是千萬不能要求別人。比如說你借錢給人家，人家要賴不還了，你就自己吃一塹長一智。下一次知道怎麼做就好了，不要去抱怨、咒罵，這是無濟於事的。我也碰到過這樣的事情，自己因為學過教訓，下次再遇到相同情況時，也就知道該如何處理了，為對方好，也為自己好，只要求自己，就很好了。這是傳統文化中一個很重要的原則，做一切事情都只要求自己。包括我在講女德課的時候，有一次我跟大家講到「儉」，「勤儉」的「儉」，包括講到「勤」字，我跟聽課的老師說，我們學完之後，千萬別回家跟先生說，我們女德課學到了勤快，你天天睡到十點鐘不可以，得跟我一起工作；要節約，你這件衣服買得太貴，二千塊錢不行，得買五百塊錢的。所以勤儉都是對自己而言，對別人須以寬厚為主。如果你對別人也以這種儉去要求，別人沒辦法理解，你再過分一點，那就變成苛刻了。人家會因此更痛恨傳統文化，說原先日子過得還很好，但是從你學了傳統文化之後，我的日子過得太痛苦了。所以一切都要「反求諸己」，然後從自己的德行累積中去感化別人。如果不能感化也沒有關係，我們就記住一句話，也是我經常勉勵和安慰自己的「窮則獨善其身，達則兼善天下」。咱小女子雖不能兼善天下，也要做到兼善家裡。我就是很窮，道德窮、學問窮，話說不明白，人家不接受，德行累得不厚，人家看不明白。窮，我們只是把自己這個身，就是我們的所有的行為、所有的言語、所有的心念，給它守在善上。然後不要求別人，當你的德行慢慢深厚了之後，就可以達濟家人、達濟親朋、達濟天下，這是我們需要明確的。所以家風端正，天下就安定。

我們在現代社會中，女人如果能夠明白自己的本分是什麼，換句話說，就是「敦倫盡分，閑邪存誠」。「敦」就是落實，「倫」就是自己在關係中的地位。譬如說在夫妻關係中，我們是妻子，我們有孩子；在母子關係中，我們是母親，在婆媳關係中，我們是媳婦。我們把落實了自己的本分，也盡到了自己的本分，而不要求別人。「閑」是防止，「邪」是一切不正確的想法和念頭，包括所看到的、所聽到的都要拒絕在門外，存住自己的一念誠心。這在現代社會中是非常不容易。為什麼呢？因為現代社會中，外界的環境，使人能夠去追尋傳統文化教誨的很少，誘惑卻是很多。我們隨便打開一本雜誌，或者是隨便上上網、看看電影、看看電視劇，雖然只有短短兩三分鐘，但它有可能會把你剛剛所聽了三個小時的聖賢教誨都給抹煞掉了，你就會開始隨波逐流了，這個誘惑是很大的，所以怎麼做才能夠讓自己在德行教育中真正的持之以恆、堅持不懈，除了要有堅定的毅力和志向，還要心存高遠，知道自己做的是什麼，為的是什麼。如果想要我的孩子經常想到祖先的教誨，就必須天天聽，這樣就不會忘掉了。

　　有一位老師曾經說過，我們學習經典，不期望能訓練出幾個孟子，只求能夠培養出幾個孟母。因為如果做母親的都能夠以孟母為榜樣，能夠以培養自己的兒子成聖賢為志向，我相信不需要很多，有一個就能夠影響十個，有十個就能夠影響到一百個，從一鄉到一市，從一市到一省，很快，這個風化就會遍及天下，關鍵是有沒有人堅定的去做。

　　談到敦倫盡分，我也想跟大家分享。我今年四十一歲，一九九三年畢業於中國人民大學，後來又成為大連海事大學國際商法研究生。在沒有學習傳統文化之前，我也是一個比較現代的職業女性。原先從事的工作也很好，是在證券公司擔任證券分析師，之後在我先生的企業裡做事，五年前開始經營金銀幣的公司，我接任總經理。我們是中國金幣總公司在大連唯一的特許零

售商。企業的業績也很好，在全國是位列前茅。如果我在十年前接觸傳統文化，可能跟現在還不大一樣。我原先對西方的文化是比較認同的，並沒有真正深入到中華傳統的經典中去學習和提升自己。

我在學習女德之後，有這樣一個機緣，碰見了美國西點軍校的一個老教授，一個六十九歲的美國老人。他在美國西點軍校擔任了將近四十年的教官，是個道道地地的西方人。我跟他有了這樣近距離的接觸，發現他非常尊重孔子，到北京第一件事情是拜訪孔子廟，我送他一尊水晶孔子像，他特別歡喜，對翻譯人員說這是他這輩子收到的最好禮物。後來我問他，您是怎麼看待女德的？西方人對女德是什麼態度？西方人是不是很講究女權？他聽後特別高興，他跟我說他認為女德非常非常重要，女德是需要大力提倡的。他告訴我他跟他太太相濡以沫，已經40多年了，生了兩個兒子，然後還在越南收養了三個女兒，一家人和樂融融。他說他的太太如果用中國話來形容就是典型的賢妻良母，她只在家裡負責教育孩子、做家務、做飯菜。現在孩子都大了，他的妻子每週一去醫院做義工，去幫助照顧新生兒。他跟他的妻子曾經探討過女子在家庭中的位置。後來他就引述一段希伯來的經典中的一段話，他說：

「一個好女子就像一盞溫柔的明燈，永遠能夠照亮外面歸來的男子，好女子在家就是把飯做好、把衣服縫紉好，能夠安安穩穩地照顧好家裡的一切，這就是一個家的幸福所在。一個好女子就像大海裡的燈塔，永遠能夠指引自家的小船走向遠方，避開狂風暴雨。」

這段話很長，我後來請翻譯人員用郵件發過來給我，這段講女德的希伯來的經典的文字，他大概唸了十分鐘。然後他還鼓勵我，他說這個要好好提倡，全世界都會受益，這是一個西方老人的由衷之言。

我學習傳統文化時還接觸到南京費尼克斯集團的李慕松總

裁，每次見面他都跟我提起這件事，所以印象很深刻。他希望我能夠在講課中給他轉述出來，他說他自己早年曾在德國費尼克斯集團培訓的時候，當時就只有他一個中國的經理。有一天在進行小組討論時，大家針對這個議題「女人該不該留在家裡？」進行熱烈的交流，其中他們這個小組和其他小組交上所有的答案，一致都是「留在家裡」，只有他自己是「不要留在家裡」，然後授課的老師就問，你為什麼認為女人不要留在家裡？他答說有的女子很優秀，留在家裡就浪費了，要出來到社會上貢獻給社會。後來他們的導師也沒有給他下定論，導師只是說，其實我們西方人還是認為女子應該留在家裡，因為如果她在家裡是一個好媽媽的話，將來的好兒子、好女兒對社會的貢獻更大。

反過來，如果把孩子都交到幼兒園，你出來打工，可能會賺到錢，或者有一點的貢獻，但是我們的下一代可能就會毀掉。為什麼？因為媽媽在家裡把全部精力投注在一個孩子、兩個孩子身上，但是在一個幼兒園，幼兒園的媽媽，就是幼兒園的老師，對待的學生可能是三十個、四十個，她的精力不可能像你這個媽媽那麼全力以赴，那麼專注。李總後來每次碰到我都很感慨地說：「如果懂得男女有別，明瞭女性在家對孩子教育的重要意義，自己當年就不會有那樣的觀點了。」所以如果我們對女子的真正定位如果能夠明確的話，我們自己也不妨想想，怎麼樣能夠把我們的精神、注意力放在家裡和兒女的教育上，放在自己做母親的德行培養上。這樣家就會很安穩，第一個問題，即夫妻的問題就必定會得到解決。

記得有一次我為了講課還特意查離婚率，沒想到現在離婚率這麼高。我們大連都是排名前十位，大城市都位居榜上，北京、上海、深圳是前幾名。越小的城市，好像民風越淳厚，就會好一點，越大的城市越開放、越自由，這方面越放縱。我們想如果一個國家像一個人的肌體一樣，每一個家庭就像肌體的細胞，細胞都壞掉了、壞死了，肌體肯定就要出問題。我們現在提倡和

諧社會，和諧社會從哪裡做起？得從和諧家庭做起；和諧家庭從哪裡做起？從女人自己和諧身心做起。

第二個問題，就是我要跟大家分享的，在如何盡到自己本分上，應該怎麼做？就在於「修身、齊家、治國、平天下」。這是祖先為我們鋪設的一條成就的道路，它是有次第的。我也此寫了「和諧社會，要從女德做起」。可能我是這樣認為的，如果每一個女子都很良善，社會的不良之風是很容易扭轉的。像前些時候在北京大力整頓不良的場所，於是網路上有很多人在探討，有叫失足婦女的，有叫很多……我覺得這個探討，都只是在表名，名稱無所謂，叫什麼也不是很重要，最關鍵的是她們為什麼會這麼做，是什麼驅使她這麼做，這就得從「根」上來把握。因為女子這麼做只有兩點，第一點是為錢、為利益；第二點可能是自己的淫欲心驅使。大部分都是為利，如果是為利而行的話，要給她教育，不教育的話，不僅在這個問題上會出事，在其他問題上也會出事，否則就不會有假奶粉、不會有假藥，這一切都是利益在驅動。所以找到這個「根」之後，要從教育上下手。我跟員工們反覆講，大家想發財，很好。我不勸大家不發財，但是你得知道怎麼樣才能夠發到最安全的財，什麼才是財的最根本、最本質的東西，否則你出事的話，財拿在手裡，就不高興了，就不快樂了。

我讓員工在做產品的時候把「德為財土」這四個字印在產品的水晶底座上，為的是讓員工、讓客戶誦讀之餘不忘修養自己的德行。這四個字出於《大學》裡的話「德者本也，財者末也」。「德為財土」，以一棵大樹做比喻的話，這棵樹代表財富，你很想發財，希望樹長得很茂盛，那麼樹得要有根，不能在枝葉上下功夫，就算你天天在那剪枝剪葉，天天澆水施肥，這個樹長的果實也不好，關鍵是要在根上去努力。根是什麼呢？根就是我們的德行。德行的根是什麼呢？就是我們的孝道。所以古人有說「忠廉出自孝門」。你想找到清官、廉將，找到好的賢才，

得從孝門裡面去找。我們孝道缺失得太久了，他對父母都不怎麼樣，怎麼指望他能夠對客戶、對朋友、對老闆好？不可能的！我看了網路上的很多報導，就不禁感慨。這個根就是要教育，所謂「建國君民，教學為先」。如果天天給他淳淳良善的教育，一旦他懂這個道理了，從根上理解了，他就會自動自願的放下，然後去做對自己、對社會真正有利的事情。我碰見過這樣的女子，她也是在加入我們傳統文化團隊之後開始做深刻的懺悔、反省的，就為了錢，她去做坐抬小姐，當她明白這個道理，她自動放棄了這些東西，而且還願意把自己的財產捐出來，放到傳統文化的公益論壇中去做好事。你看她明白這個道理了，不需要強迫，她就會做得很自然、很順暢。所以我們現在缺的是什麼呢？缺的是教育，只有教育才能改變人心，才能讓大家自發自願地去行善，這樣社會風氣才會轉變。

明清時代有一篇《閨訓千字文》，是專門教育兒女的。在開篇就有這樣一句話，它說「身不修而家何以齊，家不齊而國何以治，國不治而何以天下平。人心日薄，風俗日偷，職是故耳。下，今之為父兄者，貧富不同，但尚知教育自己的子弟」，這是就教育兒子而言；「但是女教一事，罕有講者，余以為天下，故有悍妒之婦人，亦未始無有賢德之女子，禮儀未明，何怪天性之欲日遠乎也」。講賢德的女子，沒有人教她，教從哪裡開始？重要的就是修身。女子怎麼樣去修身，首先要看看，修身是什麼呢？是要格物，格物才能致知。物怎麼能夠格呢？「格物」兩個字是什麼含義？「格」是格鬥的意思，「物」就是欲望，要跟我們的欲望做格鬥，這是很艱難的。我有一次講課的時候碰見一個聽課的聽眾，我講完她就馬上走過來了。她說你講得很好，我也很願意像你那樣。但是我現在就是覺得沒有時間。我說你工作是不是很忙？她說：「我沒有工作，家庭條件非常好，家裡還有保姆幫著工作」。我說：「你忙什麼呢？」「忙著每週安排跟朋友見面、約會，定期要洗三溫暖，每天要做瑜珈，還要美容、逛

街，每月都要出國玩。時間太忙了，單獨教孩子學經典沒有時間。」她問：「老師可不可以給我介紹一個，我給她錢，找家庭老師去教。」後來我就跟她說：「一個母親不學，卻指望透過錢，找個人去教孩子學，所學得的都是記問之學，就是記點知識而已，孩子真正受益了沒？毫無受益。因為他天天在家親眼目睹了父母在女德教材及《弟子規》中所上演的最好的活教材。尤其是母親，天天在家裡，父親很忙，還好一點。看看眼前的媽媽是怎麼表演《弟子規》，怎麼表演女德、表演傳統文化的。但怎麼跟老師說的、書上說的都不一樣。書上那個是死的，那個字沒有用，放一邊。這活的受用比較大。」後來她說：「那我真是沒有時間，真的，我做不來。」我說：「那就很遺憾了，就像一個杯子一樣，現在杯子裡都是髒水，又捨不得倒掉它，怎麼能指望再裝進去新的水呢？裝不進去。」後來她就不發一語地走了。我心裡也覺得，現在社會可能都不捨得放下自己欲望和享受。學問之道很苦，自己天天在家，尤其一開始，得不到讀書的樂趣，那是需要堅持的。而且學到一定程度之後，可能在提升的時候也會有苦惱，也是需要克服和突破的，像一個瓶頸一樣。我覺得關鍵是在於母親的，是不是心存高遠，志向遠大。如果想把兒子培養成聖賢，做母親的一定可以克服千辛萬難。做母親的有沒有這種真正的、仁慈的愛子女的心？如果有這種真愛的心，一定能夠把苦頭吃下去，願意為兒女放棄自己的一些個人享受。所以母親的偉大在於她能夠放下私利，當她成就的同時，也成就了她的兒女。

自私自利是第一關。我自己就曾親身體會過，原先我也是跟她一樣，喜歡逛街，喜歡這些享受，也有條件去做。但是我發現孩子已經越來越難教育，出現了很多問題。起初我很生氣，覺得這不是我的關係，這孩子怎麼會變成這樣呢？我小的時候不會這樣。我真正地學習《弟子規》、傳統文化，是從去年四月份教兒子開始。我記得很清楚，那天我還跟兒子分享。我們兩個人坐在床上，一人拿一本《弟子規》的書，我說從今天開始，媽媽跟

你一起來學。後來家裡發生了很多變化，今年兩個保姆辭職不做後，我自己也開始做家務，開始做飯，開始放下自己很多的娛樂時間，直到最後完全都沒有了，一起陪孩子去成長。每天一點一滴地去關注孩子所有的變化。我大兒子原先字寫得爛、很差，狂飛狂舞那樣子的，他們老師都很痛苦。從去年開始我就陪他練字，現在他字寫得很不錯了。有一天他跟我說：「媽媽，英語沒有問題，期末考試，數學沒有問題，考一百分沒有問題。語文還差一點點，前兩天考了九十九分。」他說的「這一點點」就是指我寫得還不規範，他說「我一定要努力」。去年剛一上學，全班只有三個人因為字體不夠工整而被扣了好幾分，他就是其中之一。今年他跟我說，媽媽這個問題不會在我身上出現了。這就是母親放下自己，陪同孩子一起成長的結果。所以修身，首先就是要放下自己的欲望。

但是放下欲望，我們講「格物」的前面還有什麼呢？一定要有堅定的信念，這種信念的力量是很強大的。我在前兩天讀一篇文章，我當時讀完就哭了，的確是非常受感動。那是現任韓國的總統李明博，他寫的一篇文章，叫《像母親一樣思考，像母親一樣行動》。內容敘述了他的一生是怎麼樣受母親的影響，他母親的信念就是極其堅定，不會動搖的，比如說他在學校，受到人家的攻擊，回家之後心情很低落，因為有人在誹謗他的母親，而且還毆打他。他回家跟母親說，結果他的母親聽完了所有的來龍去脈之後，跟他說了這樣一段話：「明博，你要學會忍耐，以後活在這個世界上，還有比這更冤的事，你也要學會忍耐，能夠忍到最後，你就贏了。」這句話影響了他一生。

所以從那以後，任何挑釁他的事情，他都會忍了又忍，母親的話，會不斷地盤旋在耳邊。就是這樣一個平凡的母親，他的母親是農村人，但是成就了他的一生。他的母親有信仰，信基督教，讀《聖經》。所以我覺得一個母親自己的這種信念，這種心的寬廣，可以成就很多事情。你可能覺得不經意的一句話，真的

就會影響孩子的一生。比如說一個母親不經意地說，人家的那個車子多漂亮，人家品牌的衣服多漂亮等等，你的女兒或者兒子聽後，可能不自覺地就會把物質的欲望放在第一位。孩子會想，我媽媽這麼讚歎，原來這個東西這麼好，在孩子心中就會升起對這些物質的追求。反過來你對這些東西不以為然，不覺得這些物質享受有多好，而是非常讚歎德行，在潛移默化之中教會孩子如何去積攢自己的福報，他的一生就能夠趨吉避凶。這是給孩子一生的平安保障。孩子不知不覺中就會注重自己的品德，潔身自好。

　　所以一位好母親真的就像家中的指南針一樣。「格物致知」然後方能「誠意正心」，這是修身的一個根本。在閱讀李明博寫給去世母親的一封信時，其中有這樣一段話令我印象很深刻。他說有一次，因為一些事情被關進監獄裡，他的母親去探望他，他原以為母親會生氣，會批評他。可是母親看到他時，卻一直都沒說話，跟他沉默了半天之後，他的母親很平靜的地說了三句話，實際是問他三個問題。第一個問題是「你學習了嗎？」第二個問題是「你禱告了嗎？」第三個問題是「你讀《聖經》了嗎？」問完這三個問題之後，接著說「我相信你，堅持做你認為對的事情吧」。話音戛然而止，母親沒有聽回答就起身離開，他默默地看著母親消失的背影，母親給的這三個問題是含著眼淚說出最長的話語，我相信也可能是影響他一生的話語。這三句話意味深遠，做人要學習，人不學不知道；做人要有好的心念，心好命才好；做人要有信仰，有信仰才會有愛。

　　這大半年我都在學習《列女傳》，這部書是講古代女性的一些典型案例。對《列女傳》這部書我們也要有正確的看法。我們經常把《列女傳》的「列」，誤以為是「剛烈」的「烈」，底下有四點水，實際上最早是指「排列」的「列」。如果是加底下四個點之後，有的人就會認為這部書講的女性是那種性格很火爆的，很剛烈的女子的傳記，這是錯的。所謂《列女傳》的「列」，它在古語裡的解釋是什麼呢？就是「那些、很多」，就

像排列的諸位女子的傳記，有好的也有壞的，好的多，壞的少，給大家拿出來作為學習的示範，或者反思的一個教訓。它分好幾篇，開篇是《母儀篇》，然後是《貞順篇》、《變通篇》、《仁智篇》。母儀，這個「儀」就是法則，就是做母親的法則是什麼樣子的。

開篇直接舉例的就是周朝的開國三太：太姜、太姙、太姒。周朝有八百年的基業，怎麼樣才能夠成就八百年的基業，就是建國的時候有這樣三位女子，培育出了從周文王、周武王和周公這樣的聖賢，成就了周朝的八百年基業。我觀察所有做母親的篇章，包括做妻子、做女子的篇章，她們在修身的過程中，首先是對自己有嚴格的要求，然後能夠堅持原則，去引導她的兒子、她的丈夫。比如在《列女傳》一個篇章裡，有這樣的故事，一個大將軍，打仗打到一半，糧草斷絕了，就派使者回朝廷求救兵，順便探望一下他的母親。他母親問使者，「士兵都好嗎」？使者說「士兵不怎麼好，都沒有吃的了，每天發給幾個豆子吃」。他母親就問，「將軍可好？」就是指她的兒子，使者說「將軍挺好，每天都喝酒吃肉，吃的都挺好」。他母親就不再說什麼。幾天之後，因為救兵運回了糧草，仗就打勝了。將軍得勝回朝，他首先回家來看望母親，結果到了家門口，母親就不讓他進屋，並且讓他在門外罰跪反省。他當時很不理解，為什麼打了勝仗母親還讓我在外面反省。後來就讓丫鬟問母親怎麼回事，他母親就把他叫到屋裡說：「以前越王勾踐領軍打仗的時候怎麼打呢？人家要是給他送一罈好酒，他就把酒倒在江上游，酒會混著江水順流而下，每一個士兵沿著河邊，都能喝上一口，雖然滋味已經遠遠不如整罈好酒那麼好喝，但是作戰的軍力提升了五倍。別人給一石好的糧食，他也會把好的糧食，全部摻入到士兵不好的糧食裡，雖然士兵在吃糧食的時候已經吃不到好的糧食的味道了，但是作戰的兵力提升了十倍。你倒好，好吃好喝的自己享受，士兵吃糠咽菜，這個勝仗還有什麼道義所在呀？沒有了道義，你對你

的臣就是你的士兵不仁慈。你對國王，你是臣，你不忠。你兩邊都不在道義上，我覺得你需要反省，沒什麼好稱讚的。」母親很生氣，將軍最後就跪在地上反省哭泣，向他母親認錯。

古代這樣的故事非常多。你看要是現代兒子打了勝仗，媽媽一定會讚歎不已，就像現在的媽媽看到兒子能賺到大錢，也會覺得很驕傲，但不會有一個母親會問：「兒子，你是怎麼賺到錢的？有沒有坑蒙拐騙？有沒有逃稅漏稅？」如果有，要馬上教導兒子斷惡修善。現在的媽媽都不會去問了，只是一味的接受兒子的供養，既然有房子可住，吃喝也不愁，就更不會去關注錢的來歷。在古代，母親不會這樣的，對於兒子，，做媽媽一定會一問到底「你官是怎麼當的，這個錢財是怎麼來的」，而且以身作則，我自己也是這樣子的。

古代女子不僅懂得如何教育孩子，也知道如何幫助先生。我經常會跟大家分享「樂羊子妻」的故事。樂羊子有一次在路上撿到一塊金子，回家交給妻子，妻子說道：「妾聞志士不飲盜泉之水，廉者不受嗟來之食，況拾遺求利，以汙其行乎？」羊子聽後十分慚愧，乃捐金於野，而遠尋師學。她妻子對先生的這種教導，到了現代社會可說微乎其微了。先生只要拿回錢來，我們穿好、喝好、吃好，剩下的一律不予過問，最多就是問問先生在外面有沒有婚外情，問的目的還不是為了保證先生操守的良節和良善，為的是不侵犯到我個人的情感和利益。沒有站在真正的道上、義上去考慮問題。所以修身是女子的一個大問題。

像《女論語》開篇的立身，講的就是修身。修身是現代人忽視的，所以什麼是真正的一個好女子，一個好妻子，沒有標準。標準一旦缺失，每個人都會有自己的小算盤，同時會隨順社會的大眾的標準，現在社會大眾的標準是什麼呢？我們看看網路上千萬富翁、億萬富翁娶妻的標準，漂亮貌美是唯一的標準。女子為了漂亮紛紛地去整形、隆胸，結果整出了一身的問題。這樣的標準容易誤導大家陷入迷思之中，似乎女子只要漂亮貌美就會

擁有一切。但現實情況卻非如此，美貌的女子不一定會擁有真正的幸福，也不一定會擁有健康的心態，最重要的是美貌會不會長存？當她美貌不再的那一天，愛情還在不在？婚姻還在不在？因為標準不是長久的，美貌不是永遠不變的。當年老色衰之日又會是怎樣的一個結局呢？所以我們要懂得貌美不如心美。另外，女子選擇對象的唯一標準也變成了金錢和地位，比如我丈夫的司機現在三十多歲了，沒結婚，就很煩惱。他跟我說「陳姐，我沒辦法找對象。見了面第一句話就問有沒有房子，第二句有沒有車，第三句有沒有銀行存款。」剩下什麼也不問，他說：「都沒有。」「都沒有，免談。」我不禁要問，錢財會不會始終都能保存下去呢？如果錢財不是永恆的話，這個婚姻會存續多長時間，這也是一件麻煩的事情。所以什麼是地久天長？就是兩人都是在為道、為德在這方面兩人能夠達成一致，有相同的志趣，有相同的追求，婚姻才能夠長久。什麼是真正的好女子？我們在後面的讀書中都會學到，端莊、優嫻、貞靜，有好的德行，孝順父母，這些都是修身。所有的修身，第一點就是要不斷地放下自己，能夠把別人裝在心裡，在現代社會，這是很難的事情。我們在學習女德的過程中，也會看到一個很重要的現象，就是現代社會女子的道德觀、操守的缺失。女子要是學習女德，就不會出現這樣嚴重的問題。我們不重視貞操觀，視如兒戲，不珍愛自己，這說明了什麼呢？如果對自己都不尊重，對別人又怎麼可能尊重呢？我們無論是在網路上，還是在報紙雜誌，看到現代很多影視明星、歌星所引導的這一切，都已很難在他們身上找到傳統的端莊、賢良、貞善的這種女子形象。生活中觸目所及的廣告媒體也都是以色情、暴露、性感為主題。為什麼現代出現很多社會問題和種種家庭問題，就是女子不自愛，不自愛的源頭就是不懂得如何去修身，如何去培養自己的德行。

　　前不久，我聽到這樣一個故事，很可怕。女孩都是羨慕有錢人的，所以就有這樣一個有錢人他就利用這種心態專門追求

二十多歲的年輕、漂亮的女孩。交往了一段時間，就慫恿這個女孩去隆胸，他給不僅出錢還介紹了幾間診所，女孩為了這個有錢人，就去動了這個手術。沒想到手術完不久之後，她的胸部就開始化膿，出了問題。這個有錢人就說：「哎呀，發炎了，沒想到會得炎症，那不要在國內治療，我把你送到美國去治療，全部的費用都我來付。」女孩子覺得很滿意，順便出趟國，這女孩子就被送到美國，也是他所聯繫的診所，再次地開刀，再做一下手術，然後炎症就沒有了。類似這樣的女孩大概有十來個，都是隆完胸了就有炎症，然後再被送到國外。後來被司法部門發現，經過調查才知道他利用女孩子在運送毒品。你看，女孩子為了利益而傷害了自己的身體，貞操也不要了，還不小心觸犯了法律，何其不幸，他們淪為有錢男子操弄下的祭品。所以女人要是真正自愛的話，你所有這一切，它是不求自來的。你要明白真正的福報是要靠自己攢積的，自己有德，就會有錢財，你不會缺也不用愁這些東西，你不用去羨慕。女子一愛慕虛榮，就很容易墮落，不要去做愛慕虛榮的事情。從小就接受這種教育，將來長大碰到社會上的這些問題就能夠堅持得住。

　　第三個問題是我最近才總結的，好的女子是教育出來的，所以女德也是學習出來的，並而不是自己悟出來的。不是說我在家自己琢磨就可以感悟出來的，那需要有極高的天分、良好的家風和善良的本性。所以，我們要主動地去學習。孔子說「少成若天性，習慣成自然」。我在學習女德的過程中，看到很多家長的孩子是女兒，我就會格外關注，對他們說女兒很重要，比男孩更重要，你一定要好好教育，然後把女兒給栽培出來。因為想讓她將來在進入社會的時候，具有很強的自控能力，就要守住做人的根基，根深柢固後才有力量去抵抗外面的風雨。就像小樹苗一樣，你看它根不深，才栽了幾天，一陣狂風暴雨來，連根就拔走了。你要是扎的根很深的話，外面再怎麼吹，它也吹不動。所以要想讓你的女兒根深穩固，怎麼做呢？從你做起，自己的每一個

時刻、每一個行為、每一個起心動念，都能夠力行聖賢教誨，修養自己的德行，如此上行下效，你的女兒就一定會是個才德兼備的孩子。經過十年的札根，再經過十年，她進入到社會就很容易了。

我自己其實是很有感觸的。我在婚後生活過程中也遇到一些挫折，但是為什麼能夠很堅持？我跟我先生結婚已經十七年了，兩個孩子，我先生的事業也非常成功。就是因為我從小生活在很傳統的家庭裡，爺爺奶奶、爸爸媽媽都秉承著男主外、女主內的家庭模式。秉承這種家訓，我的一生都深受影響，至今家和人順，心裡不禁要感恩祖上積德。

最近我有很好的機緣去做這樣的一件事情，義務注釋翻譯《群書治要》的工作。《群書治要》這部書是唐朝的時候，唐太宗的大臣魏徵召集有識之士，彙集古代的經典，挑選經、史、子三部分最精華的段落，編輯而成獻給唐太宗的。唐太宗反覆地閱讀這部書，然後據此制定了國家的大政方針，作為引導他的臣民遵循的標準，因此開創了「貞觀之治」。我在學習這部書的過程中需要查找一些文獻，就打電話給爺爺，爺爺藏書很豐富，家中藏書數千冊。後來爺爺就郵寄了很多典籍給我，如：《諸子集要》、《二十五史》、《十三經注疏》，這是我從未涉獵過的，如今我都快四十歲了，才知道要學習。其實小的時候家中藏書甚多，爺爺也鼓勵我看，但是我不曾翻閱，幸好爺爺和奶奶平時都有教導，這種教導的確影響我一生，譬如結了婚不可以離婚的、女孩要安於本分、家務工作必須全部要自己做、吃虧就是福等。從小薰修這些道理近二十年，但走入社會後還是會受到外界不良一些影響，做出一些不合禮法的事，可見傳統文化的扎根教育有多麼重要！不僅要做到，最關鍵的是要明理。所以前一段我跟先生說，雖然二十年來一手包辦所有大小事務，道理卻是這幾年才學明白的。因為道理透徹了，做起事來就不會埋怨了。我以前做事時，心裡還是有埋怨和不解，憑什麼都要我來做呢？我學歷也

不低，怎麼家務工作都要我做，心裡不平衡。但是透過自己學才之後，心也就慢慢地平下來了，覺得不僅因為是女子，而是真正承擔起一家的重任，你承擔起來之後，無怨無悔。做也不是為自己做，而是為兒孫積福報，為家裡樹立一個榜樣。你希望你的兒媳婦是什麼樣？希望以後娶進門的女子是什麼樣？你現在好吃懶做、不務家事，可能她們都是這個樣子。反過來，你能夠去做這些，你們家以後的女子都是這個樣子，你要做下去，不是為自己去做。所以好的女子，一定是教出來的。怎麼教呢？媽媽每天在日常生活中去身體力行。

《顏氏家訓》中也說「人生小幼，精神專一利」，講人剛生下來的時候，他很小，精神就比較容易專一。長成以後，「思慮散逸，固需早教，勿失機也」，不要錯過這個時機。最好的時機不是出生後，而是懷孕的時候，做胎教。在上古時代，遠在周朝開國三太之前，我們祖先就曾用胎教來教導。這是我在查閱古書典籍《諸子集要》時這發現的。在上古時代，我們的祖先教育女子是怎麼樣呢？「割不正不食」。因為古代對於肉的切，割是有講究的，要一塊一塊的吃的東西，「食」是指切得大小適中，切得不正，就不吃，叫「割不正不食」。「席不正不坐」。古代人都坐在席子上，席子擺得不正，她就不坐。「耳不聽淫聲」，「淫」不是指「淫欲的淫」，而是指「過分的言詞」，這個淫是指過度的。我們講禁淫，淫欲實際上是指什麼呢？人過分地追求就違背了「欲不可縱」，就會自取滅亡。，所以欲望一定要控制在一定範圍內。比如說耳朵，什麼叫「不聽淫聲」呢？過多的讚美的話，是淫聲，你不要去聽，自己要懂得去迴避，不要越聽越歡喜，越聽越想聽；太享受的、很美好的音樂，也不要過分地去聽；太多別人抱怨的話，也要遠離。這就是「耳不聽淫聲」。

「目不視惡色」。惡色，好惡的惡，就是不好的一切現象不去看。我們現在這個種現象很多，那天我去剪髮時還跟美髮師說，因為他是老闆，我說「你可不可以把店裡這些八卦雜誌、小

說收起來，儘量不要給客人看，不妨放點有益身心的，比如傳統文化的書和光碟」。隨後我從皮包裡拿出一本《弟子規》給他，我說：「你看這個很好，你可以放一些在這裡，給客人邊做美髮邊看，喜歡就可以拿走，全當作一些公益事情」。現在的店面譬如美容院、美髮院都很現代化，放的是節奏感很快的音樂，擺的是影星的八卦雜誌，怎麼能不污染人的心靈呢？因為這些不好的書籍和光碟讓客人看到，難免會產生一些亂七八糟的想法，思想散逸。它的磁場不好，不僅會影響你的磁場、削損你的福報，也會影響你的財運。而你沒有把他往好道上引，就像是犯罪，他是主犯，你是從犯，甚至你可能是主犯，他是從犯，反正都是一起的。電視也是一樣，現代的孩子一打開電視，很難看到有益身心的好節目。譬如小孩的動漫片，都叫什麼魔幻少年，講的都是打打殺殺的事，因此我都不讓我的兩個孩子看。這些動漫片都沒有告訴孩子應該怎樣去行孝道、去行仁道、去行「孝悌忠信，禮義廉恥」這八德。像前一些時候我兒子要訂閱雜誌，我就檢查了一遍，因為去年他訂閱的時候我不知道，訂回來之後才發現有一份雜誌，都是教你怎麼去跟老師作對、跟老師開玩笑、跟父母開玩笑，都是這類的故事、漫畫。每次他拿回來一本我就把它沒收，我因為沒有事先調查，不知道這個雜誌很差勁，所以拿回來我就直接處理掉，都沒有讓他看。這學期他訂的時候，一再跟我央求，我就是不給他訂。我說這個東西很不好，媽媽絕對不能給你訂，不是花多少錢的問題。所以他那兩天放學之後，滿腔的不高興，他說全班同學都訂了，同學都說他「老頑固」，但我還是沒有給他訂。結果前兩天大兒子回來跟我說：「媽媽幸虧你不讓我訂，我們學校有個學生，好像是高年級的，長期看這個雜誌，就出事了，精神上有點混亂。他的家人就去投訴了這本雜誌，現在學校已經停止訂閱這本雜誌。」如今的網路就更不用說了，打開網站，什麼亂七八糟的都有。

　　胎教最後一個是「口不出傲言」，傲是驕傲的傲。驕傲、

傲慢是人的本性，是人天生就有的，除此之外，這個傲還有很深的含義，可以說所有不好的話，都叫傲言。也包括我們女子經常說的那些搬弄是非、家長里短的話，所有這些話都應杜絕。開始學女德時是比較艱難，這需要經過一番抗爭，一開始對方的勢力很強大，正面勢力還很微弱，因為我們都還在養精蓄銳的過程中，可能一時忍不住，才脫口而出。我一開始也會如此，很後悔不應該開口。其實沒有關係，自己已經知道錯了，就給自己鼓勵，下次就忍著，爭取把這個時間拉長，培養自己的善根，不斷地長養自己的福報，多聽好的。薰陶時間長了之後，這方善的力量也強大了，雙方就幾乎勢均力敵了。再有這種事情，比如說境界一現前，自己能馬上覺悟，能夠考慮考慮再說，還能夠對抗一下。當最後善的力量很強大，超過它時，就能夠一下把它打倒，格物就成功了。所以大家不要著急，「格物」這是一個很漫長的過程，只要不斷地去長養自己的善根就好。古訓有說「表正則影直，範端則器良」，是什麼意思呢？是說我們做母親的和孩子的關係，就像你的身體和影子一樣，身正影就不斜，身斜影子是歪的，不可能是正的。範和器就是指做東西模具和要做的東西，模具如果很好的話，它是端端正正的，譬如說要做金條，模具是直的，鎔鑄出來的金條也是筆直的；如果模具裡滲入了雜質，模具就沒有做正，鎔鑄出來的金條也會有雜質，也不正，金條可能會長斑。如果認識到我們跟孩子是這種關係，就覺得教育孩子再也不是什麼難事了，只要自己能做到那麼所謂「自化化他」的境界，先轉變自己，化他就很容易了。

　　以前我學習的時候就聽到這樣的教誨，說世上只有兩件事最難：一個是登天難，一個是求人難。世上最容易的事情就是求自己，萬事不求人，就求自己好了。只要我們按照古聖先賢的教誨來做事，那麼孩子的教育就能水到渠成，自然而然一切就改變了。所以在教育的過程中，最重要的是要教自己，把自己教透。怎麼教呢？這是一個很關鍵的問題，教育要扎根，我們學女德其

實扎的也是傳統文化的根，傳統文化最重要的根是規矩，所謂「沒有規矩，不成方圓」，就是從《弟子規》開始學起。如果打開所有古代的女德教材，其實就是《弟子規》，只不過跟《弟子規》相比女子的《弟子規》更適合於女子。所以我們務必要背好、要學好《弟子規》。

我天天找時間跟我兒子一起背，一起讀誦。你能夠先背下來，你做的時候就比較方便，因為可能你在做事的時候，這句話就從腦海中冒出來了。「父母命，行勿懶」，好像是父母剛才命我，責怪我動作遲緩了、懶了一點。「父母教，須敬聽」，好像自己並沒有敬聽。背誦是學習的第一步地是關鍵，首先要扎好的規矩的根。要有規矩，現代人最缺的就是沒有規矩，放任。昨天我領著孩子出去吃飯，看到很多女孩子，約莫是十七、八歲吧，用祖先的話講是什麼呢？「站沒有站相、坐沒有坐相，說話沒有說話的樣子」，很放縱、很放肆，站得扭扭歪歪的，說話是不管場合，嘻嘻哈哈的，嗓門也很大。

第二個要扎的是什麼根呢？我們可以叫因果教育的根。然而什麼是因果教育，可能很多人一聽，就想到是不是佛家語，很敏感，其實並非如此。因果說白了，就是責任感的教育，就是你做這件事情時，得明白以後會出現什麼樣的後果，這個後果就是你所要擔負的責任。不能說這件事情做完了，跟我沒什麼關係。我這話說完了，我願意說就說了，跟我沒什麼關係，你就走掉了。你做所有的事情，就是你種的所有的因，將來你會得到什麼樣的結果，是需要你面對和承擔的。如果每一個人，都能夠有這種責任感的話，都能夠扛起自己所擔負的使命，就會很小心地做事，很小心地為人，很認真努力地去求學問、求道德，都想種好因，結好果，就不會像現在這樣去放縱，去肆意妄為。在扎根教育中，因果的根基，比《弟子規》的根還要深，它是根中之根。

我們祖先有這樣的教誨，在所有的教育中一定要把因果教育到。我來跟大家分享幾篇祖先的教誨：「善教兒女，為治平之

本，而教女尤要。」又曰：「治國平天下之大權，女人家操得了一大半。」這是祖先的教誨，講女德教育的重要意義。這句話說的是什麼呢？在兒女的所有教育中，女子的教育尤其重要。我們前面說了很多，後面接著說：「以世少賢人，由於世少賢女。有賢女，則有賢妻、賢母矣。有賢妻賢母，則其夫、其子女之不賢者，蓋亦鮮矣。」這段話說的就是國家太平的根本，就在於家裡的賢妻良母，賢妻良母真的是越來越少了。為什麼說少呢？如果遍地都是的話，我們就不需要學了。如果說地上全都是黃金，我們不會把黃金當成稀罕物，誰還會放到保險櫃裡，那不需要了。大家如果發現一個很孝順的人，或是一個很賢良的太太，大家看到他們就像看到寶物一樣，紛紛要立為典型，大力宣揚，我們應該覺得那是一件很羞愧或是心裡很緊張的一件事情。因為孝順父母是應該的，如果把孝順父母的人現在反覆所說的話，作為榜樣的話，這說明什麼呢？說明天下的人都不重視孝，忽然有了這麼一個孝順父母的，大家覺得值得作榜樣，要向他學習。女子盡婦道、盡妻道、盡母道是應該的，如果沒有盡到，驕奢跋扈，應該是反省的。如果發現有這麼一個女子，很溫柔、很賢良，夫妻婚姻關係很好，兒子很孝順，家裡一派和諧、祥和。突然發現有一個奇怪的現象，大家竟然都來向她學習，集體向她學習，這代表社會已經世道衰微了。在這種狀況下，如果再突破底線，那是很嚇人的一件事情。說明我們教育的功能已經喪失了，真正的教育不僅是學校裡書本和知識的教化，還在於人心的教化。國家可以有好的法律，譬如說國外，像美國，有很好的法律，但是法律只能夠去嚴懲那些真正大不孝的子女，他殺父殺母，我們予以嚴懲。但是法律培養不出像孔子、曾子、閔子騫這樣的孝子。我們看孔子門徒三千，賢人七十二，他們怎麼能夠做到學為人師、行為師表，尤其個個都是那麼優秀呢？這一切都是孔子教育的結果。所以這種教育如果從家庭開始、從每一個母親開始，那麼就能夠轉變世風，和諧天下。

又云：「教女為齊家治國之本，可謂見理透徹。周之開國，基於三太，而文王之聖，始由於胎教，是知世無聖賢之士，而由世少聖賢之母之所致也。使其母皆如三太，則其子縱不為王季、文王、周公。而為非作奸，蓋亦鮮矣。而世人只知愛女，任性嬌慣，不知以母儀為教。此吾國之一大不幸也。」這是剛才舉了周朝三太的例子，我們也都有講過。大家在學習的過程中，常常看看《列女傳》開篇，第一篇就是三太，說得很好，要反覆讀閱。我一般坐飛機的時候，皮包裡就放了一部《列女傳》反覆看，一開始翻的時候，感覺很晦澀，看不懂，但是越看越愛不離手，並由此而悟到很多東西。你看古代這些女子的榜樣是指女子的順、從，但教我們的絕對不是我們現在所理解的一味的順從、迎合、低三下四的，不是的。她們非常有性格，能夠說出有理有據的話，而且能夠透過自身，在原則問題上絕不放鬆，丈夫都很尊敬，沒有一個先生不尊敬自己妻子的。其中有個案例，敘述先生想當官之前都要回家問問妻子，我可不可以去當那個官，太太也是講了一番道理，直說不可以，最後兩人揹著鍋，拿著東西隱居了。

　　什麼是真正的尊重？什麼是真正的卑微？古代裡的男尊女卑不是我們現在想像中的這樣，那個「卑」是謙卑，成就她的什麼德行呢？大地的德行。《易經》裡講「乾坤兩卦」，開篇就是乾卦。「乾卦」代表男子，男子應效法天道，「天行健，君子以自強不息」，他在高位所以稱「尊位」。「坤卦」是代表女子，女子應效法大地，「地勢坤，君子以厚德載物」。怎麼樣才能夠厚德載物？她得謙卑，她得處下，大地如果不安穩，也想到上面去，那就亂了，肯定是地震了。大地平穩有厚德，地上能夠孕育五穀，我們衣食有足，地下能夠開採礦藏，我們才能夠得到金銀財寶，這是大地的德行。大地忍辱而含垢，向它吐一口吐沫，它也不會生氣；你給它灑點香水，它也不會高興，這也是大地的德行。你看大地地勢低窪的地方能存住水，地勢高的地方就不會，

這是告訴我們人要守住謙德，才能存住福報。我們都知道四川盆地是寶地，「天府之國」，一個盆地，窪的地方，講的是女子的「卑」。我們對古代的太多東西都誤解了。這個「卑」有什麼不好？不想這麼「卑」的話，肯定是天下大亂，沒有德行，載不了物。包括我們理解古代有一句話叫「女子無才就便是德」，很多人就覺得這是壓抑女性。實際上是指什麼呢？自古以來那些女子，包括寫《女誡》的班昭，寫《女論語》的宋若莘、宋若昭，寫《內訓》的徐皇后，所有的這些女性，哪個沒有才啊？但是她這個無才是什麼呢？她自己有才，但不認爲自己有才。這種謙卑的德行，就是後面的這個德，她不認爲自己是有才華的，所以她始終是以謙卑爲自己最高的指導原則和做人的方針，以長養自己的厚德。

我們對古德的教誨要深深地體味，反覆地去學習，才能夠明白。你沒有學，也沒有看，也沒有體會過，人云亦云，人家怎麼說你也怎麼說，把自己給害了。你沒有學，他說不好，是這麼回事，聽聽好像是有道理，那就不學，就把自己害了。你真正放下自我，認真學習，才會受益終生，才會明白原來祖先的教誨完全不是我們想像的那個樣，你就會生起無比感恩的心。

現在的人愛女兒、愛兒子，這裡講尤其愛女兒，任性嬌慣，是一件很麻煩的事情。「人少時常近於母，故受其習染最深，今日之人女，即異日之人母。人欲培植家國，當以教女爲急務。」教育女兒爲最重要的任務。「欲須知爲天地培植一守分良民，即屬莫大功德」，「欲家國振興，非賢母則無有資助矣。世無良母，不但國無良民，家亦無良子」。這段祖先的教誨是我每次在學習的時候都會反覆去體會的。

在學習女德的教育中，誰應當學女德？我也總結了一下。

第一，男女老少都應該學女德。所以我講女德的課，雖然都是女性來聽，偶爾也會有一兩個男性現身其間，但是因爲人數比較少，似乎不好意思而匆匆離去，臨走前還來跟我要光碟回家

去學。為什麼男子應該學呢？如果你是先生，已經結婚了，你卻不知道真正的好太太是什麼樣的標準，就無法去引領她；你心裡沒有標準就沒有原則，就無法去教導她。這裡有說「夫不賢，無以御婦」，丈夫不賢能，就無法去引導自己的妻子。但他的賢能又是什麼呢？他心裡得有數，萬一他心裡沒主意「好，你想花錢，我去給你賺錢，賺不到時我去偷、去搶、去騙」，麻煩就大了；漂亮好，你要整形，我就出錢給你去整形，這樣也很麻煩了。沒有結婚的按照這個標準去選擇配偶，就可以提前選到一個好的配偶。所以男子該學，未婚選配偶，已婚正法齊家，就是男子的本務。自古以來提倡女德的全是男性，我們看明朝的王相，清代的陳弘謀編的《教女遺規》，再往以前，包括佛門裡的一些祖師大德全部都是「重在女教」，男性的眼光是很深遠的。

第二，父母當學，可以教育自己的兒女，尤其是女兒。

第三，是女子當學，未婚可以修身，已婚反省自心，以提高自己的德行。

最後，老人也要學。

老人的學習很重要，我們對父母不僅要關注在養身上，我最近體會很深，更多的一定要放在養其慧、養其智上。為什麼呢？放在養其慧上，他的心都很好養；不放在養慧上，你養他的心很難。如果他的心是貪婪的、無知的、勢利的、很世俗市儈的，怎麼養？這個心是不好養的。為了母親，你也去巴結諂媚嗎？去迎合、去奉承嗎？如果她不高興，就很麻煩了。她學習了之後，她的智慧開了，她明白什麼是對的，什麼是錯的，她不會以老賣老，很好了，你養她的心就比較好養。如果她有遠大的志向那就更好了。

老人學，很好！他可以去轉化風俗。因為老人的言重，一家之長，他定出來的大政方針，由兒女來執行是比較順利的。如果兒女學傳統文化，老人全加以否定這個東西不要學、浪費時間精力，尤其學什麼女德，那將是一件很麻煩的事情。

第一講 / 原序

　　各位老師大家好，我們繼續學習女德。我們現在有些福報和志向，想提高自己的德行，想學習修身養性之法，從哪裡入手呢？古聖先賢留下了大量的女德教學教材，我們可以依據古代的教材進行學習。女德教育最主要的四部書，又叫「女四書」，是《女誡》、《女論語》、《內訓》、《女範捷錄》，也有人把第四部定為《女孝經》。這四部經典其實都有流傳到海外，流傳到日本、韓國，在國外也很受重視。我國從五四運動以後，這樣的書基本上就絕跡了。我去年很偶然的一個機會，第一次碰見《女誡》的小冊子，一個粉色的書皮，不是書店正規出版的。我看了就特別歡喜，當時簡單翻看了一下裡面的內容，共有七篇，即卑弱篇、夫婦篇、敬順篇、婦行篇、曲從篇、和叔妹篇與專心篇。

　　這七篇，講了女子修行的心法，心念上的法門。我自己很喜歡，但是說實話，也看不大懂，然後我就拿回來，給我們公司的女員工，因為我們公司女孩子特別多，我讓全體女員工都來讀《女誡》。員工後來都來跟我說讀不明白，其實我自己也不是很明白，但我跟大家說「讀書千遍，其義自現」。也是一個很偶然的機緣，讓我發心來講學這個冊子，認真地從字面、義理，到實際開始逐步深入瞭解，之後越來越歡喜。把《女誡》這一部書看通了之後，後來我在講《女論語》、《女兒經》，包括做《群書治要》，看《淮南子》這一篇的時候，都覺得像在講女德。古訓有言：「一經通，經經通。」雖然自己還沒完全讀通，但反覆講了六、七遍《女誡》之後，的確有「學而時習之，不亦悅乎」的感覺。

　　下面我們來正式讀一下《女誡》，先來看開篇的原序。

　　我給大家唸一下。

【曹大家，姓班氏，名昭，後漢平陽曹世叔妻，扶風班彪之女也。】

曹大家，名叫班昭，是後漢的時候曹世叔的妻子，也就是《女誡》這部書的作者。為什麼叫她曹大家呢？因為她嫁給曹世叔，所以就隨夫家的姓。那麼大家呢？我們在本子裡看到的這「大家」兩個字，不叫「大家」（ㄉㄚ丶　ㄐㄧㄚ），我以前也經常唸「曹大家」，我說怎麼會起這個名字。仔細研究了之後才發現，這個「大」念「　ㄊㄞ丶」，通「太太」的「太」，這個「家」是「姑」，通「姑叔」那個「姑」，所以念「曹大家」（ㄘㄠ／　ㄊㄞ丶ㄍㄨ）。它是古代對學識非常淵博之人的敬稱，是一種古稱。所以古代的很多文字跟現代差別特別大，我們要是拿現代的眼光去看，有的時候就不明白它是什麼意思，所以大家千萬別鬧笑話。她是「扶風班彪之女也」，扶風是地名，是現在陝西咸陽東北部的一個地方。如今也有這樣的說法，就是當某一個人有名了之後，他的家鄉也會跟著開始出名了，所以帶著就把家鄉的地名一起說出來了，班彪的女兒。

【世叔早卒，昭守志，教子曹谷成人。長兄班固，作前《漢書》，未畢而卒，昭續成之。次兄班超，久鎮西域，未蒙招還。昭伏闕上書，乞次兄歸老。】

她的丈夫曹世叔很早就去世了，班昭緊守自己的志向，沒有嫁人，所以她的德行非常好。也教育她的兒子曹谷長大成人。曹谷名曹成，字直谷。她有一個哥哥，叫班固，很有名，是《漢書》的作者。《漢書》是我國古代歷史上第一部紀傳體的斷代史書，在歷史上與《史記》齊名，寫得非常好，但還沒有寫完就去世了，後續的這一部分是由他的妹妹班昭所捕撰完成的。班昭的

文才不同凡響，學問十分精深。據說當年她在宮中寫《漢書》續集的時候，當時的大學者馬融，為了請求班昭的指導還跪在藏書閣外聆聽她的教誨。她還有一個哥哥，叫班超，一直在西域關外鎮守邊疆已有三十年之久，然而皇帝因班超涉入黨派之爭一直沒讓他回國。班昭體念到親情和他哥哥的思鄉之情，於是代兄上書，她的文筆情真意切，寫來絲絲入扣。皇帝覽奏之後，也為之動容，於是另派校尉接替班超，班超得以告老還鄉。但是她哥哥年紀太大了，回家兩個多月就去世了。

【和熹鄧太后，嘉其志節，招入宮，以為女師，賜號大家。皇后及諸貴人，皆師事之，著《女誡》七篇。】

當時的鄧太后非常讚賞班昭的這種操守與遠大的志向，也非常欣賞她淵博的學識，多次召她入宮，並尊她為老師。太后跟著她學習，然後賜號「大家」。此後皇后和後宮裡所有的嬪妃、貴人，都以老師的禮節去侍奉班昭，跟著她學習。我們從這裡就能看出班昭的為人，絕不是一般的女性，的確可以學為人師，行為世範，也的確做到了修身齊家治國平天下，她把自己的心行修好了，把孩子教育成人，並且能夠幫助皇太后和後宮的嬪妃，教導她們，長養她們的學識和德行，達到平天下的風範，所以班昭的確是我們女子的驕傲、楷模和榜樣。這是一篇簡單的前敘，是後人寫的。

我們接著學習班昭《女誡》的續篇。

【鄙人愚暗，受性不敏。蒙先君之余寵，賴母師之典訓，年十有四，執箕帚於曹氏，於今四十餘載矣。戰戰兢兢，常懼黜辱，以增父母之羞，以益中外之累。是以夙夜劬心，勤不告勞，而今而後，乃至免耳。吾性疏愚，教導無素，恒恐子穀，負辱清朝，聖恩橫加，猥賜金紫，實非鄙人庶幾所望也。男能

自謀矣，吾不復以為憂，但傷諸女，方當適人。而不漸加訓誨。懼失容他門，取辱宗族。吾今疾在沉滯，性命無償，念汝曹如此，每用惆悵。因作《女誡》七篇，願諸女各寫一通，庶有補宜，俾助汝身。去矣，其勖勉之。】

　　這一篇是原文的序，是班昭寫下來告訴後人她為什麼要作《女誡》，是基於什麼樣的背景。我們從這篇簡單的序文裡，也能感受到，班昭身為太后之師，能夠如此謙卑，的確讓我們汗顏。我第一次讀這篇序文的時候，非常不理解，我說怎麼寫得這麼樣的謙下，我們就是想謙卑也寫不出來，的確是這樣的，因為心沒有到那個位置上。我們依據明朝王相的注解，一段一段的分開來讀書。王相的母親很有名，王相的母親劉氏就是女四書第四部《女範捷錄》的作者。

【鄙人愚暗，受性不敏，蒙先君之餘寵。】

　　這段話是說自己愚鈍，生性不聰敏，都是承蒙父親的德蔭庇佑。「鄙人」就是講班昭自己，「愚暗」是指愚蠢、愚鈍。實際上都是班昭自謙的話，就像我們學傳統文化的同學都會說「末學不才」，末學就是說我在這些同學裡，是排在最後的，沒有才華、沒有才能，實際可能並非如此，是一種自謙的話。「受性不敏」是指自己的天性不是很聰慧。「蒙先君之餘寵」，先君是指班昭的父親班彪，因為班彪在光武帝的時候就為官，做到瞭望都長，在當時也是名噪一時，很有名望。這裡指班昭蒙受父親的這種餘望，並非自己有德行。

【賴母師之典訓，年十有四，執箕帚於曹氏。】

　　這段話是說依賴母親的教誨，十四歲就嫁到了曹家。「賴

母師之典訓」，這是表示不忘母親的教誨，不忘母恩。「箕帚」，是指我們常講的笤帚，笤帚是用來專門清除污穢的一個工具，這裡班昭是比喻自己時時在清除自己的心汙，完善自己的德行。這也是她自謙之詞，總覺得自己德行和學問不夠，嫁到曹家服侍先生，愧不敢當。

【於今四十餘載矣，戰戰兢兢，常懼黜辱。】

這段話是說她嫁到了曹家四十多年，自己一直是處於戰戰兢兢的心態，總是怕有被曹家辭退的屈辱，也就是說怕自己德行不夠，讓公婆和家人受辱。「戰兢」是指恐懼不安的面貌，「黜」是指被先生辭退，因為在古代沒有法院，不打官司，丈夫如果發現妻子有不符合家規、家道的，就有權利休妻。

【以增父母之羞，以益中外之累。】

這段話是講擔心自己婦道修得並不好，使父母親蒙羞，自己的夫家和娘家的家親眷屬受到牽累。「中」是指夫家，「外」是指娘家的眷屬和親戚。

【是以夙夜劬心，勤不告勞，而今而後，乃至免耳。】

這段話是講她白天、晚上都很辛苦、很辛勞，勞心勞力，但是從來不敢誇耀自己，總是很卑微。現在年紀已經大了，子孫也都成家立業，可以暫時的把憂勤的心放一下。「夙」是早的意思，「劬」是非常勞苦的意思，「告」是誇示的意思，誇獎、自讚，自己讚歎自己。乃至免耳，「免」是指放下一下。

【吾性疏愚，教導無素，恒恐子穀，負辱清朝。】

這段話是講自己才學疏淺、愚鈍不明，教導兒子沒有恆長心，所以非常害怕兒子曹谷有負重任，辱沒當朝的清明盛治。「疏」是指大大咧咧，講她在很多方面非常大意、疏忽。在教導上，「無素」的意思是指沒有恆常心。「素」是恒常，就是有的時候，教導一下，有的時候可能就會疏忽了。「清」不是指後期清朝的清，「清」是指清明盛治的朝代，是讚歎當時的國家處於清明盛治的時代，害怕自己教育的孩子不夠好，對不起朝廷給予的重任。

所以從一開篇到現在可以看到，她對外是讚歎自己的父母、自己的夫家，包括朝廷，對內都是把自己放到最低的位置。這就是為什麼《女誡》開宗明義的第一篇叫卑弱篇，從這個地方也能看到班昭的確做到了這兩個字，所以能寫出這篇文章。

【聖恩橫加，猥賜金紫，實非鄙人庶幾所望也。】

講她的兒子突然得到了皇上的恩寵，以自己卑微的德行接受聖上賜予的高位，這實在不是自己所敢期望的。從這裡我們看到班昭是什麼樣的女子呢？她之所以能為太后之師，兒子有這樣好的地位，有如此大的福報，正應了「惟謙受福」這句話。從整篇序文中可以看到，她謙卑至誠。「橫加」是指無緣無故就得到的意思。「金紫」是指官位，古代的衣服都是代表不同的職位，衣服上帶子，不同的顏色就代表不同的階位。一般金紫之帶中，這個爵位是比較高的。

【男能自謀矣，吾不復以為憂，但傷諸女，方當適人。而不漸加訓誨。懼失容他門，取辱宗族。】

講男孩子在朝廷裡當官，能夠自善其身，而她的這些女兒

呢？「時當出嫁」，就是該出嫁，該嫁人了，但是教導得還是非常的不好，沒有漸加訓誨，怕嫁到人家之後，不知道羞恥，使娘家沒有面子。

【吾今疾在沉滯，性命無常，念汝曹如此，每用惆悵。】

這段話是講自己現在患病已久，恐怕隨時都會失去性命，想到家中的女性是這個樣子，每每都很憂愁掛念。

班昭在寫《女誡》的時候，已經是幾十歲的老人了，身體也不是很好，的確是重病在身。在這種情況下，她是懷著一片憂國憂民之心，才寫出這篇《女誡》。

以班昭的年紀，我們想想她的女兒，也不會是十七、八歲要嫁人的年紀，所以她的女兒實際上已經嫁人了。那她為什麼說「方當適人，而不漸加訓誨」呢？這其中有很深的含義，實際上是透過給自己家的女子寫這樣的文章，來引起天下人對女德的重視。對於當時女性專權，女德衰微的狀況，她非常的憂慮，有心把女德倡導起來，但不方便明說，所以她透過對自家女性的教誨，把《女誡》七篇寫出來。

寫出來不久，很快就從皇室家族中傳遍開來，開始大家都以手抄本的形式，每一個家族都以此作為教訓女子的德育教材。所以我們能看到班昭的這片用心，以她的地位可以寫給朝廷一份建議，說要重視女德，從鄧太后開始，怎麼樣做。但是她考慮到很多方面的形勢，不便於這麼寫，所以她就寫給自己家人這本書。那也是她為人善巧、智慧，深謀遠慮，考慮的比較長遠，所以她能在朝廷中伺候四任皇后而不衰，能夠一直在朝廷中幾十年安然無事。最後去世的時候，皇太后是素服按照國喪的形式，以老師葬禮的形式來送她。由此可見，班昭的氣節品行令人景仰。

【因作《女誡》七篇，願諸女各寫一通，庶有補宜，俾助

汝身，去矣，其勖勉之。】

　　最後她說，這就是講我寫這篇《女誡》希望能夠警戒家族中所有的女性，希望大家都能夠以此奉行，而不要失去做女人的根本。透過學習，也可以幫助大家提高自身德行。我即便是離開（就是講她去世以後）我們家族也會往下延續，都會不斷的勉勵。這是前言的內容，我們每次反覆閱讀的時候，都能夠深深地體驗到，班昭作為一位女性，的確為女中君子，女性楷模，我們非常感恩有這樣的祖先。

　　在《後漢書》裡有班昭的傳記，我讀她的傳記，她跟她的丈夫曹世叔是非常和睦的夫妻，曹世叔性格非常外向，班昭非常內向，是個溫柔、賢淑的好女子。她嫁給曹世叔也有一段歷史背景，並不是說她中意了曹世叔，而芳心暗許，不是這樣的。是她的哥哥班固，為了繼承父親的遺志，而受命編纂《漢書》，因而召集了一個很有學識的翰林學子一起來完成《漢書》的編寫工作。她跟他哥哥說她願意嫁給編寫《漢書》中最優秀的一個學子，就是曹世叔。她哥哥也想到，一旦自己不在的時候，就有人可以接替繼續完成。沒想到曹世叔很早就過世了，最後還是他的妹妹幫助他完成的。

第二講／卑弱篇

下面學習《女誡》的正文。

我們先看一下《女誡》的含義。《女誡》是規勸女性的一篇文章。什麼是「誡」呢？我記得有一次在參加論壇的時候，一位老人不讓我上論壇講《女誡》，說這個「誡」不好，這位長輩說女子本來就很受束縛，你還要誡，這個東西不能講。經過跟老人溝通，又把我在其他地方的講課光碟送給老人，讓他回家聽，他聽了很歡喜。回來就跟主辦方說：「很好，跟我理解的不一樣，但還是要把『誡』說明白。」在那次論壇以後，我每次都會把《女誡》的「誡」字跟大家解釋一遍，所以也很感恩老人家。這個「誡」我查了一下古漢語辭典，它有四種意思：第一種，是指告誡和規勸的意思；第二種是指警、慎；第三種是一種箴言，規勸人們遵守的一種標準；最後一種就是這裡用的，是一種文體的名，一種教誨性的文章，就像古代的文體名。比如說《陋室銘》的這個「銘」，它就是一種文體名。「誡」在古代也是一種文體名，那麼還有類似的「戒」，比如說諸葛亮寫過《戒子篇》，那個「戒」跟這個「誡」是一個意思，都是一種文體名。這種文體名表示這類文章是一種教誨性的文章，都是先人對後人的一種教導、一種指導，提醒大家注意，讓後人能夠受益。

《女誡》第一篇叫卑弱篇。通常一般好的文章，它的第一篇往往是最重要的，為什麼呢？因為它產生一個提綱挈領的作用，整個後面是它的一個展開，它把最精華的濃縮放到第一篇總結出來，所以精華就在這裡。比如我們看《禮記》第一篇曲禮，第一句話講的是什麼呢？「禮者，毋不敬也。」這一句話，就涵蓋了「禮」的所有的精髓。譬如說《太上感應篇》裡面的第一句話：「禍福無門，惟人自召；善惡之報，如影隨形。」後面所有

的文章，都在講什麼是善、什麼是惡、什麼是禍、什麼是福。包括《大學》第一篇、《中庸》第一篇、《孝經》的開篇第一段等，都是經書中的骨架和要點。所以第一篇是很重要的，第一篇也是我講得最多的。我最初學《女誡》，當時剛學，膽子也大，所以有邀請我演講時，我就去講女德，每次都反覆講這第一篇，大概講了十遍以上，最後是越講越明白，一開始不是很明白，而且有些反感。為什麼女人要卑弱？一聽這兩個字，感覺就是對女性的一種輕視、一種歧視，女人不要卑弱，女人是半邊天，一定要剛強，否則會被人欺負，「人善被人欺，馬善被人騎」。後來發現自己的觀念是顛倒的，是錯誤的，是不符合倫理道德的。

「卑弱」展開是四個字，卑是指謙卑，弱是指柔弱。謙卑和柔弱代表女人兩種最重要的德行。謙卑講的是「厚德載物」的德行，我們往往用大地來形容這四個字，地有厚德才能夠承載萬物；柔弱講的是「上善若水」的德行，水是世界上最柔、最弱的一種東西，但它卻有上善之德。

所以用大地和水來比喻女人本性裡所具有的最珍貴的兩種德行。那麼濃縮之後，就用「卑弱」兩個字表現出來。所以它不僅僅是這一篇的第一，也是所有女德教育裡的第一。你學所有的女德，如果離開了「卑弱」兩個字，就做不到為人謙卑、做不到心性柔弱，那整個女德也就失去意義了。我們講全是「口耳之學、夢中吃飯」，嘴巴上講講，耳朵裡聽聽，自己不受用，如同做夢吃飯一樣。所以我們在學的過程中，無時無刻都不要忘了謙卑和柔弱。但是如何去做才能表現真正的謙卑和柔弱，就會遇到很多很多的考題，這是一個艱難回歸自性的歷程。我們受環境薰染，從小又沒有得到良善的家教，心都建立在自私自利上，變得非常的剛強難化，只有教育才能讓我們回歸自性。

「人之初，性本善；性相近，習相遠；苟不教，性乃遷。」我們自性純淨純善，但習性不善。現在開始想透過學習，返歸自性，雖然很難一步達成，但只要堅持不懈就會獲得真正的

幸福和快樂。

我們在讀書卑弱篇的時候，不是指外面形式上的卑弱，而是指要有一顆柔和質直的心。譬如有的女同學學卑弱，打不還手、罵不還口，在家一味順從，一順到底，一弱到底，最後苦不堪言，內心的怨結不化，生了一身的病，還要怪古聖先賢的教誨不好，這是沒有真正學明白。所以每次我都說，這個柔弱是指心性的柔弱，心的柔軟表現在外面的淡定平和。翻開《列女傳》，這裡的女子都是「敬以直內，義以方外，敬義立而德不孤」。她們面對生活中的種種境界都不會背離仁、義、禮、智、信，她們都有一顆仁慈仁愛的真誠愛心。所以我也舉了例子，包括自己本身的例子，當我拋棄做人的基本準則而一味的柔順，有的時候結果是什麼呢？把自己家的某個親戚縱容出很多缺點來，然後當某一天你的能力無法去應付的時候，希望他們伸手幫你一把，他們卻還要抱怨你，你怎麼沒有比以前做得好。所以就是我們的這種柔順縱容了他們的惰性，長養了他們的貪婪，可見卑弱其實是充滿了大智慧。

在學習的過程中，我們需要不斷去體悟。孔子有「溫良恭儉讓」這五種德行，但他做事有原則和方法，非常善巧方便，他不是什麼事情都一味承順，並非我們所認為的迂腐。

在傳統文化的學習中，我丈夫總結了三個原則：「睿智而不奸滑，仁厚而不迂腐，與時俱進而不隨波逐流。」我就經常想他的這句話。

什麼叫與時俱進而不隨波逐流？比如說古代的一些古禮，現在不適用。比如鞠躬禮是可以普遍適用的，因為日本、韓國還在用，但是古代的有些古禮我們打開《禮記》看，並不適用。是不是我們現在堅持讀書傳統文化一定要用呢？不對的，你得與時俱進，要把古人最精華的部分學到，就是恭敬的心學到，然後隨時用到現代的地方就可以了，要隨順現代的情況和形勢。如果不懂得隨順的話，最後變成什麼呢？學傳統文化的這些人是一個怪

異的特殊人群。首先家裡不接受，然後公司不接受，最後被社會大部分的群體排除在外，成為一個獨自生存的、無可奈何的、曲高和寡的一小撮人。這是不符合傳統文化精神的，傳統文化是能夠「和」天下的，以一己之修能夠去包容天下的，能夠以一己之德去感化天下的。如果你做不到，要反問自己，我怎麼越做最後離大家越遠了？不融於俗，是一件很困擾的事情。

在王相的箋注裡寫到：「天尊地卑，陽剛陰柔，卑弱女子正義也，苟不甘於卑而欲自尊，不伏於弱而欲自強，則犯義而非正矣，雖有他能，何足尚乎？」我記得有一次外地的同學跟我說想學女德，我就把書寄過去，她說看不懂，我說沒關係，有箋注。她說關鍵是箋注也看不懂。我們現在就把箋注給大家講一下。天地這種尊卑，完全是引用《周易》裡的話，因為整篇《女誡》才一千六百多個字，很少，但是引用古籍，前後引用《論語》、《周禮》、《禮記》，《尚書》裡的話，有多少處呢？有十七處之多，可見《女誡》通篇是曹大家在已經精通古聖先賢的經典，以及自身幾十年德行的修行之後，總結出來的一部菁華之作，不是自己的一家之言。像孔子一樣，自己只是把古聖先賢的教誨轉述出來而已，自己並沒有任何創新，正如孔子所言：「信而好古，述而不作。」

「天尊地卑，陽剛陰柔。」陽剛陰柔講的就是道，所謂一陰一陽謂之道。我們看過太極的八卦圖，它代表的就是陰和陽，剛和弱、天和地、黑和白，總是一對。如果全部都是一樣的，譬如二十四小時都是白天沒有黑天，人是很難以生活的，二十四小時都是黑天沒有白天，也會很麻煩。家裡如果都是女的沒有男的也會出問題，都是男的沒有女的也不行，總是要相配而來。但是相配而來的前提，是彼此要各守其道，如果我們沒有守在自己的道上，讓女的站到陽位上，男的落到陰位上，就會亂掉。所以在《詩經》裡我記得看過這樣的話，叫「牝雞之晨」，那是不祥之兆，指的是母雞不下蛋，卻跑去打鳴，這是天下不祥的徵兆。

自古以來男女都是各守其分，我們現在如果沒有意識到這一點，還亂了的話，我們就必須撥亂反正，把它給糾正過來。有一次一位傳統文化論壇的老師在分享心得的時候說道：「我們家都是母雞報曉，公雞下蛋，也就是指我丈夫在家做飯整理家務，我出去做女強人，回來在書房裡我站在書桌後面，他則老老實實站在前面，聽我下指示，我講完了就說，你去工作吧。」《朱子治家格言》中有講：「倫常乖舛，立見消亡。」所以這位老師在生活中也遇到了很多逆境。

「卑弱女子正義也。」卑弱就是講女子的正義，這個義就是仁義禮智信的義，義者循理也，就是做事合乎道理。女子按照卑弱的天性來修養自己的德行，這是合乎道理的一件事情，也是正道。如果自己不甘於處於卑位，就是下位，心裡沒有恭敬心，總想自己當家作主說了算。

「苟不甘於卑而欲自尊，不伏於弱而欲自強，則犯義而非正矣。」不認為自己是弱小的，從外到內，都要強悍起來，很想在家裡剛強，但卻違反了這個義，「則犯義而非正義」，這是一件不符合義理的事情。既然不在道上了，就偏離婦道了。

「雖有他能，何足尚乎？」即便很有能力，很有才幹，又有什麼可以推崇的呢？這個不值得去推崇，假如都是女人去主管外面所有的事物，天道就容易混亂。在現代社會中講到這個問題，可能有很多人，尤其是女性自身首先是反對的，很多男人也不認同。

我在學習經典文化這麼長的時間中，覺得女人「弱了」這句話，未必一定是不好的，這個弱不是懦弱的意思，是「上善若水」中所說水的德行。

水有幾個特點，**第一個特點是什麼呢？它遇到障礙物就一定轉過去了，不會硬碰硬在那不斷地碰撞。**

譬如路上有塊大石頭，水就會繞過它走。講的就是遇事要隨圓就方，外面的事情自己要懂得因應處理，不要跟人硬對硬的

碰。尤其是在家裡，因為清官難斷家務事，家不是個講理的地方，你跟他硬碰硬那樣地碰，沒有任何事情能碰明白，就是有一萬個理由在家裡也說不清楚，他認為他是對的，你認為你是對的，反正兩個人還要過日子，姑且就繞開他，哪怕暫時不說話，也未嘗不是一個解決的方法，學習「水」的繞過去的這種特性，是有其重要性的。

水的第二個特性是什麼呢？水滴能夠穿石，水一滴答，一滴答，看著好像沒有力量，但是日子久了，能夠把石頭給穿透了。家裡也是一樣，先生不管如何的頑固不化，如何的喜歡上網玩遊戲，都不用管他，你就很堅持、很堅韌的，用很柔和、很溫順的性格，堅持你的、感化你的，每天你都說一說，上網對身體不大好，但是該怎麼照顧他還是要做到，十年、二十年、三十年⋯⋯他總有回頭的那天。這個恒心在家裡是最容易表現的，這是水的第二個特性。

第三個特性是什麼？「水善利萬物而不爭」。看它可以滋潤禾田，可以澆灌萬物，可以給行人止渴，但是它不跟任何人爭利益。做女人的也是一樣，你只要一爭，一定就亂了。家裡女人就像心臟一樣，心臟跟其他的部位要是爭一爭，全身的知覺馬上就麻痹掉了，它沒有什麼可爭的，它就是不斷地往外奉獻，不斷地輸送血液，不斷地往外供給。我也常常想，女人一定要做舌頭，不要做牙齒，牙齒是很硬，到老了都先掉，舌頭到老了，牙齒都掉光了它還留著，所謂柔能克剛就是這個道理。我原先也特別愛講理，跟先生和婆婆講理，講來講去都講不明白，後來明白原來家不是講理的地方，於是就不講了，不講我覺得也很好，他們怎麼說就說吧，即便說的「不可理喻」，我就是不作聲，煩惱也就慢慢沒有了。做女人的一定要看明白，很多人、很多事不是你能改變的，但這並不意味著你不好，只是你沒有這個緣分，因此也不需花費太多的精力，做任何事都不要執著，看不破就看淡一點，放不下就放鬆一點，人生轉眼即逝，我們要做一個有智慧

的女人。

我們下面來學習正文。

【卑弱第一，古者生女三日，臥之床下。弄之瓦磚，而齋告焉。臥之床下，明其卑弱，主下人也。弄之瓦磚，明其習勞，主執勤也。齋告先君，明當主繼祭祀也。三者，蓋女人之常道，禮法之典教矣。謙讓恭敬，先人後己；有善莫名，有惡莫辭；忍辱含垢，常若畏懼，卑弱下人也。晚寢早作，不憚夙夜；執務私事，不辭劇易；所作必成，手跡整理，是謂執勤也。正色端操，以事夫主；清淨自守，無好戲笑；節齋酒食，以供祖宗，是謂繼祭祀也。三者苟備，而患名稱之不聞，黜辱之在身，未之見也；三者苟失之，何名稱之可聞，黜辱之可免哉。】

這是卑弱第一篇全篇的正文。

卑弱篇重點講了三件事，這三件事分別是什麼呢？第一是「明其卑弱，主下人」，第二是「明其習勞，主執勤」，第三是「齋告先君，主繼祭祀」。我們來看第一句：

【古者生女三日，臥之床下。弄之瓦磚，而齋告焉。】

這句話白話文的意思就是古代要是生女兒的話，生下來頭三天就把她放到床下，給她一塊紡錘讓她去擺弄，同時要祭告祖先。這句話我一開始讀書的時候並不明白，為什麼要把孩子放到床下給她紡錘呢？後來看到箋注明白了，它表示女人來到世間就要明白男女有別，男主外女主內的倫常大道。同時祭告祖先的含義也很深遠，表明女子要涵養德行，撫養好下一代，以告慰祖先。這句話是出自於《詩經》。《詩經》裡說「乃生男子，載寢之床，載衣之裳，載弄之璋」。如果生了男孩就睡在高大床上，給他穿非常華美的盛裝，給他把玩玉石做的圭璋，古代有官位的

男子都可以把玩玉璋。「乃生女子，載寢之地，載衣之裼，載弄之瓦」。如果生了女孩讓她睡到地下，給她穿的衣服就很簡單，小孩穿的襁褓之衣，玩紡錘就可以了。「寢之床，尊之也」，把男孩放到床上睡覺表示尊貴的意思；「寢之地，臥之床下，卑之也」，把女孩放到地下，讓她睡在床下，是表示要讓她能夠守住謙卑的德行。在這裡我相信，尤其現在獨生子女，是不會碰到這種情況的。我記得剛學女德的時候，我們公司的女員工說，怎麼要放到床下，我們將來生孩子是不是也要這樣，我們不要照章行事，但要明白其中的道理，這才是真正學到了傳統文化的精華。

我們學古文一定要透過字面看到背後古人所要傳遞給後人的真實道理。比如說古代的皇帝，他戴的皇冠前面都有垂珠，垂珠都會擋住眼睛。他為什麼要這麼做？實際上是在暗喻皇帝，雖然他的智慧要比天下所有的人都要高一籌，但是他不要那樣直接地一眼就把什麼事都看透了，他要拿垂珠來擋一擋，擋一擋表示自己還能夠聽進去大臣的進諫。在古書裡記載皇帝的耳朵都拿黃色的絲綿給塞住，當然不是塞死了。因為它是絲綿，講的就是皇帝的聽力的聰敏，能夠辨別各種聲音，但是也不要那樣顯露，表示自己還是能夠聽進去別人的一些見解。包括像古代的女子，穿的衣服都佩戴鈴鐺。為什麼要佩戴鈴鐺呢？實際上是提醒自己，走路的時候，鈴鐺一響就要提醒自己行為要舉止端莊，不要發出亂音，動作不要慌張輕浮，要威儀有則。同時這種聲音也提醒大家有女子要過來了，請大家注意、迴避一下。所以古代的很多道理，都是有很深的寓意的，並不是現在所想的那麼簡單。在古代的教學裡，《易經》有一句很重要的話，叫「童蒙養正，聖功也」。童是指兒童，蒙是指啟蒙，養是長養，正是浩然正氣，就是他所見所聽、所看所想，全部都是正的，這是長養他的至聖之功。對女子而言，如何養正？首先要教她學會謙卑之德。在古代，女子不像男子在外面可以有很廣的閱歷，可以學到很多的學問，可以交到很多的良友，她封閉在家庭裡頭，怎麼做才能夠讓

她有很好的德行？所以這種教育在古代是很見功力的一件事情。我們現在要比古代的女子幸福多了，我們可以有很廣的閱歷，能夠學到很多的知識，但是這種讀書是不是真正的在道上，我們可能並沒有分辨到；是不是能夠抓住做女人的根本，可能也沒有意識到。**所以我們學女德首先重在根本，根本之學就是女人謙卑的性德。**

【臥之床下，明其卑弱，主下人也；弄之瓦磚，明其習勞，主執勤也。齋告先君，明當主繼祭祀也。】

這段話的意思是什麼呢？就是把她放到床下是表明她要守住謙卑柔弱的德行，是主要執謙卑之禮於人下。那麼「弄之瓦磚」呢？讓她玩弄紡錘，一則告訴她女人主內的本分；二則告訴她女人要懂得勞作，勤儉才能持家，「女子一勤全家旺，女子一懶全家衰」，所以女人勤家業就容易興旺，女人要是好吃懶做，這個家族很快就敗壞掉了。主的是執勤這件事情。「齋告先君」，先君就是指祖先，給祖先祭祀，是指什麼呢？是「明當主繼祭祀也」，講的是家裡最重要的祭祀祖先的活動，由女子來操勞。我們就不明白，為什麼在古代要把這麼重大的事情交到女子的手裡呢？從這裡也可以看出，古代對女子並不輕視，因為女子來到一個家裡，她是幫助這個家族撫養後代、光耀門楣的，最重要的是能夠幫助這個家族撫養出後代。「繼祭祀」，繼是繼承的意思，怎麼樣才能夠幫助這個家人、這個家族，撫養出後代來，關鍵就看這個女子有沒有德行，有沒有學問。這樣一件大事，要從小告訴她，要提醒她注意，之後她嫁到夫家，全部的使命就是要來做這件事情。古語有講「不孝有三，無後為大」。「後」不是專指兒子，不要以為生完兒子有「後」了，做母親的就可以盡情地去吃喝玩樂了，這跟家裡養一個小貓、小狗是又有什麼區別。這個「後」的關鍵是能不能夠承繼祖先的家業、祖先的家

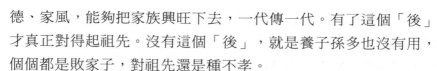

德、家風，能夠把家族興旺下去，一代傳一代。有了這個「後」才真正對得起祖先。沒有這個「後」，就是養子孫多也沒有用，個個都是敗家子，對祖先還是種不孝。

我在《列女傳》上見到孟母說過這樣的話：「婦人之禮，精主飯，謐酒漿，養舅姑，縫衣裳而已。故也閨門之修，而無境外之志，此之謂也。」這句話是什麼意思呢？做女人的禮節就在於能夠精通做飯，能夠釀酒，能夠去孝養公婆，能夠把衣服縫好，僅此而已。這就是閨中女人在家裡必須去修行的事情，就在這些事上修，沒有「境外之志」。境外就是所謂到外面闖一番天下，像男人一樣建功立業，沒有這個志向。「女子始生，即以是期之，視之，其實婦人之道，亦即此而無加也。」女子一生下來就用這個去期望她，去教誨她，再多了就不需要了，女子就能夠好好的教育出來。難道孟母就只會單純的做飯、補衣服嗎？她的作用僅在於此嗎？我們只要提起孟子，沒有一個人不會不想到孟母的。一個聖賢人是誰教出來的呢？一個好母親教出來的。所以孟母雖然沒有在外面建立豐功偉業，但是她養育出來的一代聖賢之子，能夠讓後面幾代人，幾千年的中華傳統文化得到傳承。她的這種志向，這種影響力太深遠了，豈止是說她就是會做做飯，縫縫衣服而已啊？在這裡我們能看出來，女人的謙卑是什麼呢？真正的有道德、有學問，但是從來不去表露和表白自己，而是安分守己。首先把家道做好，最重要的是把兒女教養好，其他的能夠賺多少錢，能夠在外面得多大的名，都是次要的。我記得有一個教育學家說過，賺了很多錢，但是當回頭看看你的兒女一無是處，走的時候你兩手空空，一分錢帶不走，什麼名望、地位也帶不走，兒女又沒有帶出來，家道又再次衰敗，那是後悔終身的一件事情。我也碰見過這樣很有錢的夫妻，但是他們的兒子卻讓他們很生氣，兒子已經二十多歲，根本不聽父母的教誨。夫妻倆跟我說，早知道會這樣，當初就不應該讓妻子出來跟我一起做生意了，在家裡好好教育兒子。但是時光不可倒流，兒子已經長大

成人，也不聽父母教誨，已經是無可奈何了。所以我們現在如果有機會聽到或者明白這樣的道理，一定要從當下做起。

【三者，蓋女人之常道，禮法之典教矣，謙讓恭敬，先人後己，有善莫名，有惡莫辭，忍辱含垢，常若畏懼，卑弱下人。】

我們下面繼續學習。有三件事是做女人的常道，這個「常」有很深的含義，常是什麼呢？能夠不受時空侷限，指在古代和在今天都沒有變化，是一樣的才叫常。古代一個樣，現代一個樣，就不叫常了。古代的女人能生孩子，男人不會生，現在也是一樣，這件事沒變。那麼本性呢？古代的女人應該守住的本分，現在也應該是這樣，也應該不變。如果變的話，那說明了什麼呢？教化失去了，世俗已經低下了，大家開始都忘卻了。就像滿街的人都去偷東西，但你卻不覺得偷東西是一件可恥的事情，因為大家都這麼做。現在哪個公司要是不逃稅漏稅覺得是很不可思議的一件事情，大家都這麼做。如果大家都在街上嘴裡嚼口香糖你不嚼，大家就會覺得你很怪。所以我們現在就要把常道給說出來，讓大家能夠明白什麼是女人的常道。「禮法之典教矣」，典教是指經典的教學，經典的教化，所謂經典也是恆久不變歷久彌新的，只是我們現代人曲解了，不明白祖先的真實含義，擅自以我們的意思加到祖先的意思上，再說出來就失真了。這三件事，第一件就是卑弱，在所有女德的教育中，實在講謙卑的確是根中之根，就是現在要學的這六句話。這六句話最好背下來，這樣隨時隨地都能夠提起自己的注意力。像我們公司的女員工天天唸，有一次一位女員工見到我就說：「哎呀我夢見一句話特別好，我得告訴你陳總，或許是有神明指導。」我說：「什麼話啊？」她說：「謙乃德之柄也。」她還要說後一句，我說：「停，這不是什麼神明指導，這是《女誡》裡的話。」她說：「不對啊，我在夢中可清楚了，跟我說三遍呢。」我說：「那可

能是你跟自己說的，我天天早上都唸，唸到最後一篇和叔妹就是。」我們天天都在唸，慢慢地就會真的明白其中的含義了。

【謙讓恭敬】

謙有讓的意思，也有敬的意思，還有不自滿的意思。那麼真正的謙讓恭敬是指什麼呢？怎麼樣才能夠做到謙讓恭敬，從哪裡開始做起呢？我跟大家分享，就是從孝道做起，我們講「百善孝為先」，傳統文化的核心就是四個字「孝親尊師」。對父母雙親首先要講孝敬、孝順，然後對所有師長都能夠尊重、恭敬有禮。但在現實生活中，我們要去實踐是很難的，講道理大家都很會講，講課的時候都頭頭是道的，等實際去做的時候，會發現很多事情很難實行，這其中的原因是什麼呢？並不是說我們跟父母有衝突、跟社會有衝突，或者是跟任何人有衝突，說到底，其實是自己的習性跟自己的自性衝突和矛盾所造成。聖賢的學習就是讓我們的習性回歸自性，不再有衝突矛盾。我們首先要問自己，是不是很想學到聖賢的學問，如果的確是很想提升自己的話，所有這些法都是從恭敬中求得。

所謂「一分誠敬得一分利益，十分誠敬得十分利益」，沒有真誠恭敬的心，就什麼都學不到，一切都是泛泛之學、表面文章。什麼是真誠呢？曾國藩先生有一句很好的注解：「真就是不妄。」妄就是虛假的心，「誠就是一念不生」，沒有雜念的心，不會想想這個，想想那個。

我們想著對父母盡孝就不要去想其他，只是一味地去做就好了。如果一直想想這樣，想想那樣，想想我弟弟怎麼樣，想想我姐姐怎麼樣，那就什麼都做不下去了。更何況是去想社會上的問題。祖先有句很好的教誨，「不見他人過」。「若真修道人，不見他人過。若見他人過，自非卻相左。」這是六祖惠能大師說的一句話，意思是說你是否看見別人的過錯呢？說實話，見到

了，除非是瞎子才會沒見到，或者你這個人已經很無知了，那個人明明犯錯了，你卻說沒看見。眼睛看見了，但心裡一點念頭都不動。無論是父母還是身邊的人，他犯的所有的過錯，自己的心不要被他牽動，心一動就麻煩了。自己也不要去攀緣，總想去幫助人，其實最應該幫助的是自己，試問自己有沒有成聖成賢？如果還沒有的話，只要管好自己的德行休養就好了，這就是「窮就獨善其身」，有人跑到你跟前，說「你一定得幫我」，沒問題。我們在盡自己的本分，也不要說幫了，就只是把我們的心得跟人家分享一下。包括在這裡都是，我也不是什麼老師，只是把自己的心得跟大家分享一下，一起來學習，一起來進步。不敢以老師自居，稱不上老，也稱不上師，兩個字都不敢當。自己學的就是怎樣把別人的過錯放在一邊，學習新加坡一一三歲的許哲老人。人家問她要是看見別人有過錯時，會怎麼做。她說就像我走在大馬路上，身邊來來往往有很多人，你說我看見他們了，但就算是看見了，卻什麼印象也沒留下，都長什麼樣子，我一個都不記得，不知道。全心全力放在自己的身上、放在自己德行的長養上。如果成天看著別人的過錯，「自非卻相左」，自己的過錯就開始墮落了，左是往下墮落的意思，就開始往下掉了。所以真正謙讓恭敬的心，就是從「不見他人過」開始，從「孝順父母」做起，從不見父母過開始。然後擴展，不見丈夫過，再慢慢擴展一點，不見公婆過，再擴展，擴展到不見大姑姐、二姑姐、小叔子、小姑子過，再往下擴，擴到最後什麼來來往往的人你都不見到，你就成聖成賢了。所以有沒有成聖賢自己最知道，如果還在執著於別人過的話，還是凡夫俗子，還要繼續修學。

【先人後己】

這個先後講的就是求道的一個過程，在《大學》裡有說「事有本末，物有終始，知所先後，則近道矣。」什麼是事的本

末、物的終始呢？現代人經常講「人不為己，天地誅滅」。我們舉最簡單的一個道理，如果你把自己都考慮得那麼清楚了，就不需要別人來替你考慮了，你身邊哪裡還會有朋友啊？哪還會有親情啊？你都把自己照顧得那麼面面俱到了，那就不需要別人再替你著想了。做人盡孝守住仁義，這是本、這是始。做事本著「行有不得反求諸己」，這是本、這是始。無論做人做事都要推己及人，站在對方的角度多考慮一下，才不會本末倒置。

聖賢的教誨是什麼呢？就是把自己放下，全心全意為別人考慮。最後就能得到身邊所有人為你考慮，比你自己考慮自己要更周全多了。可能一開始做的時候會有點阻礙，但是我相信只要大家堅定住這個信念，堅持不懈去做就一定會有收穫。每天反省，反省做事情是不是為自己，有的時候不是為自己的名，也不是為自己的利。我們學傳統文化的很多老師，不為名也不為利了，但是要捫心自問一下是不是在為自己的某種欲望和自己的某種習性所糾結，如果還有的話，那就是為自己的私心。所以這個「放」越到後來是越難的，一開始很好放，粗的都很容易放下，越到後來越細微，越隱微的地方越難放，所以大家在學習上要不斷地提起志向念頭。

【有善莫名，有惡莫辭。】

這裡講的是善惡。這裡對善惡要有一個很清楚的理念。前面已經跟大家講了，什麼是善？「謙讓恭敬，先人後己」就是善，反過來就是不善。所以在《了凡四訓》裡，對善惡的定義跟我們這裡是一樣的，是什麼呢？為別人的就是善，為自己的就是惡，這是善惡的根本定義。「有善莫名」講的是善欲人知非真善，惡恐人知是真惡。就是做了一點好事，就很想讓人知道，這不屬於真善，你造了一點惡，唯恐別人知道，這實際上就是真惡。我們在家裡面做事情也是一樣，我們做主婦的經常丈夫

一回來，就要說今天我做了多少事，飯怎麼樣。如果做的飯丈夫不誇讚一下，如果沒有人表揚，做飯的精神就沒有了，就不想再做了；屋子收拾得這麼乾淨整潔也沒有人誇，就不想收拾了。實際這還是自利，為自己做的，期望求得讚歎，就是名聞利養的心。真正的善是什麼呢？沒有考慮到任何人，也不期望得到任何回報。這種回報不僅是物質的，還有最重要的是精神上，就是在物質和精神上都不期望回報，做了就是做了，做完就忘掉，忘掉做過的事，忘掉是給誰做的，也忘掉這件事情是自己做的。從裡到外都放得乾乾淨淨，讓心裡每一天都清清澈澈的，像一池清水能清清楚楚照見外面的境界，這就是智慧。心裡想的太多，就像一池污濁的水很難照見外面的境界。行善的時候，要懂得知恩報恩。古訓曰「滴水之恩，當湧泉相報」。但現代人經常在事情一來的時候，海水之恩都會忘，滴水之惡卻記得很清楚。這個也不奇怪，這是人的習性使然，念頭一起就是想自己的好、念別人的惡。所以事情一來，我對他是怎麼好的，他對我怎麼不好的，這都忘掉了。所以人要學會感恩，時時刻刻心存感恩，尤其感恩那些給你帶來逆境的人。你要明白，能夠有今天的福報，今天的地位，那個福全都是逆著來的。順著來的福報不大，逆著來的大，越是給你逆境，越是給你考驗的，你越默默去做下來，去承受下來，福報就累積下來了。所以自己邊學也要邊反思，我的福報也是身邊給我逆境的人，尤其是親人，他給你的，默默的去做十幾、二十幾年，人生之路就越走越光明。

　　記得我還是個研究生的時候，有一天我捧了一疊書走在前面，有幾個同學在後面走動，聽到他們說你看前面那個人，一看就是很愛讀書，大概在家裡什麼工作都不做，被家人寵慣的大小姐。當時我聽了很詫異，後來有機會跟他們聊天，我就問說你們怎麼覺得我不工作呢？他們說你一定不會做的，看你那個樣子就是成天被寵得不得了。我說哪天我請你們到我家吃飯吧。他們就答應了，同學吃了我做的飯，看了我的家，說你家是你收拾的

嗎？我說廁所都是我天天趴著擦的。他們都很詫異，但自己卻不覺得有什麼大驚小怪的。我覺得自己今天有緣得遇良師善友，事業順利，家庭幸福，真得感恩身邊給我逆境的這些人，是他們幫我一點一滴累積的福報。幾十年下來，不抱怨、不記恨，真的有一天會發現厚積薄發。如果有的時候實在控制不住要抱怨，事後一定要趕緊懺悔，任何事要大而化之，不要太計較，不要放在心上。自己要懂得去療傷，懂得去排解心裡的苦悶和煩惱，更不要常常把別人的垃圾放在自己的心裡，拿著別人的種種不善糟蹋自己乾淨的心田，沒有必要。別人好不好就不去想了，我就只管做就好了，做到一定程度，債總有還完的那一天，覺得差不多該還完了，你會有這種感覺。就像是我公公跟我們在一起生活了將近二十年，老爺子已經近八十歲了，先生因為有企業很忙，這些年都是我在家照顧老人家，前幾年家公公身體不好得了腦血栓，但說實在話自己並沒有厭煩心，也沒想太多。去年他的女兒堅持讓老人家單獨出去住，覺得單獨住老人家更方便。所以我覺得有的時候你就做，做到一定程度的時候，很多事情就會自然而然地了結了。你不用想什麼時候才完，什麼時候是個頭，總有出頭的那一天。你反正做到了，它就出頭了，沒做到就永遠不出頭，總是這個樣子。

要想明確善與惡，最好是認真學習《太上感應篇》，這是重要的扎根教育。善與惡就在生活的點滴小事上，並不一定是大事。諸善都要去奉行，諸惡都要遠離，這就是女德。

就是在家裡所有的事情上，認真落實女子四德：婦德、婦容、婦言、婦功。如你打扮的很端莊，很整潔，不性感，不暴露，不去引起異性的邪念，就是善。再比如你說話得體，不言人過，不東家長西家短，讓口遠離是非，這也是善。還有教導孩子哪怕是不浪費一滴水，不浪費一度電，這樣的小事也是善。因此做善事不是說捐多少款，善與惡就在每天的那些小事中，所謂「善不積不足以成名，惡不積不足以滅身」，這個道理要懂

【忍辱含垢】

這個忍有三個層次，我自己經常想，首先要忍住口，這是最重要的。我們經常一不小心口就沒忍住，我也一樣經常忍了半天還是口上沒忍住，恰好又有這樣的人來引發我說這樣的話，一吐為快，說完了其實也很後悔。不想說。為什麼呢？自己的善根不深厚，力量不強大，定力不夠，定力夠了誰誘惑都不說，這是做人最起碼的一種修養。第二是忍住色，我修的也是很差，一遇到不歡喜見到的人，一聽到不歡喜聽到的話，臉上就掛不住，心中還是有好惡有分別，臉上才會隨著境界轉，雖然口上不說，但是心上還有，這種忍是忍而不化，沒有在內心化掉，在身體上總會出現病痛的。最後是忍住心，不僅在口上，在容貌面色上，在心念上都不動，甚至都沒有忍的感覺，這件事根本就不當回事，這才是我們真正需要修學的境界。做女人的一定有一種什麼功夫呢？大事能化小，小事能化了，都在心上化掉。現在是反過來，沒有事弄成小事，小事一定要弄大，大的給它弄更大，最後天翻地覆直至離婚，這是很嚇人的。

所有的忍耐是什麼呢？是要在心上有這種度量，也是三個層面。**第一個要懂得去寬容別人**。什麼是寬容別人呢？至少要能忍受別人，哪怕他全錯了，一無是處，沒有道理可講，自己忍住，不跟他一般見識。在家庭裡、在公司裡，你都會遇到很多這樣的事情，要能夠忍住。只是這個忍住，絕對不行，你要提升自己，因為單純的這種忍，會把自己忍出病，學女德學出一身的病，憋出來的，這不可以。

第二個叫包容。包容是什麼呢？就是能夠站到對方的角度去思考，包容就是換個角度去思考。你能夠把他含列到你這個境界裡，你站到他那一面去想想，站到他的年齡段，站到他工作的閱歷經驗、他的為人，站到他性格特點上，他這麼做就都可以理解了。你就不會跟他一樣了，覺得他這樣說話辦事很正常，不需

要跟他生氣。

第三個最高的層次是什麼呢？就是沒有什麼對錯。所謂沒有對錯，就是他站在他那個角度有他看問題的觀點，我們站在我們的角度也有，你不用太在意別人。就跟一盆水，看我們的臉形映在水裡是圓的，如果弄一個橢圓形的杯子，你再一看我們的臉，映在那裡是個橢圓形的，外面的容器是不一樣的，是盆，還是杯子，器皿不一樣，但是我們的臉沒有變。所以在學謙卑的時候，只是關注自己內心德行的修養就好，不需要去在意別人。

在弘揚傳統文化的過程中，碰見好多非議。剛開始很不理解，我明明是這樣想的，是這樣的心願做事，為什麼人家要那麼說我呢？很委屈，哭過也傷心過。後來就是兩耳不聞窗外事，別人愛說什麼就說什麼。自己每天反省自己，默默洗滌自己心靈的污垢，清淨自己的身口意，每天與聖賢為友，讀善書、聽善知識講課，有緣就做利益大眾的事情，做的時候不要太在意別人的看法，太在意有時真的忍不住自己內心的煩惱，那就不是清淨心行善了。如果有一個人說你，你覺得還能承受住，十個人還可以，如果有一千個人都在指責你做的這件事情，你可能就承受不住了。因為你還沒有修煉到聖賢的層次，你就已經倒下了。最好的方式就是不聽，不需要忍，自己還能夠很甘願的做下去。珍珠是怎樣煉成的？沙子進到蚌殼裡，它原先是沙子，蚌殼就想了，我趕也趕不出去，還不如就包容它，然後不斷地包容，最後沙在殼裡就成為珍珠了。自己也是一樣，如果有緣碰到那些事情，或者一輩子也無法避開的一些人和事，你的父母是無法迴避的，你的兒女、親情無法迴避，那麼他們帶給你的一些記憶，就長成你心內的一顆珍珠好了。可以避開的，像珍珠的外殼一樣，你還是可以擋掉的，就可以給它擋開，都進來的話，一定成不了那麼多珍珠。一個蚌殼裡也就是有一個珍珠、兩個珍珠，不會有很多個珍珠的。

這裡有一個故事跟大家分享，講的是季子，古代諸子百家

裡的季子。有一次季子的門客向他引薦賓客，賓客離開後，季子就跟他的門客說：「你帶的客人有三個過錯：看到我就笑，這是傲慢的表現。和我談話不稱老師，這是違反禮節的表現。與我交情淺而言談深切，這是說話沒有分寸的表現。」結果他的門客也很有見地，就反駁說：「他看著你笑，這是人們共同的習慣。和你交談不稱你為老師，這是學識淵博的表現。交淺而言深，這是做人忠誠的表現。」你看不同的人看同一件事，完全是截然相反的兩種觀點。我想說什麼呢？我們想修行謙卑，想修行女德，自己做就好了，別人怎麼說，不用去管他。我們用一顆真心，真正的扎到學問之道裡，每天從經典裡去體味，在生活中去落實。這種提升，別人是無法瞭解的，自己也能夠得到真實的學問。

【常若畏懼】

這是指自己要常有羞恥心和戰戰兢兢的心，才能夠真正保存住自己的福報和福份。古語有一句話叫「人無遠慮，必有近憂」，古人常講什麼是最危險的呢？人如果處高位而沒有德行，很危險；人如果有厚祿沒有德行，也很危險；人如果家業很大，家裡也是沒有德行的話，同樣很危險。萬變不離其宗，所有的盛名之下，都是返歸到自己的德行上，每天要反躬自省。如果沒有的話，我們講就招架不住了，福報太大，就容易失去很多東西。在這裡推薦大家要認真讀書《了凡四訓》這部書。在《了凡四訓》第四篇裡講的就是「謙德之效」，換言之，你懂得立命之法，懂得怎麼樣去改變命運，然後也明瞭如何改過積善。但是如果你不懂得涵養謙卑的德行，那你之前所做的一切都像裝到一個沒有底的杯子裡，再怎麼往裡裝，江河之水添不滿漏底的杯子，都會漏掉。

所以只有不斷涵養自己謙卑的德行才能把改過的功、把積善的德都給兜住，拿謙卑的德行掌握住。我們在這裡也是，其實

所有講的最根本的一個問題，就是女人怎麼樣才能夠把一家的福報掌握住，就得有這種德行。

《尚書》中說「滿招損，謙受益」，一個人萬萬不可以傲慢，謙卑的反義就是傲慢。傲慢有很多的表現，不一定就是我們講的趾高氣昂，說話很不在意，目中無人，這種傲慢是最膚淺的傲慢。在現代社會中最可怕的一種傲慢是什麼呢？外表很儒雅的，別人看不出來，內心裡瞧不起身邊的一切人和事。尤其是在一定位置上，有一定學歷，有一定福報，有一定地位的人，尤其如此。別人真的都看不出來，還覺得他很謙卑、很溫文爾雅、很儒雅，他也從來沒有反躬自己，來問自己，我是不是一個傲慢的人。這種傲慢是最容易害人的，所以傲慢是人最根本的一個陋習，很難去除。現代社會每個人在讀書的過程中，應該每天都要問問我傲不傲慢，這樣說話傲不傲慢，這樣想傲不傲慢，這樣做事傲不傲慢？是不是能放下自己的學歷、名聲、地位、家庭、財富、美貌，時時刻刻以一顆謙卑的心待人處事。如果放不下，哪怕一點點這樣的念頭，傲慢就像一滴墨水汁，滴到了你人生的這盆清水之中，哪怕滴一滴，清水也會瞬間染黑。所以人的傲慢真的就像盤子裡的菜，自己總是拚命的往裡加菜。今天覺得我的學問很好，給員工做了很多事，為社會做了很多事，我的地位、我的名望，都可以加到這盤菜中。一直加到自己的眼睛完全都長到頭頂上，看不到眼前的路了，別人的話也完全聽不進去了，那時就真的是無可救藥。所謂「聽人勸，吃飽飯」，現代人是不聽勸，越勸越來勁，勸勸就跑了。所以對傲慢的人不需要進言，這樣做有智慧。

卑弱是最重要的一篇，反過來就是傲慢。你正著學也行，反過來學也行，只要能學透就會有受用。所以這個話題天天講都不為過，我要是有一陣沒學習、沒反省自己，自己傲慢的心就又會升起。所以我們要時刻保持警覺，傲慢剛想露頭就要打掉，不打掉它會長得很快。

【卑弱下人也】

　　在老子的《道德篇》裡有一句話叫「不敢爲天下先」。什麼叫不敢爲天下先？我們道理都明白了，在現實生活中一定要落實到事上。打個比方我們走路的時候，讓人家先走，你走在最後不要搶。人家都想去跟這個大德老師合影，那你暫退其後。所以有的時候「不敢爲天下先」，我覺得是很經典的。你經常在心裡提起，或許就能夠把自己放在底下，一想「不敢」兩個字，你就明白了。你沒有什麼德行了，沒有什麼學問，沒有什麼值得可誇耀的，實在講是微不足道，慢慢自己就全部都放下了。

　　我們在學《女誡》的時候要注意，《女誡》七篇都是講理的，但是我們一定不要執於理而廢於事。我們執著於道理，在事情上廢掉了，不屑於在小事上去做，那很麻煩。一定要把理做到事裡面，讓理事圓融起來，沒有障礙。不是說這個道理在現實生活中做不到，那道理和事就有障礙了，就學的不對了。道理和道理之間首先是沒有障礙的，就說《女誡》、《女論語》，所有的女德經典在理上是通的，是一個理。我們做事也是，家裡的事、公司的事，哪怕天下大事，這個事也是通的，也是一個事。你怎麼處理家事的，就怎麼處理公司的事。老子說：「治大國如烹小鮮」。在家裡怎麼炒菜的，就怎麼去治國好了，這是一個道理。理和事這個層面也要讓它通，如果理和事不通呢？我們在《弟子規》裡也有學，「但學文，不力行，長浮華，成何人」，「不力行，但學文，任己見，昧理真」，單是學文或單是力行都會出問題。《弟子規》裡說得非常的好，它就是一個理和一個事，我們有的時候也不要執於事，而昧於理。我就一味的做事，已經做得很好了。家裡外人都誇這個媳婦，這個太太，這個母親做得很好，理呢，我不屑於去學。怎麼樣呢？「昧於理」，你在理上出現愚昧，可能事上也會有障礙。但是兩者比較，後者要勝於前者，寧可在事上「執於事，昧於理」，也不要「執於理，昧於

齊家治國 女德為要（女誡學習心得）

事」。說這個事不需要做，道理懂的很通了，那是不可以的，還要差一點。所以我們道理通了，還要做事。

【晚寢早作，不憚夙夜，執務私事，不辭劇易，所作必成，手跡整理，是謂執勤也。】

這段話講的就是晚上很晚睡覺，早上很早起來，但還是不懼辛勞，白天黑夜的去操持家務，每一天都做一些很瑣碎的事情，把事情做得非常整齊有條理，這就是勤勞的含義。「夙」我們講是早的意思，「私事」是指細務瑣碎的事情，「劇」是指「很繁重的事」，「易」是指很簡單的事情，家裡事情就是這樣，做飯、掃地很簡單了，繁重的也有。我記得以前，剛結婚的時候還換過瓦斯桶，家住六樓，好不容易的扛上樓去。冬天買大白菜，自己往樓上搬，包括三次搬家，第一次搬家弄了二十多個箱子，第二次我就考慮怎麼才能減少箱子數，但每次書總是減少不了的，因為書就占了很大一部分，我覺得這是繁重的事情，是屬於「劇」。「易」就很簡單了，我們每天都要做飯、洗衣服，這都是簡單的事情。每天感覺到家庭的這些瑣碎的事，無論是繁重的，還是簡單的都不會推辭，都會堅持做。所有的這些事情，都要當天完成。當日事，當日畢。做完之後，都要整理得乾乾淨淨，非常的令人滿意。這就是所謂的「執勤之道」，勤是「勤儉」。這一段重點告訴我們的就是謙卑在家庭裡進一步的落實。

這三個方面，一個講的是體，謙卑講的是我們的性體、心性。一個講的是相，事相上要做這些事情。最後講的是用，大用是能夠繼祭祀。也就是最終能夠去承傳後代，能夠無愧祖先。這是最重要的落腳點，你做了一大堆，培養不出來一個好兒子，整天忙於家務，飯做得再好吃，兒子卻是一個凡事不做，好吃懶做的人，沒有用。所以它是一層一層，從裡到外體相用。勤呢？我們有很多這樣的例子，在韓愈的《進學解》裡有「業精於勤，荒

於嬉，行成於思，毀於隨」，也有「天道酬勤」的例子，我們要一句一句的理解。

【晚寢早作，不憚夙夜】

在《女論語》早作篇裡講女子一定要早起，不要睡到日上三竿才起床。我們看現代的女子好像沒有幾個早起的，尤其越年輕的女子，越要把懶覺睡個夠，晚上熬夜上網玩遊戲，看電視連續劇，跟朋友泡酒吧，完全違反天時，違反天道。因為人的身體，一天二十四小時的運作，跟四季正好是相配的。一年四季有春夏秋冬，一天二十四小時也有春時、夏時、秋時和冬時。什麼是春時呢？早上三點到上午九點是春時。春天要生，萬物就開始生起了，你不讓它生，躺在那睡，錯過了生長的季節，你就一誤再誤，全都誤了。

上午九點到下午三點是夏長。夏天開始成長的季節，你要工作。下午三點到晚上九點是秋收，開始要收割了。晚上九點到凌晨三點，這就是冬藏，你要休眠了，要休息。

各個器官都進入免疫的新陳代謝之中，肝臟、肺臟、腎臟都要依次的進行排毒，你不讓它排毒，不讓它休息，反而讓它工作，所以這就亂掉了。

另外早起，也可以幫助女子能夠把淫欲之心放下，「飽暖思淫欲」，吃飽了穿暖了，再睡幾個懶覺，長此以往，淫欲之心就比較重了。女人淫欲心重，一定是不思勤、不思儉。愛慕虛榮，驕奢淫欲的心就重，家道敗就敗在這。曾國藩也有說過，家「敗」離不開一個「奢」字，人「敗」離不開一個「驕」字。人敗落就從「驕傲」開始，家道敗落從「奢侈放逸」開始，所以祖先的句句教誨都是點中要害，都是在提醒我們。它不是表面上那樣簡單，叫你不要睡懶覺，早起就好，它有很深很深的道理在裡面。「不憚夙夜」講的是「勤要有恆」，白天晚上不斷的去做，

做一輩子。不是說剛結婚的時候，新官上任三把火，忙了三天，越往後就越放逸，不是這個樣子，是從始至終都要保持住勤勞的本性，白天晚上都要有心願念在，講的是「恒心」。恒心很重要，沒有恒心就沒有常道。

【執務私事，不辭劇易】

講的是耐心。女人要有耐煩之心，不管是在縫補針線活，還是家裡的一些力氣活，男人不在，你就要擔當起來，要有這種耐心，不要怨煩它。我們看《列女傳》，我們講「堯舜禹湯」都是古代的聖帝。到大禹的時候怎麼樣，大禹剛結完婚就離開家，開始去治理水患。我們都知道大禹「三過家門而不入」，他的兒子啟完全是在他妻子的培養教育下長大成人的。

這個故事我反覆看了十幾遍。他的妻子叫塗山氏，無怨無悔，吃喝拉撒睡，家裡家外的事情全部都是塗山氏自己來承擔的。不管是大事、小事，工作與否，她把啟教育得很好。所以啟長大成人之後，眾人推薦他繼承了禹的事業，因為找不出比啟更好的賢德之人，這才開啟了中國歷史上子承父位的傳統。到後來越傳就越不像樣子了，因為沒有一個好母親去培養像啟這樣的聖子了。所以做母親的要有這種心，想要成就男人在外面的大事業，你就要有能力把家裡家外所有的工作都包攬下來。你要是牽扯男人的一分精力在家裡，他的事業就會後退一分，你多牽扯一分，他就又往後退一分。好，你把他半條腿都拉到家門裡頭去幫你做事的話，他的事業就倒退一半，你要把他全拉進家裡幫你去操持，他也就沒有什麼事業了。小本維持點生計，賺個餬口錢而已，也不會有什麼大的作為，男人的事業也取決於女人的心量。

【所作必成，手跡整理。】

講的是細心，做事情要有細心。所以持之以恆的用耐心、用細心去做，講的是女人的心要能夠安定在單調的生活當中，不羨慕豪華、不羨慕熱鬧，能夠把心定下來，就定在家裡。不要心裡頭定不住，兩天半沒逛街，心裡就像長了草一樣；三天沒有跟朋友喝點紅酒，聊一聊就難受了起來；十天要是沒有出去，玩一玩遊樂一下，唱唱歌，卡拉OK一下，就渾身不對勁了。這樣你就永遠都得不到「道」。

所以古代很多女子雖然不像今天的女子有很好的學問，有很廣博的見識，但是都非常值得我們效仿和學習。她們有很深厚的德行，能夠傳揚千百年，一直傳到今天，我們還能看到她們的事蹟，就是因為她們能夠安於閨門之內，修養自己的德行，有厚德。我們遍觀現今天下的女子，有哪幾個敢說，我可以在三千年之後，有人還來讀我的故事。沒有人讀，沒有人寫。歌星、影星都是，轉身過去了，大家都忘掉了，歌也沒有人聽了，全都是速食式的。為什麼？沒有德行的根做根基，就沒有支撐。

【是謂執勤也】

這裡講了一個很深的道理，是什麼呢？「勤」字要能夠做到一點，就是老子所說的「九層之台，始於壘土，千里之行，始於足下」。從家裡每一點滴的小事做起，以前我們不懂女德，不學女德，不瞭解，沒有關係。今天如果能夠碰到這個機緣，知道除了《女誡》、《女四書》，還有女德這件事，要相信古聖先賢的教誨，從當下做起，從每件小事做起，「勿以善小而不為，勿以惡小而為之」，一定能夠成就。成就不在於時間長短，在於悟性高，決心大，做的毅力強。可能你三天覺悟的比我們三年學得要強。像《弟子規》裡面的謹篇，也講到這個「勤」字，包括古代的《朱子治家格言》，裡面就有寫「黎明即起，灑掃庭除，要內外整潔」，這是開篇第一句話，也就是說治家從哪裡治起呢？

從「黎明即起，灑掃庭除，要內外整潔」開始治起。但是要知道，朱子講的話，是話中有話，什麼叫內外整潔？不是說門外除除塵土，再到屋裡收拾收拾，內外都乾淨整潔了。講的是我們身外的環境和心內的心境兩個都要乾淨，說「掃地掃地，掃心地，心地不掃何以淨」。掃這個地，就像掃自己的「心地」一樣，把「心地」這些雜草污穢都掃掉，這是真正的「勤」、真正的「乾淨整潔」的含義。

在這裡，我也希望大家學到之後，就去做，要馬上去落實，不要學完了放在一邊。我們學會一樣就要做一樣，這樣才不會虛度光陰，才不會愧對祖先。我發現很多人聽課都是這樣的，聽的時候都聽得很熱烈，都很歡喜，兩天半之後就撇在一邊了，過的還是歌舞昇平的日子，這樣做不會有任何的意義，完全白學了。

【正色端操，以事夫主，清靜自守，無好戲笑，潔齋酒食，以供祖宗，是謂繼祭祀也。】

這一段實際上講的還是怎麼承繼祖先，白話文的意思是說我們做婦人的，容貌、面色要端正，操守、品行要端正，以此來侍奉先生，侍奉我們的家人。同時心地能夠清靜，能夠守住一方心田不被外界誘惑，尤其不去說一些嬉戲、玩笑的話語。把酒食乾乾淨淨地都準備好了，準備齊整了，拿去供奉祖先，用這個來繼祭祀，去繼承重大的祭祀活動。

【正色端操，以事夫主】

在箋注裡有講，「正」是「正其顏色」，「端」是「端其操行」。我們現代的女子，為什麼看起來不夠端莊？行為舉止都很輕浮，沒有穩重感，長得也不耐看。為什麼影星換得那麼頻

繁？因爲不耐看，也就是兩三年過去，新的人馬上就頂替上來，說穿了就是沒有很厚德的涵養。氣質也好，自身修養也好，對世事的洞察，對義理的明解都沒有。就兩方面，一方面沒道德，另一方面沒學問，兩面都沒有。所以讓她色正，也很難正，她扳不住，兩秒鐘行，裝一裝，天天如此就不好正了。所以操行也是一樣，講的是平時爲人的操守行爲，也就是從面相上、從行爲上全部都要端正以事其夫。

【清靜自守】

「清靜」是指幽嫻貞靜，言笑不苟。女子要怎麼樣才能夠做到幽嫻貞靜？心裡的欲望越少，就越容易做到清靜。欲望多，就很難清靜。今天想買名牌包，明天又出一款，還想買。今天看見朋友家搬大房子，我家的房子不夠大，還要繼續搬家。這樣是不可能清靜的。古人言「人到無求品自高」，無欲無求，品行自然就高了。但是這種高，不是世間人講的「假清高」。真正的好女子是什麼呢？內心無求、清靜無爲，表現於外的是寬厚、仁愛、柔和，能夠融於社會大眾之中，能夠做到和光同塵。她不會瞧不起任何人，並不是說人家欲望多，就瞧不起你。你看我這沒有欲望，你還成天追求財、追求名的，太俗了。她沒有一絲一毫這樣的想法，這才是真正的一個好女子。她不會說我的丈夫成天還在賺錢，我學傳統文化的，對這些都不感興趣，瞧不起丈夫，你要是那麼想就完全學錯了。你把自己所謂的清靜又當成傲慢的資本，然後這個傲慢又成了你不清靜的一塊毒藥，你還沒有發現，卻拿著它跟別人去對比。像了凡講的「勿以己之善去形人」，拿自己的善去形容別人。你看你沒有我清靜，只是自己做，但是能夠包容身邊所有的人，而且去讚歎別人所有的善行，不善的看不見，這才是女人真正的清靜，而不是說我清靜，看別人都看不起了，那種清靜是假的。

為什麼後面用了「自守」兩個字呢？自己要能夠守住，什麼意思呢？換成最簡單的、我們能夠理解的話，就是要懂得給自己訂規矩。做女人一定要有規矩。沒有規矩不成方圓，能夠守住自己定的規矩，就有定力能夠抵禦住外面的一些誘惑，一些不良的東西。你的心漸漸地就會真正的清靜。所以前面的清靜是一個結果，後面的自守是一個手段，要這樣去做。

【無好嬉笑】

　　就是不喜歡去開玩笑，這是就言語上而言。我們看前面這三個方面：「正色端操」是指她不說話的時候給人整體的印象。「清靜自守」講的是她內心心境的狀態，「無好嬉笑」講的是外表給人的印象。現在很多女子特別喜歡開玩笑，除了講嚴重的黃色笑話，跟家人、跟同事、跟朋友的互動也是沒大沒小，沒有尊卑長幼，隨便就跟老闆開玩笑，這是很折損自己福報的一件事情。你要明白老闆能成為你的老闆，能夠去管理你，你現在還在這個位上，就要守其位，盡其分。不要背後去攻擊、議論老闆，很多員工非常喜歡在背後開老闆的玩笑，這是非常折損福報的一件事情。有的人喜歡背後開自己丈夫的玩笑，或者開家人的玩笑，像玩笑話似的，覺得也沒有罵他，也沒有抱怨他。想不到這樣的玩笑是最被祖先反感的，所以才會在繼祭祀裡特意提出來，不要好嬉笑。因為嬉笑久了，習慣成自然，久而久之，沒覺得這是玩笑的話，自然出口成章了，一出口就能說出來，至於那些從來都不開玩笑的人，你讓他說，他還不會說。所以習慣是很可怕的事情，要跟自己的惡習做鬥爭。

【潔齋酒食，以供祖宗。】

　　把酒飯都做好，來侍奉祖先。剛才也反覆講過，孟子說

「堯舜之道，孝悌而已」。堯帝和舜帝的道是什麼呢？不過是一個孝、一個悌，對父母盡孝，對兄弟盡悌，就這兩個字。在這裡繼祭祀其實說的也就是孝悌之道，為什麼呢？對過世的祖先都如此尊重，對現在的父母又怎會不孝敬呢？我們來看這個「孝」字，上面是「老」，下面是「子」，也就是我們在中間，對上要時時刻刻不忘祖先，對下要不忘後代子孫。女人在這裡就要承接起上有老、下有小這個重任，使它們銜接起來。怎麼樣能銜接好呢？原先家道不旺的，我們給承接興旺起來，我們想續香火，香火要旺。原先家道興旺的，家業很好的，我們要承接起來，千萬不要斷在我們的手裡。現在很少有過年的時候祭祀祖先、清明的時候領著兒女去拜祭祖先。平時能夠常常講講祖先的故事給兒女聽，時時提起孩子不忘先祖的念頭，這才是最好的教育。

我是從學傳統文化之後，才開始問我的父母，所有的老人，就是他們爺爺奶奶是什麼樣子的，問完之後就很慚愧，得到很大的教育。所以也建議大家有機會都回家和父母聊聊祖先，祖父母是什麼樣子的？曾祖父母是什麼樣子的？高祖父母是什麼樣子的？古德有講，「慎終追遠，民德歸厚」。什麼是「慎終追遠」？「慎」是謹慎的意思，「終」就是指未來，我們的兒孫後代。現在所做的、所說的，要慎重地想想我們的後代怎麼樣去學，怎麼樣去傳揚。「追遠」就是要不時的把祖先提出來，老祖宗的教誨是什麼？先人的家教是什麼？「民德」的「民」是指普通老百姓，「德」就是德行，才會歸厚，才會越來越厚重。因為有責任感和使命感。我們現在總是前不顧老，後不及小，中間只想自己這一段，吃喝玩樂、及時行樂就完事了，這是很可怕的。一個人這樣想，如果是整個民族、整個國家，每一個家庭都這樣想，那麼國家和民族的後代在哪裡呢？

【三者苟備，而患名稱之不聞、黜辱之在身，未之見也。】

這句話講的是作為女子能夠常常處於謙卑、在下人的位置，能夠操持家裡所有的家務，勤勞一生，最重要的是要教育好家族的後代。如果這三樣都具備的話，怎麼還愁聲名不遠揚，怎麼還愁會有被先生罷免的屈辱呢？都不會有的，從來沒有見過。女人要把眼光放遠、把心胸放大。而放遠放大之後又能夠安於家內，默默地去操持家務，長養道德，致力於不斷的修學，教育好孩子，你一定會聲名遠揚的。就像孟母的聲望，傳揚了幾千年到現在，大家還在以她為榜樣。

【三者苟失之，何名稱之可聞，黜辱之可免哉。】

　　如果三樣都失去的話，還希望自己能聲名遠揚，這是不可能的事情。而如果三樣都失去，一定會遭受被先生拋棄的侮辱，這是不可避免的事情。我們想想也是，如果這個女子傲慢、目中無人，然後四體不勤、家務不做、孩子不教，在家裡好吃懶做，哪個先生會喜歡這樣的女子？這個眼光的確是令人驚歎。在學習女德的時候，我給公司的男員工這個教材，希望他們的妻子在家都能好好修學，如果有條件的話，盡可能的在家教育孩子，尤其是在孩子小的時候。社會上有很多這樣的男人，妻子生完孩子不久就催促妻子趕緊上班賺錢，把孩子交給父母照顧或者雇個保姆帶就好了。我後來將這個問題提給一位善知識，這位善知識說，這樣的男人要不是大愚就是大智，大智就是太有智慧了，老婆太好了，一定奉獻給社會，家人無所謂了，犧牲小家成就大家。我們的兒子培不培養無所謂，不用去管他了。大愚就是實在是愚蠢到極點了，只看到眼前蠅頭小利，就好比在刀尖上舔蜜一樣，雖然舔到一點蜂蜜吃到點甜頭，沒想到舌頭卻割下來了。那一點點錢就像那一點點蜂蜜一樣，一點錢是賺到了，二十年之後看你的兒子是什麼樣的人，一切都不能再回到從前了。

但是這個大善知識最後又說了，他估計大愚可能性占了百分之九十九．九，大智是不大可能。現代社會中有很多男人是這樣，老婆要賺錢，孩子交給父母照顧，不行就找個保姆帶，我有錢，可以用保姆來做家務，用保姆來帶孩子。你要不要用保姆再行妻子之職呢？真正的太太一定是能夠扛起家裡所有的重任的。曾國藩家裡的奴僕很多，但是所有的家務事全部是自己家人來親自承擔，沒有說勞作奴僕的，奴僕只做一些不屬於家事之內的事情，比如耕種田地或者是不得不做的一些事情，他的家眷要自己縫補衣服，飯菜要自己盛，都要自己收拾。

　　我自己以前也是一樣，完全由保姆代勞，家務工作我都不做，所以孩子有樣學樣，他也不做。我年初立志要學女德，恰好兩個保姆有事都走了，真是人有善願天必佑之，一年下來自己越來越歡喜，發現家務工作根本就不像想像中的那麼可怕，是你把它想像的太可怕了，其實很簡單。你只要心不累，家務工作就越做越輕鬆，而如果你的心累，可能做一點工作就會覺得累得不得了。九歲的大兒子現在也是跟我燒水、洗碗、拖地，只有三歲半的二兒子學著也搶著工作，甚至晚上吃完飯都要分配一下，大盤哥哥洗，小盤弟弟洗，大家都搶著做。

　　所以家務工作實際是這兩個兒子幫我分擔了一部分，而習勞知感恩，他們也常說媽媽您辛苦了。生活就是最好的教育，學了之後發現原來經典全在生活之中。

　　所以不用保姆的好處很多，省錢，還能夠養自己的福報，還能夠教孩子讀書勤勞之事。所以女人不要懶，要儘量身體力行自己做家事。

　　今天《卑弱篇》就學到這裡，下次課繼續讀書《夫婦篇》。謝謝各位老師。

第三講／夫婦篇

尊敬的各位老師大家好，今天繼續學習《女誡》的第二篇「夫婦篇」。下面來閱讀一下原文：

【夫婦第二，夫婦之道，參配陰陽，通達神明，信天地之弘義，人倫之大節也。是以禮貴重男女之際，詩著關雎之義，由斯言之，不可不重也。夫不賢則無以御婦，婦不賢則無以事夫。夫不御婦，則威儀廢缺；婦不事夫，則義理墮闕。方斯二者，其用一也。察今之君子，徒知妻婦之不可不御，威儀之不可不整，故訓其男，檢以書傳，殊不知夫主之不可不事，禮義之不可不存也。但教男而不教女，不亦蔽於彼此之數乎。禮，八歲始教之書，十五而至於學矣，獨不可以此為則哉。】

這一段講的是夫婦之道。我們知道夫婦是人倫之中最關鍵的一倫，在五倫關係中，夫婦關係是非常重要的。《周易·說卦傳》裡說道：「有天地然後有夫婦，有夫婦然後有父子，有父子然後有君臣，有君臣然後有上下，有上下然後禮有所錯。夫婦之道，不可以不久也。」這段文字說明夫婦是人類的起源，有了夫婦才有了五種人倫關係，才有了長幼尊卑。在現代社會中夫婦關係是大家最關注的一個話題。現在的離婚率非常高，如何處理夫妻關係呢？都是「仁者見仁、智者見智」各說一詞，大家可能沒有找到問題的根本。那麼問題的根本是什麼呢？

王相的箋注裡說到「三者既備，然後可以為婦。然夫婦之道，又不可不知也。故夫婦為第二篇」。也就是說懂得了卑弱篇講到的三件事，你才有資格嫁為人婦，你還不具備嫁人的條件，就盲目地把自己嫁出去了，這是件很危險的事情。所以女子在夫

妻關係中占了一個很重要的位置，在平時的生活中，我記得尤其是在讀書女德的過程中，碰見了很多實際發生的例子。有一位老師就跟我提到，他的侄女選的男朋友，她家人都不同意，他問怎麼辦？我說你們要先跟侄女溝通好，她選擇男朋友的標準是什麼？從小父母是怎麼教導她的，她爲什麼會有這樣的擇偶標準？現在父母只是單純的強調反對，她不接受，這是一件很麻煩的事情。小的時候也沒有教，現在她憑感情就看中意了，家人覺得不合適，這樣也不會生活太久。我說還是要隨緣，有的時候太過於強迫也不是很好。所以我們上堂課講夫妻之間的結合，不能以利，不能以色，不能以權，如果重在義上，更多的是理智而不是情感。

在我們成長過程中，人的理性是很重要的，如果能夠時時把理性提到第一位，把情感放到其次，做事情的時候就容易提起來一個義字。因爲做的時候就會想這麼做合不合乎道義，合不合乎恩義和情義，不會輕易地選擇對象。我們也看到很多優秀的範例，比如說我接觸過鍾茂森老師，他的母親在培養他的擇偶觀的時候就很理智、很成熟，很健康的引導。他在大二的時候，喜歡上一個女孩子，他的母親非常正式的跟這個女孩子談，也跟他兒子談，讓兒子確立遠大的志向，不要這麼早就把精力放在個人的情感上，無論對方是有多優秀，還是要往長遠來看。因爲鍾老師小的時候母教就很好，所以母親這麼一開解就很容易放下了，那個女孩子聽了也覺得可以接受。所以鍾老師才能夠到國外順利的讀完博士，然後又步入從事聖賢事業的行列。太多的母親可能對兒女的交友觀和擇偶觀都不會很認真地處理、很理智地分析，所以孩子在第一步可能就會邁出錯誤的一步。人生中有一句話叫「慎於始」，最開始是很重要的。我們聽蔡老師講課也講得非常好。他說我們很努力、很用功，但是方向錯了，第一步就邁錯了，再怎麼用功、努力，也完全是南轅北轍，那就沒有效果了。所以從一開始就要培養兒女正確的擇友觀，然後讓女兒知道怎樣

去選擇自己人生的伴侶。同時也要把女兒教育好，所謂沒有梧桐樹引不來金鳳凰，如果自身沒有很好的德行和學養，再好的男子也不會娶的。

記得一九八九年我剛剛十七歲上大學的時候，那個時代還很單純，不像現在，自己年紀小不是很懂事。剛入學不久就收到男同學的情書，當時也看不懂，還問我們寢室同學，寢室同學說是要交朋友，我說沒有經歷過。恰好爺爺到北京出差，因為從小的家教就是有事要稟告家長，我就把信給爺爺看了，爺爺很嚴厲地說，大學期間是不允許談戀愛的，就是要一門心思讀書，書念完了再說。雖然四年大學期間有好幾個男孩子表意過，但是都被自己回絕了，因此大學四年沒有交過男朋友，真的是專心讀書。我丈夫是我的高中同學，大學畢業後我們就開始交往。丈夫是我這一生唯一交往的男朋友，我們交往一年多就結婚了，直到今年我們結婚已經十七年，還有了兩個兒子，所以這都要感恩長輩嚴格的家教。

人生其實不需要太多的選擇，選擇多了就很容易眼花繚亂，尤其女孩子。我們都有經驗，比如到商場買衣服挑來選去，再逛五、六家商場，可能一上午一件衣服也買不到。你要去的是個小店，只有幾件衣服，很快你就會選中買好。所以選擇多了並非好事。我也遇到很多女性在擇偶的時候挑來選去，最後挑了個最不滿意的結婚了。夫妻是緣，善緣惡緣無緣不聚，夫妻之間也不要太苛求，要想找到一個十全十美的，可能一輩子都找不到。男子也是一樣，如果就是非西施不娶，很可能這一輩子就不要結婚了。所以要是碰到了，恰好在適當的年紀、恰好的場合遇見了，自身的條件又具備了，你們就結合到一起了。我跟丈夫結婚至今，雙方改變都很大，無論是丈夫還是我，他說我成就了他，我覺得他也成就了我。我們都是互相在提升，十幾年走過來，走過坎坷、走過荊棘、也走過彩虹，走到今天問問自己至少是對得起父母的，沒有像現在很多家庭不和諧、離婚、事業很差。所以

我覺得婚姻如同讀書，也是需要「一門深入，長期薰修」。只有這樣，才能用心去經營這個家，用心去珍惜夫妻這段緣。

【夫婦之道，參配陰陽，通達神明，信天地之弘義，人倫之大節也。】

這一篇開章的第一句話，講的就是夫婦的關係。這是引用了《禮記》中的說法。《禮記》講「夫者，是婦之天也」，丈夫是女人頭上的天，「陽剛陰柔天地之大氣，夫恩婦愛，人道之大精」，講的是夫妻的結合。陰是代表柔，陽是代表剛，參是和的意思，和就是相和的意思，就是說夫妻兩個人的關係是在陰陽、剛柔之中來互相混合搭配的，如果是單純的一面，那就和不了了。搭配最恰當的時候，這種最和諧的關係符合天地之道、符合人的本性，這樣就能夠通達神明。通是明瞭的意思，達是究竟的意思，就是「究竟的明瞭」。我們看「神」這個字，在《說文解字》中，我們查這個「神」字，不是我們現在所想的「神仙」的「神」，在繁體字裡不是這種寫法，繁體字是它的右半部分上邊三個橫，然後底下一個像山川的「川」，是什麼意思呢？就是天、地、人三才，能夠像山川一樣，川流不息都能夠明瞭。

換句話說，就是宇宙萬物所有的事情沒有不知道的，這樣的人就叫神，所以「神」配的是一個「明」字，因為他明白了，都通達了、究竟了。為什麼能夠瞭解、通達、明白、究竟呢？這是因為前面這個致柔和致剛相配得非常好，在這裡摸索出來了宇宙萬物運行的道理。所以要想明白道，想見道，那麼從夫妻關係中去摸索就很好了。「信天地之弘義」，弘是大的意思，就是相信天與地之間的這種大義，「人倫之大節也」，大節是大道，就是人與人之間關係的大道。**古訓中講：「天地合然後萬物興，陰陽和然後雨澤降，夫婦和然後家道成，故曰剛柔之義也。」**這段話中有很深的含義，平時在讀書的過程中需要反覆地參悟，如果

把這個道理參悟透了，一切也就明瞭了。

比如最簡單的我們看夫妻之間的關係可能只有兩種，一種是善緣，就是緣分很好，一輩子不打架，恩愛相加，白頭到老。還有一種是惡緣，見面就吵，然後不用一輩子，甚至只要剛結婚幾天就會離婚，這還算好的，有的大打出手，可能還會造成一些刑事案件。這兩種關係也很微妙，有的可能會善緣變成惡緣，有的可能會惡緣慢慢地轉化為善緣。所以命運也不是一定的，是可以改變的。但是這種改變是要靠自己的積德行善，不斷地去做，不疲不厭地去做。這兩種緣分要再詳解開來了，可能就是四種，這四種關係如果單純從現代的角度說，很多人可能很難看透。

我推薦給大家一本書，這本書我訂了很多本，也送了很多給朋友，是美國的魏斯博士寫的《前世今生》。這部書曾經暢銷一時，也曾是網路上的一部暢銷書。魏斯博士是著名的心理學醫生，醫學博士，他主要是做心理研究和心理催眠的。他在給病人催眠的過程中，特別意外地發現人有前世、有今生，就是他不單只是活這一輩子。《前世今生》這部書主要是記載了一個叫凱薩琳的女病人，就是透過催眠追溯，她回憶到她以前的很多、很多事。透過催眠她也看到，她現在身邊的這些人跟她是什麼樣的緣分，有的做母親好幾世都是做她的母親，很不可思議。有的是惡緣的，緣分不好的，這一輩子還是，依舊不是很好，兩人見了面還是一直吵架。看看這部書，你可能就會明白，夫妻之間實際上要從兩個緣分中再展開，好的緣分是報恩的、還債的，不好的緣分是報怨的、討債的。所以報恩的兩個人都是很好，互相感恩。還債的呢，可能就會沒有恭敬心，只是對這個家拿出錢財來供養。比如丈夫也是只拿錢，並不會去盡這份心，妻子也是一樣如此。如果是報怨的，關係就會很不好、很差。討債的更是如此，可能折騰完了，錢花完了，最後可能一拍兩散。不管是什麼的關係，我想只要守住自己的本分，通達、明瞭了之後，可能命運都會轉變。

　　我們學女德，講我們女性，女性本身是陰性的，陰一定跟柔是配合的。這種柔一定是從心底裡開始往外發散的那種柔，而不是說外表的柔和，但心裡很剛強，這樣是完全不對的。什麼叫心柔呢？就是要仁慈，女人心要不軟，心硬心不善，比毒蠍還要毒，可以是笑著臉就把人給殺死，自古有言「最毒不過婦人心」。有一位老闆很有錢，我們曾經在飯桌上聊天，他就開玩笑說，他一定得對三個人比較好，第一個得對老婆好，不然自己怎麼死的都不知道；第二個對保姆也得好，尤其是做飯的保姆，不能隨便罵她；第三個對開車的司機好，萬一自己睡著了，不知道司機會把車開到哪去。自己時時刻刻都很小心。他這個玩笑話中有很深的含義。所以我覺得女性心要柔、心要善，而且這種柔和善之中一定要有自己的原則，有自己的智慧在裡面。

　　佛門中有一句話叫做「慈悲多禍害，方便出下流」，不要因為自己的心軟、心善，而變得沒有原則，這就很麻煩了。所以我婆婆就教導我做什麼事情都要適度，不能對人好就好過頭，對人不好就不搭理。這個心有的時候該硬還得硬，真是不能太軟，太軟其實就是遷就自己的某一方面的欲望，而這可能會讓對方放縱，做出一些不好的事情。

　　所以我們柔中要見方，要柔和而質直，柔是跟和在一起。這個「和」字就有很多的含義，我們跟人和，這個心要怎麼去跟人和。首先就要問，跟人家在見解上和不和？見解上不和，不是真正的和。各執己見，所謂「道不同不相為謀」，你的見解和他的見解是完全兩條道，就不要硬扯在一起，也不要指責人家有什麼不好，人家可能到時候轉過來覺悟的比你還要好。那我們就退一步，怎麼才能做到「和」？最終導歸的是一個「敬」字，就是下一篇《敬順篇》。所以柔跟著就是和，和跟著就是敬，因此女人的柔其實含義很深。

　　真正深入女德的學習，一定要翻開表面的這些現象，透到裡頭去，參透進去，不要做表面文章。表面文章其實都很好做，

例如回家時端盆洗腳水，再買點好吃的，然後再洗兩件衣服，這都是表面的。真正參透之後怎麼樣？「人情練達皆學問」啊，可能就把整個的人情世故全部都參透了。參透了之後最大的表現是什麼呢？自己心裡沒有任何煩惱，做任何事情都非常有智慧，做起來都非常的沉穩，非常的悠閒、非常的淡定。人家一看就讚歎你，都不知道從何讚歎比較好，那是說不出來的一種感覺，不會太濃烈，也不會太冷淡，什麼都是恰到好處。所以我想可能學到最終，學到這個地步時，就會有那種通達神明的一點點的感覺，妻子把它做通透了，母親也做通透了。最終說白了，把女人的道理做透了，一切也就都明瞭了。可能一輩子我們都是在這方面去學習，但是不一定就能學得透徹，沒有關係，只要每一天都進步一點就很好。

【是以禮貴男女之際，詩著關雎之義，由斯言之，不可不重也。】

這句話非常的重要，它是承接上一句。在王相的箋注裡說到，這句話是說聖王就是指聖人、先王，像周文王、周武王，他們制禮（禮是從周文王開始制訂的，所以叫周禮），始謹於男女之別，是為了能夠區別男與女之間的很多不同的地方。孔子在編著《詩經》之時，首列《關雎》之篇，把《關雎》列為《詩經》三百篇之首，是說明文王好逑淑女，以成其內治之美，講的就是女德。這講的就是夫婦這一倫的關係。夫婦之道，人倫之始，不可不重也。也就是夫妻相處的大道，就是人倫關係的開始，是不可以不重視的。這一段話言簡意賅，實在講裡面意趣無窮。

【禮貴男女之際】

這句話的意思是男女交往重在有禮。首先看這個「禮」

字，「禮」在《禮記》的開篇即說到禮是「毋不敬」，也就是說要敬。怎麼樣才算是敬呢？後面說這種「禮」是貴在男女之際，這個「際」如果查《說文解字》會發現它是什麼意思呢？就是土石和沙子結合的地方，這個縫隙結合得沒有絲毫差錯，結合得完美無缺，這個就叫際。男女結合得完美無缺，怎麼樣才能做到這一點呢？貴在有「禮」。禮對內是對一切人事物心存恭敬。「毋不敬」，雙重否定，它就是敬。禮對外的表現，就是做人懂禮節和有禮數。禮節是什麼呢？做任何事情都有節制，譬如說鞠躬，見人微微點個頭，那不叫鞠躬；如果一鞠就恨不得趴在地下，那就過了。所以有節制，恰到好處，這個就是禮還帶了個節字。禮數就是懂規矩，接人待物都明理守分。譬如說接待不同的長官要用不同禮儀，我們到不同的國家旅遊要懂得入境隨俗，這都是要表達我們的禮敬之心。因此對一切人、對一切事、對一切物都要有恭敬心。這種恭敬心首先是表現在男與女之間，禮在古代是用於「定親疏，決嫌疑，別同異，明是非」的，可見其重要性。古禮規定男孩、女孩從小就要分席吃飯，分席而坐，不能隨便在一起嬉戲、玩耍。為什麼呢？因為要確定禮在男女交往中的重要性，一旦確定了重要性，自己就會升起羞恥心，升起對別人和對自己的尊重感，不會做出違背倫理道德的事情。

我們現代人看古人總覺得規矩太多，似乎沒有必要這麼囉嗦，殊不知有句成語叫「防微杜漸」。孩子從小在一起吃喝、玩耍、隨便開玩笑，明天可能就會在一起做出違背倫理道德的事情。昨天我講完課回家，父母跟我講他們看電視。電視裡提到一個真實發生的事情，講一個男孩子家庭條件很好，父母都是老師，好像是一個縣城的中學老師，媽媽教語文，爸爸教數學，男孩從小學業非常優秀。家裡就這麼一個男孩子，等他讀到初中的時候，學校要寄讀，父母就覺得學校住宿的條件不是很好，非常地寵愛這個兒子，就單獨在學校旁邊租了一個房間，給兒子單獨住，偶爾他的姨媽和他母親會過去看看，幫著照料一下。結果沒

想到男孩從獨住之後，就開始上網，玩遊戲，上一些色情網站，也就在十五、六歲的年紀，就跟他們同班的女同學發生了不正常的關係。這個女孩子的家庭條件很好，住別墅，父母覺得這個女孩子很乖巧，每天放學都正常回家，按時睡覺。卻沒想到別墅有地下室，地下室有車庫的門，她每天晚上都等父母睡著了，就偷偷地從車庫的門出去，去跟這個男孩子約會。後來相處一段時間，大概半年多，就不想再跟那個男孩子交往了，結果這個男孩子不同意。不同意怎麼辦呢？有一次他就假裝把這個女孩子約出來，懷裡藏了一把水果刀，見到這個女孩之後什麼也沒說，就一刀刺過去。當時正好在學校附近，聽到這女孩喊救命，她的兩個男同學就跑過來想救她，都是十四、五歲的男孩子，最後也不幸地被這個男朋友殺死了，他不但殺死三個人，還刺傷了兩個，最後自己被抓進監獄。他的父母傷心欲絕，覺得作為老師培養了那麼多的孩子，為什麼自己的兒子會成這樣？

　　因此父母跟我講孩子的教育真的是太重要了，幸虧我學習了傳統文化，不明白道理還真的不行，老祖宗的教導不能不聽。自己在學習傳統文化之後就一直教育兒子要做家務，決不能亂交友，不看電視不上網，按照《弟子規》、《太上感應篇》這些古聖先賢的教導，從生活中的點滴小事著手，做好扎根教育。比如前一段兒子很想要個小溜溜球（一種玩具），說同學都有，跟我父親說了幾次，我說實在想買就買個最便宜的吧，於是花十元買了一個。有一天孩子在社區裡和小朋友玩，發現小朋友的溜溜球很好，就很羨慕。我問了一下小朋友，說最便宜一百八十元，最貴要三百九十元，都是進口的。兒子當時很沮喪地跟我說他玩的拿不出手，我就笑著跟兒子說：「這只是一個玩具而已，花的價錢越多，你的福報折損得越快，不是什麼好事，我們有一個就很好，你跟弟弟不要跟人比這個，要比德行、比孝順父母、比勤勞節儉，你們的德行福報就會越積越厚，將來才會得到真正的幸福快樂。」兒子歪著小腦袋聽後很高興，就不在意了。

　　我們一些家長在學習傳統文化的過程中，千萬不要走極端，比如一學傳統文化就不讓孩子上學了，說學校不學《弟子規》，環境不好，不能讓孩子受汙染；所有的玩具都不能玩了……有時候可能適得其反，如果壓得太過了，畢竟是只有八、九歲的孩子，外面的環境我們也無法全部規避，所以父母每天潛移默化的教育就格外重要了。孩子一定要讓他明白道理，長期薰習就能夠讓他產生免疫力，能自動自發抵禦邪思邪見對他的影響。所以我們做母親的要懂得在隨順中有智慧的完成教化。

　　談到「禮貴男女之際」，我也想到了身邊剛剛發生的一件小事。昨晚我大兒子在家做新年賀卡，他來徵求我的意見，說要親手製作賀卡送給媽媽、老師、同學，然後他又對我說：「媽媽，我想送賀卡給一位女同學，她是我們的班長，人品很好，可不可以送她？」因為自己平時對兒子經常談男女有別，要注意和女同學的交往，所以兒子雖然只有八歲但很聽話。我聽兒子這麼說想想說可以，但做好後要給我看看。結果他很用心做了一張賀卡拿來給我看，我馬上說不合格，不能送。他很沮喪地問為什麼不能送？我說你看這賀卡上，貼了一個心，這個心後面還有個圓，我要是這個女孩子的家長就會想，這張賀卡是誰送給你的？想做什麼啊？兒子說媽媽這個表示愛嘛，我們人與人之間都要講愛。我說這個愛也不能亂講，尤其沒學傳統文化的人家會誤解，我說這個卡送給奶奶吧，轉送一下。你可以再給她畫成星星的、月亮的、太陽的再貼幾個小花、小草，再寫幾句話，祝同學好好讀書、互相幫助什麼的。兒子聽明白後很高興就同意了。因此我們在學習的時候，不要覺得這個離我們實際生活太遠了，什麼叫「禮貴男女之際」啊？一點都不遠，從教育兒女，到與先生接觸，再到在外面跟社會上的人來往。古人有訓：「目妄視則淫，耳妄聞則惑，口妄言則亂。三關者，不可不慎守也。」

　　日常生活中需要注意的細節很多。有一本書很好，叫《常禮舉要》，是李炳南老師編著的。我們可以透過學習《常禮舉

要》，看看跟人怎麼說話，怎麼處事，甚至怎麼吃飯、怎麼行走，怎麼坐臥。人不學不知道啊！在學習《常禮舉要》時記得有這樣的教誨，「瓜田不納履，李下不整冠」，就是在李子樹底下不要去整理帽子，因為整理帽子，他人就會懷疑是不是想偷李子啊？在瓜田不要彎下身去弄鞋，人家會想是不是想偷個瓜啊？這種嫌疑平時在同異性交往中是尤其要注意的，包括跟丈夫之間交往，比如說你打電話，偷偷摸摸地到屋裡頭跟一個男的打電話，丈夫就會覺得，幹嘛要避著我呢？你出差時也不打聲招呼，到了也不告訴一聲，恰好還是跟一個男性、異性，共出辦事，這就比較麻煩。因為現在的女性，不像古代，古代的確沒有職業女性，都關起門來在家裡，比較好規範。現在我們出去都有工作，有很多的交際，這個時候要主動的給自己定一些規矩。這些規矩就是我們今天學的這個禮節和禮數，然後把這個禮節和禮數在生活中恭恭敬敬地表現出來，這就是把這個「禮」在夫婦間確立了。

【詩著關雎之義】

「詩」是指《詩經》。這段話的意思是《詩經》重在闡釋《關雎》代表的義理。這個義理是什麼呢？如《周南》篇所述：「關雎，后妃之德也，《風》之始也，所以風天下而正夫婦也。故用之鄉人焉，用之邦國焉。」意思是說《關雎》一詩，是陳述后妃之德操，是《風》類詩歌的起始之篇，是用以教化天下並端正夫婦之道的。所以，對於鄉野民眾、國家風氣都有巨大的功用。此外「是以關雎樂得淑女以配君子，憂在進賢，不淫其色，哀窈窕，思賢才，而無傷善之心焉。是《關雎》之義也。」這實際上讚歎的是周朝開國三太之一的太姒，能夠毫無嫉妒之心，為周文王選擇賢女，期望周朝有後的這份心。

關雎是「關關雎鳩」的簡稱，關關是鳥叫的聲音，雎鳩就是一種鳥。這種鳥長的比較像水鷹，牠習慣於住在江河裡面的水

洲上，就是河裡面突出來的陸地。這種鳥為什麼會在《詩經》裡被如此地讚歎呢？因為這種鳥有兩個特性，第一個是關雎鳥雄鳥和雌鳥一輩子只選擇一個伴侶，牠選擇好了，結合了，就不再找第二個伴侶，其中的一方如果死掉，另外一方就會獨守到終。第二個特性是這種鳥在親熱交配的時候都是背著人，背著其他的鳥躲到水草叢後面，有這種禮節和羞恥感。從這兩點我們能看出「關雎之義」所在。也就是前面這個禮做的怎麼樣，最終要落在能不能表現「關雎之義」，如果沒有的話也就是失去真正的禮了。換句話說，即使對丈夫做得再好，把家務事做得再好，也顯得很卑弱、很勤快，結果背後你跟別的男人做出一些不好的事情，沒有貞操，夫婦間就絕不可能白頭到老。所以作為女子首先要守住貞操，心要專、要定，在後面《專心篇》裡就專門講怎樣有一心。女子的一心會成就女性最大的德行，是什麼德行呢？成就她全部的厚德。我們看這個「貞」字，「貞」有四層含義：

　　「貞」的第一層含義是指貞潔，尤其指女性注重自身的操守。女人善待自己從守貞開始。「貞」的第二層含義是指正。正就專，專就不對立，同一切人事物沒有對立，沒有對立就能放下自我，放下自我就能擴大心量成就別人。女人心大量大福報就大。「貞」的第三層含義是指誠，真誠的誠。真誠心內沒有雜念，沒有二念，待人真誠是最難得的品行。「貞」的第四層含義是指定。定就是做任何事情心不動，心不會被外面的境界所動搖。外面一有風吹草動，就心弛神搖，這怎麼得了。比如要有人給你打個電話，說你先生在外面如何如何，你就立刻覺得天塌地陷了，回家大呼小叫不得安寧，其實可能什麼事也沒有。類似這樣的事情很多，無論是在事業上受到挫折，還是在家庭中出現矛盾，女人都得能守住「定」、守住「正」不亂。心如如不動，就把心定在家裡這個道上，外面一切事情，都讓它自然而然地去化解掉。

　　我觸動最深的是看過這樣一則真實故事，講的是有位女子

非常有德行。可是她在很年輕的時候，她的先生就在外面有了一個小老婆，而且不管家裡所有的開支和費用，但她從無任何怨言，有的時候丈夫把這個女人帶回家，她還要為他們準備吃的，她從沒有怨言，也不抱怨。後來她丈夫跟這個女人又生了一個孩子，也不養，還把他送回來，她除了撫養自己的大兒子之外，又照顧她丈夫跟這個女人生的小兒子。這小兒子在她身邊長到十七歲，並不知道她不是親生母親。後來丈夫跟這個女人在外面生活，也就沒有來往了。突然有一天別人把她找去醫院，說你必須得去趟醫院，只能找你，找不到別人了。怎麼回事呢？原來她的丈夫得了晚期癌症，在醫院躺著，沒有人照料。她丈夫找的這個小老婆，被車撞成植物人，兩人都躺在醫院。他們的親人朋友，沒有人跟他們來往，都很唾棄他們。於是醫院只好找這個前妻，希望她來照料她丈夫，其實他們也沒有離婚。這位女人，的確偉大，真的是以德報怨，她沒有任何怨悔，到醫院裡不僅伺候丈夫還侍候丈夫外遇的這個女人。她把代為撫養的這個男孩叫到跟前，把整件事情告訴他，說現在需要你去為自己的親生母親盡孝道、盡義務，你要幫助我去照顧你的媽媽，我一個人年紀也大了，都六十多歲了，照顧不過來。這個男孩就不承認，說這不可能，我的媽媽就是你啊。她說不是，最後她把他帶到小老婆的床前，說這是你兒子，現在讓他來照顧你。結果奇蹟出現了，躺在床上已經是植物人的女人，竟然流下了眼淚。我們想這眼淚一定是慚愧、羞愧、悔恨的眼淚。她的丈夫也是重病在身將不久於人世，她每天都細心照料。結果有一天她丈夫突然拔掉身上所有針管，用盡全身力氣翻滾到床下向她跪著磕了很多頭，說對不起她。

這個故事我是在好多年前看的，每次看完都非常感動。就覺得世間還有這樣的人，值得我們所有女性學習。我們是否也要反思，什麼才是人間大愛，什麼才是真正的仁者。這個「仁」字是什麼呢？如古訓所言「天地與我同根，萬物與我一體。」這就

是真正的仁，所以才會有「仁者無敵」。一個真正有仁愛慈悲的人不與任何人對立。不對立，對內而言自己沒有煩惱，對外而言外面沒有敵人。一個人真能夠包容和愛天下所有的人，真的就不會有敵人了。我們還會遇到惡意相對的人，一定是自己的問題，放下對立就放下了煩惱，只有把心中的對立放下，一切污染都會化爲心中的蓮花。想想人生短短數十載，真的不必自尋煩惱，千萬不要拿別人的錯誤懲罰自己，善待他人就是善待自己。

還有一則故事對我的觸動也很大。講的是古代的一個女子，不守貞操，在外面找男人，結果她的丈夫知道了，但她丈夫什麼也沒說。有一天她丈夫就把他老婆叫過來，說過兩天我要請客，提前告訴你一聲，他老婆也沒當回事，就說好。他丈夫就天天出去工作，他工作的時候心裡也很清楚，他這個老婆就跟那個男人在他們家裡私會。他這一天中午就突然回到家，還買了很多酒菜，然後開始在外屋做飯做菜。因爲回來的很突然，那個男的，就是他老婆找的那個男人還沒有走，被堵在屋裡，匆忙之中就鑽到床下。他老婆出來跟他說你怎麼這麼早就回家了？丈夫說我不是跟你說要請客嗎？他老婆說那客人呢？他丈夫說客人就在屋裡，你幫我把他請出來吧，我飯都做好了。他老婆就說，你別胡說八道，屋裡哪有什麼客人。他也不生氣，還是說你就趕緊叫他出來吧，別錯過時辰，我飯都做好了，別涼了。最後硬逼著這個男人出來跟他一起吃飯，吃到一半他就倒了一杯酒，然後突然下地跪拜著敬他酒。

這個男人就說你不要這樣，他說沒有關係，我今天這頓飯就是最後一頓飯，吃完了之後我把三樣東西都給你。第一把這個家給你，第二把妻子給你，第三把所有的財產給你，然後我就走了。我非常感謝你幫我把所有的這些累贅都拿過去。這個男人嚇壞了不敢接受，這位丈夫就嚇唬他說不接受不行，你如果不接受，我就拿菜刀當街砍了你。那個男人只好接受了。他吃完飯之後，就很瀟灑地出家了。出家了之後沒過幾年就道業有成。結果

沒過三年，他這個老婆找的這個男人成天不工作，很快就把家產給敗掉了，之後對他的妻子非打即罵。這個女人就後悔了，跑到廟裡來找他，求他再回家。他說你不要來找我了，這是不可能的。這個女人想到她丈夫以前喜歡吃魚，就做了一道魚送去，說你一定要吃，這是我親手給你做的。沒想到她的丈夫拿著這盤魚放到了水裡，魚竟然活了，現在還有這個水池，叫黑魚潭。

從這兩則故事裡可以看出，什麼是真正的灑脫或者通達。前面講的不是通達神明嗎？從關雎之義反省自己，在不斷提升自己德行的同時，能夠放下世間的情執，不要太執著於所謂的情感。夫妻是緣，緣聚緣散，緣在一起的時候一定要珍惜，要對他有禮，有禮你就能做到珍惜。緣分不好的時候，比如丈夫在外面找女人等等，也不要太陷於傷感，我們修好自己的德行，到時候自然而然就轉化了。我們講他會有自己的報應，就像前一個故事。那個女人很好，鄉里鄉外都讚歎，結果他的丈夫早早的就得重病，很早就死掉了，死前很後悔，向她磕頭認錯。另外關雎之義還讓我們反省一點，作為女子要有羞恥心。我們現在很少看到女孩子能自愛、自重、自尊。有一次我去外地講課回來，在機場看到有很年輕的女孩和男孩，在機場餐廳，摟肩搭背很放肆。這個女孩子也不以為意，男孩子更是很放縱。如果你對自己沒有什麼約束和要求，自己都不珍重自己，你想男孩子怎麼會珍重你呢？那種所謂的「愛」只是一種情欲罷了。對物同樣要珍惜，比如說我們賣金條、賣一塊貴重的手錶或者賣一塊非常珍貴的玉石，沒有哪個店員會拿在手裡玩來玩去，然後再扔進去，它們都會很好的擺在那，甚至這個櫃子都不要輕易動。除非是很有消費能力的客人來，店員才會很小心翼翼地放到盤裡，拿著這個盤端到跟前給人看一看。女人自己也是一樣的，你不尊重自己，任人去撫弄，實際上已經把自己貶低到連鳥獸都不如了。

有一天男人隨便拋棄你，那是很正常的。像前面講的例子，那個女孩子年紀輕輕只有十五歲就把自己的生命喪失掉了，

不尊重自己啊。隨便就跟男孩子上床了，然後又不想跟人家在一起了，結果男方惱羞成怒，把自己的命都搭上了，那很不值啊。所以從小對女孩子道德修養的教育太重要了。要讓她珍視自己，透過珍視身體，珍視自己的操守，像保護貞節一樣保護好自己的名聲。古人有言，世間有四樣事需要謹慎，第一件事是「難成而易敗者，名也」。好的名聲很難形成，但想敗壞掉卻很容易，輕而易舉的就毀掉了。第二件事是「易為而難成者，事也。」很容易做但卻難於成功的，就是事業。比如想開公司很容易，都想做一番事業，但是成功的很少。第三件事是「可言而不可行者，偽詐也。」可以在嘴上談談但絕對不能做的是欺詐，我們實際談都不要談。第四件事是「可行而不可言者，取捨也。」可以做但不可以說的是取捨，的確，當人面對取捨的時候只要去做就好了。

【由斯言之，不可不重也。】

「斯」是這裡，就說從這裡來看來學習；「不可不重也」，這是非常非常重要的。所以《論語》裡有說「不學禮，無以立」。無以立什麼呢？無以立身，無以立在這個世間為人的根本。

在古代有很多這樣的案例，有一個關於「周宣姜后」的故事，也是出自《列女傳》。周宣姜后是齊侯的女兒，周宣王的皇后，非常賢達而且有美德。凡是不合禮法的都不說，不合禮法的行止都不做。宣王曾經晚睡、晚起，後宮的一些嬪妃、夫人就不出來，不出房，姜皇后出來之後就脫掉了頭上帶的簪子和耳環，在永巷那裡等著，像是有罪等待被罰的樣子。並且叫她的父母傳話給周宣王說，我不夠好，我不正的心意露出來了，讓君王行止差錯以至晚起。顯得君王好像是非常貪戀美色而忘了德行，假使貪戀色欲一定會窮奢極欲，禍亂就會發生，追究禍亂的起因竟是由皇后而起的，請國君來懲罰我。國君就很慚愧地說，是我做得

不對，是我的過失，你沒有什麼過錯啊。所以仍然維持姜皇后的地位，對於政事更加勤勉，每天都早上朝，晚下朝，成就了一代帝業。

在古代，我們看到這樣講究禮法的故事很多，現代沒有人去教禮法，這是一個大問題。我們很想學，想對人恭敬，但不知道怎麼做。怎麼辦呢？我們從經典裡開始讀書，反覆揣摩。我也不會學，有的時候把人得罪了，還不知道怎麼得罪的；哪件事情做得不對，不知道怎麼就不對了，所以我隨身就帶了像口袋書的小冊子。比如說我去剪髮的時候，我就帶了一本《菜根譚》，它全是很精闢、簡短的語句，簡明易懂，非常的清楚。我就在那翻看，看到很高興的地方，隨手就拿螢光筆劃一下，每次都看一點。因為這種閒散的時候很多，比如有的時候坐在車裡，司機開車我就翻開看看；司機出去辦事，我也在車裡看兩眼，就利用這樣的時間去學，真的滿有用的。有一次就弄明白了一件事。就像去年發生的一件事情，我一直沒弄明白，有一個朋友對我有怨，雖然我也不知道怨在哪，但是我很想改善。正好過三天就中秋節了，我趕緊安排員工送月餅去給他，結果越送越糟，月餅又被退回來了。我就不明白為什麼？結果在學習的過程中，發現有這樣的一句話「雨後傘，切勿支；怨後恩，切勿施」，意思是下完雨就別再撐起那把傘來了，沒有用了，「雨後傘，切勿支」。「怨後恩，切勿施」，人家剛跟你結完怨，你就別再在那施恩，他一股氣還沒出來呢，怎麼會要你的東西。所以這個時候先放下，不要急於表露自己想修復的心意。你心裡有這份感恩，就已經心意圓成了，心到就很好了，讓時間去沖淡一些不快。這是祖先的教誨，我覺得很受用。

【夫不賢則無以御婦，婦不賢則無以事夫。夫不御婦，則威儀廢缺；婦不事夫，則義理墮闕。方斯二者，其用一也。】

　　這段話的意思是說如果丈夫不夠賢能就無以去節制妻子，這個御是「節制」的意思。妻子如果不夠賢能的話，就不能夠去侍奉丈夫，這個「事」是「進奉、侍奉」的意思。丈夫無法節制妻子，自己的威儀就廢掉了，就沒有威儀了。妻子不能夠侍奉丈夫的話，義禮就都缺失了。這兩件事缺一件都不可以。下面我們來詳細讀書。

【夫不賢則無以御婦】

　　丈夫的賢能是什麼？怎麼做才算是個賢能的丈夫？在傳統文化的教育裡，夫婦之間要做到「夫義婦聽」，所以丈夫的賢能是重在懂義，男人的義道很重要。「義者宜也」，這個「宜」就是做什麼事都是很合時宜的，得有陽剛之氣，能拿得起放得下。他在外面會成就一番事業，在家裡透過事業的支撐，就有底氣跟妻子說大綱方針，你要怎麼做。瑣碎的事情就不去操勞了，細節上就更不用說了，這個菜得多放點鹽，那個衣服得用這個洗衣粉洗，這個就不需要去操勞了，大的方向盤要把握住。比如說，希望怎麼樣教導我的兒子成為什麼樣的人，發現妻子哪一方面有問題的話，要及時引導，這是丈夫的賢能。我也是在學習的過程中不斷品味，一個男人一定要有陽剛之氣，男人如果沒有陽剛之氣，這個女人就很難成就她的陰柔之氣，那個天要是塌下來了，這個地實在是無法載動的，再怎麼厚德，載天還是有難度的。

　　所以男人要壯大起來，撐得起一片天，女人才能夠安然的成為一方土地。我在跟自己丈夫相處十幾年的過程中，原先一直以為丈夫很大男人主義的。不過現在看看，這種大男子主義倒的確有其陽剛之氣，非常難得的是，從他身上我看到了一個男人真正的賢是什麼樣的。有事業、講義氣、孝父母、寬厚地對待家人；不太講究一些細節，但是在小的一些方面，防微杜漸上他也是做的很好。我在學習女德的心得報告裡曾經分享了很多。他在

細節上，尤其是剛結婚的時候，對我要求很嚴格。所以老祖先有一句話叫「教兒嬰孩，教婦初來」。誰來「教婦初來」呢？第一個首先丈夫要教，剛一娶進門的時候就要馬上教，這個時候不教，錯過這個時機再教就很難了。我就是在剛進門的頭兩三年，教得很多，教我放下對金錢的控制欲望，以及下大小姐的一些習氣，在家他要工作，但要做到什麼程度呢？我丈夫說重點是看廚房和廁所。廚房不能有油膩，廁所不能有異味，這是家裡的兩大標準。大廳是不需要看的，他說女人往往是出外很光鮮，家務卻亂七八糟，這怎麼可以呢？丈夫還教我怎樣接人待客，怎麼言談有度。丈夫的確是我人生中最重要的一位老師。這些都是在剛結婚時，讓我一生留下了深刻的印象。

記得剛結婚的時候他有一次請朋友吃飯，在飯桌上我覺得我沒有說多少話，好像只說了兩句話，回家後被他訓斥了一頓。他說在飯桌上，男性朋友比較多，不需要女的插嘴多說話，你只要吃飯、聽著就好了。這就是古禮。我曾經把我丈夫教育我的一些事例分享給公司的男員工，他們之中，尤其是已婚的，一致不敢認同，說：「陳總，我們哪敢啊，我們把存摺交上、薪資單交上，大氣都不敢出，要是這麼做的話，我們大概會先被掃地出門了。」我說：「那不行啊，那你的陽剛之氣在哪啊？」他說：「要什麼陽剛之氣啊，能在一起過日子就很好了。」所以這個時代不一樣，我們看到很多東西真的也是無可奈何，就是他們本身都沒有這種想法和要求，都願意追隨下來，都願意回家去做飯，寧可回家做飯、洗衣服，讓女人出去工作、忙事業，那也只能這樣去顛倒了。但這是違反天地之道的，違反陰陽之道的。《太上感應篇》說「男不忠良，女不柔順」。在一些論壇講課中，我也不敢講這個御是節制，它實際就是節制。為什麼呢？就會覺得聽著很不舒服，傳統封建禮教憑什麼要節制我們。其實「節制」兩個字分開來看，「節」是要讓任何事情都有一個度，為什麼男性要來節，幫我們做任何事情都有個度呢？他要來管這個節呢？因

為男人相對來說是比較理性的思維方式，女人則是比較感性的思維方式。

不信去商場看看，大促銷、大展銷櫃檯前一定都是女的，不管三七二十一，買到再說，其實買回來一算算，就跟不促銷的價格差不多。男人就很少會衝動地去做這些事情。所以夫妻結合之後就是很好的男女搭配，可能有一些事情他就會幫你不要太感情用事。這個「制」是制止，就是制止你去做一些不好的事情。女性有哪些天性比男人嚴重的呢？嫉妒、傲慢、小心眼、愛抱怨。很多女人都是這樣子，對金錢看得太重，朋友之道不如男人。男人在外面交朋友是很大氣的，可以為朋友兩肋插刀，可以放下一些東西，女人就會很在意自己小心眼的情感。所以男人可能會制止女人的一些嫉妒心、抱怨心、貪婪心的蔓延，發現苗頭不對及時制止她去做惡。因為夫妻兩人世界，相互間還是比較容易溝通和聽從的。有的時候我們想想，是不是更容易聽丈夫的話要強過於聽父母的？那麼結婚後好像丈夫所說的還能接受，父母說的都不能接受？都那麼大歲數了，懂得什麼？所以這裡也有很深的道理在裡面。

【婦不賢則無以事夫】

在《增廣賢文》裡有一句話叫「妻賢夫禍少，子孝父心寬」。講妻子要是賢能的話，丈夫的禍患就少，兒子要是孝順的話，做父親的心就寬。自古以來的確如此，小到普通老百姓，大到權貴之家，很多都是禍起閨門。自古以來這樣的案例很多，我們可以看《列女傳》中有專門的一篇，講的都是國家怎麼敗在女人手裡的。所以劉向在《列女傳》卷三中有言：「自古聖王，必正妃匹，妃匹正則興，不正則亂。夏之興也以塗山，亡也以末喜；殷之興也以有，亡也以妲己；周之興乙太姒，亡也以褒姒。」可見國家之興亡都與女人密切相關。可能我們不至於害

國，但會不會把自己的家給毀掉了？丈夫忙於事業，所謂旁觀者清，妻子是否能愛夫以正，對丈夫的事業有很好的引導。我們反省一下自己，如果自己不是太貪於穿著打扮、貪於住好房子、貪於開好車，丈夫可能就不會巧盡心機，甚至是貪污詐騙去做一些事情。女人的欲望往往在推動著他，每天回家推動一點，最後男人就像喝毒藥一樣，每天一點，他不覺得，日積月累，到最後就會爲了金錢不擇手段。所以我們講現代人很多都是「二狼神」，一個「財狼」一個「色狼」。財狼和色狼講的是男人嗎？我覺得不是，如果女性沒有這兩種欲望的話，男人可能都不會。你一點都不貪財，自己對金錢沒有任何感覺，你家裡的男人就會想，我這麼拚命賺錢爲什麼呀？他就會自己看得很開。我從六年前學習傳統文化之後，對物質欲望越來越淡，想想人來到這個世界上兩手空空，走的時候也一樣兩手空空，身邊的一切都像過眼雲煙一樣，爲什麼不利用大好人生多行善多積德，好好提升自己的境界呢？物質欲望都是人生的累贅和腫瘤，要不得。

所以我也經常跟丈夫說，這個錢存在銀行就是一堆數，拿在手裡就是一堆紙，花的時候還要看你有沒有智慧，錢用錯地方就糟糕了，會給自己帶來一身麻煩。

比如拿錢賭博喝酒玩樂，做這些事情，都會惹禍上身。我說沒錢最好，沒錢一身輕啊。所以有一次，他有個案子要談判，回家就比較憂愁，可能是遇到了一些阻礙。然後我就跟他說，我說你就不要想那麼多，首先不要想賺多少錢，你可以想成這是爲了事業，爲了成就公司裡的很多員工，你可以這麼想，但是你必須把求的心放下。我們「謀事在人，成事在天」，做到了就好了，成不成不要太苛求，「人到無求品自高」啊。第二天他就談得很順利，他覺得好像心放下了，就沒那麼多煩惱。反過來我們如果說爲了賺錢一定要如何，然後想著賺到錢後如何自己享受，最後賺不到就會很痛苦。所以要懂得放下，放下自私自利、放下名聞利養、放下五欲六塵、再比如女人如果非常注重自己的長

相，自己的面貌，每天就是忙於出入美容院啊，忙於裝扮自己。這男人也是，你關注這個，他也學著你關注。如果在外面看到比你更漂亮的，就很麻煩了，那個色狼就被你牽引出來了。所以這兩個「狼」要能夠避免它，不要引狼入室，女人先從自己做起，你對它不感興趣，就不會招惹它上門，自己的男人、自己的丈夫也就不會去碰他。

在《列女傳》中對女人的賢德有一段很好的注釋。《列女傳》前六篇都是講的女德方面，第一篇是母儀篇，第二篇是賢明篇，第三篇是仁智篇，第四篇是貞順篇，第五篇節義篇，第六篇是辯通傳。其中對賢明的注釋是：「惟若賢明，廉正以方。動作有節，言成文章。咸曉事理，知世紀綱。循法興居，終日無斁。妃後賢焉，名號必揚。」它說的是什麼意思呢？講的是只有賢德才能明理，才能清廉，守住正氣。廉是表示儉、清正，對錢財的欲望要放得下，換言之對錢的概念要先看淡，不說先看破，先看淡一點，不要太關注這個東西，正是保持自己的正心、正念。「動作有節」講的就是有禮，非常地懂禮數，知禮節。「言成文章」就是有文采，這句話就是講一個女子，要知書達禮，不要成了一個書呆子不懂禮節，那很麻煩。「咸曉事理，知世紀綱」，懂得事情的道理，也懂得大政方針。「循法與居，終日無斁」，按照法度來生活起居，不違背綱常，倫常道德，這樣每一天不會有災難。「妃后賢焉，名號必揚」，如果是這樣的女人做了一國的皇后，聲名一定會遠揚千秋後代。的確是這樣，我們今天還在ˇ學習和效法周朝的三太，她們的聲名已經超越了時間，超越了空間。

在明朝仁孝皇后寫的《內訓》裡也對女子的賢能做了非常詳盡的解釋。什麼是女子的賢能呢？這裡說「忠誠以爲本，禮義以爲防，勤儉以率下，慈和以處眾，誦讀詩書」。「忠誠以爲本」首先講的還是「貞」字，這個「貞」是貫穿全篇的，女人在這方面一定不可以犯錯誤。這個「貞」不只是在身體上，身體上

做出來已經是太過分了，包括意念上都不可以。我們現在有網路，都不可以背著先生在網路上做一些違背倫理道德的事情。惡念累積多就很容易遇上惡緣結成惡果，千萬不可疏忽。所謂心想事成，心總想惡就會惡事現前，那我們為什麼不念念想善，成就善事呢？比如現在網上有一些不好的聊天網站，做這些事情都不可以。因為一旦做了，就跟吸毒品一樣，一步一步越陷越深，很難止住。你一旦踏進這個氛圍裡，進到這樣的磁場裡，和這樣的人去交流，就像把自己放在一堆臭魚堆裡，自己可能沒有覺得臭。但是身邊就有一條臭魚，時間長了，會扔進來一條又一條，最後當你聞不到自己臭味的時候，那已經是不可救藥了。如果你跟好人接觸，你說現在找不到好人，我們就看好書，看古聖先賢的書，哪怕每天看一頁，然後說這樣的話，內心有這樣尋訪良友的意願，我們說「人有善願，天必佑之」，老天一定會把這樣的良友送到你的身邊，那就如入芝蘭之室了。就好像進到養芝蘭花，養香草這樣的房間，可能並沒覺得怎麼香呢。但是時間久了，你一出來人家就會聞到你身上的香氣。

所以我們要心存芳香，同時能薰香身邊的人，不要讓自己心發臭味。別人一看這樣女人的眼神，一看她的行為舉止，再一聽她講的話，輕浮不堪，那真是給自己丟醜，給家人丟醜。關鍵是自己還不覺得醜，這真的是一件很羞恥的事情。到後面講「禮義以為防」，這個禮跟的是道義的義，有禮才有義，作為防守的意思。「忠誠以為本，勤儉以率下，慈和以處眾」。做人的根本是忠誠之心，忠則不偏不倚，誠則心不虛假。對自己的家人、兒女要以身作則勤儉持家，要用慈祥平和的態度對待家裡家外一切大眾，最關鍵的是要學習，要能誦詩讀書。所以自古以來的教導，沒有講女人不要看書，不要讀書的，從來沒有這樣的話。所有的女德教育裡都讓你要學習，只是讀書的關鍵是不要驕傲自大，不要覺得我學的、看的比自己家先生多多了，比你懂得多多了。所以，他先教你謙卑，先教你放下，然後你再學。學的就是

真正的學問之道，後面講「不忘規諫，寢與夙夜，惟識愛君」，講的是對自己的先生要懂得不要忘了規勸。妻子的賢能並非盲目順從，而是說在丈夫出現了不恰當的行為的時候要懂得規勸。

《女論語》的「事夫篇」也談到女子的賢德。不賢的女子是什麼樣呢？就是愚婦、蠢婦、懶婦、潑婦。一個愚蠢的女人、一個懶惰的女人、一個愚笨的女人，一個撒潑的女人，不是賢能之人啊。所以在「事夫章」裡謹勸女子第一是「莫學愚婦，惹禍臨身」，在丈夫有惡事的時候要「勤諫諄諄」。自古以來這種勸諫的案例很多。我們在現代社會中懂不懂得勸諫？關鍵是不懂得。就是丈夫有不對勁的行為時，自己仍不自知。為什麼呢？因為自己也是這樣子的，所以你看不到。有什麼不對，覺得還好。所以只有養自己的德行，自己的善根，自己的福報出現了之後智慧現前，才能發現丈夫好像這麼做不大對，及時告訴他、勸諫他。懶婦和潑婦就不用仔細說了，大家都很清楚。懶是現在的通病，因為一旦享樂就容易放逸，一放逸就是懶惰了。物質生活的極大提高而放縱了人的很多欲望，把人本身的惰性引了出來。

所以生活條件越好的時候，我們就越應該檢點、檢醒自己，這是不是奢敗的開始？生活一定要有控制、有節制，不要太過放縱。在生活不好的時候，還能做到，但很多人生活條件一好，就容易出現問題。

我自己也有很深的體會。我們家庭條件很好，怎麼樣在這種環境中保持自己生活的簡約，保持自己對兒女勤儉的要求，而不是說反正我們有條件，也沒有關係。一旦這麼想，這尺寸就放開了，最後一放再放，潰不成堤，一定是這個樣子。「莫學蠢婦，全不憂心。夫若發怒，不可生嗔。」這是指愚蠢的婦人對丈夫不聞不問。所以女子賢明是很關鍵的一件事情，我們在具體生活中一定要注意這幾點。

【夫不御婦，則威儀廢缺】

講的是丈夫如果不懂得去節制妻子，自己就不會有威儀。怎麼樣才能夠讓自己有威儀的德相呢？男人心裡頭一定要有德，表現在外面的處事一定要方中見圓。女子是恰好相反，圓中見方，這兩個是正好配在一起的，男人很方正，但是在外面感覺很多事情大喇喇，很圓融，都不會太在意小的細節，那麼就有威儀感、厚重感。男子也要學經典的傳統文化，也要不斷地去學習，如果男人不學，也不會懂得的。如果我們家裡的丈夫不學，就從我們學起，慢慢地去引導他，養成家裡的學習氛圍，慢慢地他就會願意學了。

【婦不事夫，則義理墮闕，方斯二者，其用一也】

　　女子如果不懂得如何侍奉丈夫，她做人的道義、道理，慢慢地就會喪失掉了，所以這裡有很深很深的含義在裡面。平時在跟丈夫相處的時候，如果很融洽，你跟外面的很多事，就容易看透了。這個一就是多，多就是一，它不是對立的。你說跟丈夫交往的互動不好，跟別人卻能和睦相處，那你對事情一定還有參不透的地方。如果跟丈夫能夠相處融洽，就能把很多人生的道理都在這裡參透了，所以閨門之中的確見大學問。比如說丈夫事業非常繁雜，自己一定要懂得能夠承擔起家裡所有的事務，如果丈夫本身沒有那種能力去成就事業，就是一個平凡人，一個普通家庭裡的平凡的男性，我們也要把心放平，淡然的過平常人的日子也很好。大富大貴畢竟很少，沒有幾個，所以處貧賤安於貧賤、處富貴安於富貴。我們過的都是平常老百姓的日子，兩個人只要搭配在一起覺得過得很舒適，我覺得就很好。所以在學女德的過程中，也有一些老師來問我，是不是要改變一些生活方式，完全按照女德的教育來？

　　我說我們學習女德：

第一，不要執著於文字的表面功夫，執著於文字相，生搬硬套。

第二，不要執著於名詞的相，偶爾一個名詞，你特別執著於它，你鑽研進去，很執著，就會出問題，要能夠進到裡面又能夠出來。

第三，不要執著於言說相，不是我說了某事如何就一定要這麼辦，道理通了就好了，事情可以善巧方便處理。

有一次我到外地講課，有個女子跟她先生處得很好，聽了我的課她說，我們家一直是丈夫做飯，是不是現在要倒過來。我說沒有關係，你們只要和諧就很好，它最終講的是和諧之道了。他也心甘情願、你也心甘情願，一般老百姓過日子，可能也沒什麼事業，不是很忙。他願意回家幫你的忙，你可能比較辛苦，照顧孩子、照顧公婆，可能工作又比較繁忙，也沒有什麼不可以。如果他在外面事業很大、很忙，回家還要給你做飯，這個就有點說不過去啊。我說最終就是和諧就好，包括有一些老師聽我的課後就回去批評自己的丈夫，說她的丈夫不如我的丈夫好。後來她的丈夫就很委屈，曾經有位老總很痛苦打電話給我，他說我讓太太聽您的課，結果她現在一點也沒變，反倒埋怨我不如你丈夫，這就不好了。其實人非聖賢，孰能無過？關鍵我們自己要多看別人的優點，多讚歎別人的長處。學女德也好，聽任何一個人的講座也好，都要先反省自己做得不好的地方，不要拿著別人所講的去對照身邊的人，這就大錯特錯了。包括我也是一樣，也有不好的地方，在學習的過程中，每天也是在反省、在檢點。

「人不怕有過錯，就怕看不到自己的過錯」。

的確如此。其實有過錯沒有關係，關鍵是一點都看不著，別人指出來的，你都會全盤否定，這哪裡是我的問題，那就很麻煩了。這個是我們要讀書的。這兩個方面其實是一件事。「方斯二者，其用一也」。這個用是指作用，什麼作用呢？無論是男人，無論是女人，結合到一個家裡，這個作用是什麼呢？說小了

是能夠為家族延續後代，說大了是為人類能夠繁衍下去，這是最關鍵的一個作用了。如果每個人都結合了，都不存在繁衍後代的問題，人類到此也就結束了。怎麼樣才是真正的能夠把後代，能夠把子孫一代代的承傳下去？最關鍵的不是養這個生命體啊，而是把男人的賢和女人的賢，透過在家裡相互琢磨出來。我有過錯，你來幫我改正提升；你有過錯，我來幫助你改正提升。我們兩人結合二十年之後，都能得到提升。生育的後代呢，能夠「青出於藍而勝於藍」，女兒比媽媽更好，兒子比父親更好，這是最大的一個作用。你看這兩個作用是不是一個作用呢？透過兩個人的結合，生出來的兒女這是一體，是你們兩人一體的產物，這個作用在孩子身上能夠產生巨大的影響力，一代一代的往後持續下去，所以它是一件事。那這一件事就不要分開來看，我們講丈夫要是真正的好；妻子沒有不好的，妻子要真正的好，丈夫也沒有什麼不是的。那就誰都不要怪罪誰，總而言之，能做到歸一。

【察今之君子，徒知妻婦之不可不御，威儀之不可不整，故訓其男，檢以書傳。】

這段話的意思是說：看看現在的這些男子，只知道需要節制妻子，需要來整肅威儀，因此不斷訓導男子學習、讀傳，以經典來檢點他們的言行。這也就是說從小培養男孩子要有賢的能力，以期望將來懂得如何節制妻子，懂得如何整肅自己的威儀。反觀今天的男子都不懂，怎麼辦呢？所謂「建國君民，教學為先」，好的男子是教出來的，好的女子也是教出來的，所有的一切都是教出來的，最關鍵的是怎麼教。你教他好的，引導向上的，透過古代經典的傳承，他自己就能明白。學習傳統文化的老師都有很深刻的體會。實際上這裡是從夫婦之道，來講如何教育好下一代。你想成就夫婦之道，一定是從根上開始做起，從小教育。否則孩子長大習性已深，你再想起去教他，除非是他的

福報、福德、善根很深厚的，能夠快速的回頭，否則幾十年的薰染，一聽到聖賢的文化，能快速回頭而煥然一新的，這樣的人太少了。所以從小教是很重要的。從小透過經典來教導，我們在平時教育中要注意幾個問題，我這裡順便也跟大家交流一下。

首先教育孩子，做母親的要抱著一個什麼態度呢？

我是一個學習者，我的兒子是我的同學，甚至有的時候是我的老師，他只是給我出考題的考官而已，我要把答卷答出來，然後跟這個考官一起來分享。而不要抱著我是老師，我要去教這個孩子的這種觀點去教孩子。很多時候孩子是抗拒的，不願意接受。你最好是要把自己放低，尤其家裡是男孩子的，格外要放低，就是你的這種謙卑，不單單的是在你的丈夫，在孩子面前一樣，把自己放得很低，然後你說我們一起來學習。畢竟傳統文化在我們國家已經近一百多年失去了它的影響和教化作用，因此在今天這個社會，很少有人從小就接受到傳統文化的深入教育，家中很少能有家教、有家傳、有家道、有家規。我最開始拿出女德的教材，無論是《女誡》、《女論語》、《內訓》、《女範捷錄》，沒有人曉得，不知道這是什麼東西。記得去年有一次拿《弟子規》給一位大學教授看，我把這本書送給她，這個女教授看了後問了我一句話，讓我哭笑不得。她說：「這本書你別說，寫得滿好，這句都挺湊整的，不知道誰寫的，他怎麼這麼聰明呢？」這是大學教授啊，已經四十多歲了，第一次看到這本書。所以既然是這種狀態，我們就抱著謙卑的心，跟孩子一起學。我碰到很多家長都不是這個樣子，都是先抱怨兒子女兒如何不聽話，種種問題。實際上在你的心裡頭已經把自己放在高位，把孩子扔到低位了。相反地你把兒子看成聖賢，看成老師放在前面，你在低位，用這種心態去跟他學，一定會學得很好。

昨天晚上我兒子就跟我交流，我特別的感恩我的兩個孩子，因為我整個學習全是我的孩子在引導我。兒子說：「媽媽，我有件心事今天晚上必須得跟你說。」我說：「什麼心事啊？」

他就說：「媽媽，我們班同學不團結，他們玩不到一起去，昨天下午還偷偷打了一架，老師不知道。」我說：「那你跟我說是什麼意思啊？」他說：「我是學《弟子規》的啊，我得勸和啊，那我不知道怎麼勸。他們都很厲害的，我還有些害怕的。」我說：「兒子你說得對。不過我們要有智慧。他們打仗的時候你別上去湊合，《弟子規》不是教導我們『鬥鬧場 切勿近』嗎？人在激動的時候誰勸都聽不進去，因為衝動是魔鬼，那時他們的魔鬼已經出來了，你要遠離，等他們平靜下來的時候，你再找機會跟他們交流一下，或者你能不能想辦法影響一下他們。」他說：「這樣吧，我把《德育故事》光碟帶幾張到學校，給老師和同學。」結果兒子跟我說，現在他們二年級三個班中午看動畫片都把《貓和老鼠》改成《德育故事》了，我兒子就很高興。正如德蕾莎修女所言，孩子是最好的老師。

第二，教孩子最重要的是什麼呢？教人先教己，正己才能化人，所以什麼事自己都要先做到。

自己沒有做到，而被孩子給指出來的時候，或者你自己發現的時候，就要敢於承認接受。比如自己有個不好的習慣，脫衣服也是隨手一放，兒子就說：「《弟子規》說置冠服有定位，媽媽你衣服沒有疊好。」一開始自己礙於面子，就不出聲或者說我有事急著去辦。結果發現有一天，兒子也開始隨便扔，他說：「媽媽都是那樣，我也有事急著去辦。」這才發現自己錯了，得趕緊承認錯誤，跟兒子說：「你批評媽媽是對的，媽媽就是有點不好意思，其實是媽媽錯了，衣服還是認真疊好。」自己跟兒子一承認錯誤，他馬上坦然接受，而且會很高興主動地去做這些事情。有時候真的很感恩兒子，比如我讓兒子做一些事情，我說媽媽真的很累，我相信你是一個特別體諒母親的孩子，我說你也要給弟弟做個表率，你一定可以做得很好。你一說他就幹勁十足了，拖地啊，工作啊，然後上下幫你拿東西，特別不怕辛勞。

第三，對孩子一定要多鼓勵，少指責。

其實對丈夫對員工都是如此。能把兒子教好就能把員工帶好，這就是修身齊家治企之道。這裡需要智慧。表揚鼓勵要恰如其分，不能太多太多，言不符實，鼓勵一定要恰到好處。孩子做了好事表揚鼓勵要及時，不要等十天後突然想起來，他做了什麼事再去表揚。最好當場鼓勵，這件事情兒子你做得真好，就應該這麼做，這樣做有義氣，是一個善舉。一關燈馬上說兒子今天很好，你把燈關了，節省電源，非常好，及時鼓勵。批評一定要私下批評。男孩子、女孩子都一樣，甚至當著父親的面都不要說。我丈夫要是批評兒子的時候，我都迴避不在場，他都是單獨領到書房，我一般都趴在門口聽，瞭解個大概，然後心裡有數了。我自己也是如此，不要當著別人面去指責批評他，因為當著別人的面，現在的小孩子不要說八、九歲，兩、三歲他就有感覺，他能把你這件事情都記住。你這樣對他，他將來也會這樣對別人，那人都是有面子的，都是有情面的，所以不要這麼去做。

第四，一定要持之以恆，不要三天打漁，兩天曬網。

我們教育孩子是什麼呢？聽完一場論壇，看完一張光碟，熱血沸騰，趕緊教，今天恨不得把《弟子規》，諸子百家所有的事情都教透，過兩天自己放鬆了，孩子也不管了。讀書是一個馬拉松，每天哪怕教一點，關鍵是持之以恆，一天一點，然後慢慢就會發生變化。為什麼我們不講教育，更多的是用教化呢？他氣質的轉化、心念的轉化、行為的轉化都是在不知不覺完成的，所以常用育樹來比喻育人，所謂百年育樹十年育人。沒有時間的累積是不成的。比如經典的誦讀，貴在堅持，每天早上讀一段時間，長了就會背了。我兒子的經典就是自己一手教出來的，不是很多，我怕他忘記，每週都會循環檢查，所以他現在的經典就背得很熟。每天都讀誦，持之以恆很重要。經典中的道理儘量讓他自己去體悟，你不要先急著把道理都灌輸給他。他透過讀誦經典，自己就會回味經典裡的一些東西。當他悟透了或者悟不透跟你交流的時候，就是最好的時機，因為他已經在琢磨、在思考

了，在往骨子裡滲透了，而不是說他跟你是很被動的，然後你就在那拚命的說，你應該這樣這樣。其實不用說，他自己就會悟，等他悟差不多了，抓住機會教育，他就會明白經典教導的道理，這對你也是一個提升和提示。

【殊不知夫主之不可不事，禮義之不可不存也。】

王相在箋注中說道：「非不知之，但重於男而略於女，謂不可語以《詩》、《書》經傳之義也。是以當時，無女教之書，而女子鮮知事夫之義，未明閨門之禮。」是指當時由於沒有專門的女教之書，疏忽了女德的教育，但男大當婚女大當嫁，女子嫁為人婦如何侍奉丈夫，如何懂禮守義？沒有人教導。所以才有班昭寫《女誡》這樣的因緣。而我們今天守著古聖先賢的教誨，卻都置之不理，女德教育同樣被疏忽了，不是太可惜了嗎？不要光重男教而忽視了女教。男教、女教都應該用詩書經傳典籍的意義來教導，而不要依據你的含義，你的欲望，自己的意思去教導，如果那樣就錯了。當時沒有女教之書，所以女子很少知道「事夫大義」，不明白「閨門之禮」。這句話是說對於丈夫進奉和對於禮義的存在，在男與女的教學之中都應該深深的滲透，尤其是女教中的「禮和義」。女孩子從小的教育一定要反覆給她講案例，比如《德育故事》中就有一些專門講女德的，可以在家反覆給孩子看這些《德育故事》的動畫片。當然如果將來有專門的女德動畫片，能把《列女傳》四十多則故事挑一些經典的做成動畫片，專門給女孩子看，教女孩子，透過反覆的薰陶可以養她的仁智、養她的貞順、養她的賢明。如果有哪個動漫公司發心去做，我覺得是功在當代，益在千秋的一個義舉。這就太好了！

國內國學方面的典籍很少，前兩天我跟父親逛大連書展，意外看到一九八五年出版的一套《諸子集成》，如獲至寶，原價七千六百元，打兩折，我覺得太好了，趕緊給買下來，捧回家

裡，然後搬上書架。在裡面找到了《女孝經》、《女論語》、《女誡》的原版，很高興。這些經典我們一定要多做、多流通，讓更多的人都能看到。開女德教育學校，做女德教育講座，創建女德教育網站，這些都是好事。有能力有精力的人要發願去做，利人利己，你的家一定興旺。

「積善之家，必有餘慶」，留什麼給孩子都不如留積德行善的福報給孩子！

我們做母親的在家裡教育自己的孩子，有經典在手裡，就不怕教錯，因為它已經傳了好幾千年了，如果說是糟粕怎麼會傳幾千年？就像李白和杜甫的詩，我們想當時他們作詩哪止是現在傳下來的那幾首啊，但是為什麼能夠看到的只有那麼多，就是因為最精華的被一代一代人給傳下來了，大眾覺得不好的就放棄了，沒有人花費心思去傳。尤其古代印刷術不發達，印一本書是很麻煩的事情，還能夠保存到今天，還能看到《女誡》這樣的善本，確有道理在。

【但教男而不教女，不亦蔽於彼此之數乎。】

這是再次強調了一下。如果只教男子而不教女子，不就是太偏蔽了彼此之間的這種禮數了嗎？蔽是偏蔽的意思，就是蒙蔽的意思，給蓋住了。所以說只教男孩子懂得禮義，而不教女孩子，那就是偏蔽。這句話是班昭在當時的歷史背景之下說的。放在今天我們會發現什麼呢？不僅是女子不教，男子有沒有人教呢？也沒有人教了。班昭是將近兩千年前的人物了，她能夠說這樣的話，老人家如果活到今天，她就會說，男女都得要教，沒有人教，都是被蒙蔽住了。男孩子是什麼？看動漫、看奧特曼、玩遊戲、玩玩具、講究吃、比穿著啊……女孩子就更放任自流了，都不忍心看了。將來這些孩子長大就是我們民族的支柱，他們能支撐住中華民族的未來嗎？有使命感和擔當嗎？作為母親我們如

何面對祖先？這是我們教育出來的孩子。所以現在每位媽媽都要振作起來，想想我到底教孩子什麼？是教吃喝玩樂享受人生、自私自利損人利己，還是教給他如何立志，為父母、為家族、為國家、為全人類去奉獻自己！

【禮，八歲始教之書，十五而至於學矣，獨不可以此為則哉。】

禮講的是古禮，古禮是什麼呢？是男女六歲的時候所教的數目和方名，在古代的教學篇章裡可以看到，古代教孩子絕對不是教我們現在的奧數，教大量的文字，教很多的英文、教音樂、教彈琴，不教這些，最重要的一點是教你：

①怎麼樣灑水掃地、②怎麼樣待人接物、③怎麼樣孝順父母，這三件最重要的事情。

你的孩子懂不懂做家務，這是一個人最起碼的標準，「習勞知感恩」，感恩的心從這裡開始，「四肢不勤、頭腦發達」一定是道德敗壞。那沒有用啊。第二點是懂得待人接物，懂不懂為人最起碼的禮節和修養，這能看出一個孩子有沒有家教。在孔子的教學過程中，首重德行其次言語。德行中「百善孝為先」，所以是不是能孝順父母就很重要。古代二十四孝中的孝子就是我們教孩子學習的榜樣，要把他們對父母一體的那份孝心學到；而話怎麼說也很重要？跟人講話怎麼講，這個是最起碼的。

就拿吃飯來說，現在家裡似乎都是把好吃好喝的全放在孩子面前，孩子一吃完飯，飯碗一放撒腿就跑，所以怎麼吃飯在古代都是教學的內容啊。比如教孩子上桌之前要先看長輩有沒有上桌，長輩沒有動筷，你是不可以動筷的，好吃的要放在長輩跟前，不可以拿到自己面前。吃完飯了想下桌，要說一聲，各位長輩，請大家慢用，我吃好了，然後鞠躬退出。接電話、打電話也是如此，昨天我兒子打電話給他爸，他爸出差了，兒子拿起電話

就說「爸，你哪天回來？」之後父子聊了半天，他才掛下電話後，我就跟他講爸爸出差在外地，你每次打電話記得要先說「爸爸，您現在說話方便嗎？如果不方便，回頭再打給您。」如果爸爸說方便，那你接著把要說的話跟爸爸說完，最後要說一句「爸爸辛苦了，你要多注意身體，家裡一切都好，請放心。」然後再放下電話。兒子眨眨眼、歪著腦袋說「媽媽以前怎麼沒教我啊？」我立即承認錯誤說「對不起，這是媽媽做得不對，今天教你了，希望你以後好好做，只要爸爸出差，你打電話時前面這句話和後面這句話是不可以漏掉的，因為爸爸如果在談事，你打過去就說我怎麼怎麼樣，人家會很尷尬，你說你爸是聽還是不聽？你要先問人家方不方便接電話，到最後呢，要說兩句這樣的話，表達你對爸爸的愛和關心。」然後兒子說「嗯，好，我知道了，您放心吧。」然後他回頭還跟三歲的弟弟說，「你聽到了嗎？這兩句話以後要做到。」弟弟都是跟他學，「好，知道了」。

這些禮節是很微不足道的、很小的，但一點一滴，當累積到十年、二十年的時候，就成就了一個人最起碼的教養。為什麼現在中國人經濟條件不差，出國了，很有錢，一擲千金。但是很多外國人，尤其是歐美的，看不起中國人，覺得說話那麼大聲，跟喊一樣，買東西不排隊，上去就買，隨手扔垃圾，張嘴就吐痰，不講究禮節。我們還「不以為恥，反以為榮」，比如說男人覺得就是這樣的，氣節大，女人也都大喇喇慣了，尤其東北女人格外要嚴重一點。你真正就無從下手，不知道怎麼說好。所以有一次在香港拍過一組照片，講的都是內地的人去香港，怎麼在街邊吐痰、扔垃圾，在地鐵裡吃速食麵，都是禮節上的一些事情，不講究。都是因為從小沒有教，這是很麻煩的一件事情，從小要去教他。

在王相的箋注中談到「古禮：七歲，男女不同食，不共坐」，這是進一步的規範。你看「禮」最表層的是剛才說的那些，再進一層，就開始起「決嫌疑，定親疏」的作用了。這種分

別是讓男女之間能夠避嫌，從小培養女孩子的羞恥和廉潔的心，慢慢一點長大之後呢，她就不會去做出違規越禮的事情。從這裡開始養她。「八歲，男入小學而就外傅；十五，則入大（同太音）學。」到了八歲男孩子就進到小學裡開始讀詩書、讀經典，十五進到大學，在大學裡聽老師講解那些經典了。所以小學和大學的區別，就是小學的時候不斷的讀，以至於能成誦，但是不求解，等到大學的時候老師就開始講解，邊講解邊領著弟子遊歷名山大川，去遍訪名師，去歷練他，他就能夠悟進去。

「女八歲，親姆教訓以禮讓，教以織紝組紃，十五而笄，二十而嫁。」女孩子八歲的時候沒有這種機遇上小學，父母像家庭老師一樣，去教她這種禮節和禮讓。我們在《列女傳》中都會看到，很多女子，尤其是一些貴族的女子，出行都會有叫保阿，保阿類似於現在的保姆兼家教，家庭老師，這種家庭老師更多的是在德行和禮節上去引導她，比如說她違禮了，衣服穿的不合禮節，保阿馬上告訴她。比如說這件事情做的不符合規範了，馬上去指導她，是這樣子的。「教以織紝組紃」就是教女孩子紡織、縫紝的這些事情；「十五而笄，二十而嫁」，到十五歲該出嫁的年紀了，她就把頭髮給挽起來了，而不隨便披散著頭髮了，二十歲的時候開始嫁人了。「此言男子既知教以詩書矣，女子獨不可教以禮讓乎？」講的是男子都知道教他《詩經》、《尚書》，但是女子如果不教她禮讓，不懂禮義的話，那男女就很難合為一體了，配不上了。就像一個手掌的正面和反面一樣，他是一體。這面懂得了，那面也需要懂得，進到一個家裡之後，就能夠相應而呼，丈夫這麼做，她就會呼應。丈夫這麼做，她就會隨從。否則的話丈夫做，她就會不理解，會反抗。在現在這個社會裡，我們就不要指望先生會這麼做。先生也沒有學習，不懂得如何做，那就從自己做起，不斷的在這裡去細品經典所教的禮義之道。

夫婦篇一共只有短短的二〇五個字，但含義卻深廣無邊，我自己修學境界很淺薄，在短短的兩個小時內遠沒有講究竟，希

望大家邊學邊體悟。自己從頭講下來最深的感觸就是夫婦之道，其實就是男女各守各的本分。

自己雖然是講女德的，但也勸勉天下的男子要學男德。男人要有個男人樣，要能擔起家裡的重任，挑起經濟的大樑，做人要大氣，不要斤斤計較，真像天空一樣，給大地遍灑陽光雨露，也像天空一樣運轉有序，春夏秋冬白天黑天二十四小時永不停歇。

女人更是一樣，一定要懂得把自己天性中那些不好的東西及時改掉。女人的一些共性，很多人都有，愛慕虛榮、嫉妒，我經常講嫉妒為什麼都是「女」字旁，針對女人發明了這兩個字，男人也有，但是女人要格外嚴重一些。進到這個家裡，最重要的是女性，我們不要太情緒化、太感性，動不動就哭啊，一哭二鬧三離婚的，不要這樣子。婚姻是需要理智的，要用真心去經營，這樣的夫婦才會長久，家庭才會和諧。

很多事情要看淡一點，不要去較真，暫時解決不了的問題、實在是處理不了的問題，先迴避一下，什麼時候想通了，想明白了，再慢慢的去做，同時也要反省自己有哪些做的不夠好的或做的過分的事情。讓自己的心不偏不倚，你說一開始對夫家的家人特好，過兩天精力有限，不好了，人家就會對你埋怨，所以學習中庸之道，不太熱也不太冷，這是最好的，這就是禮義所在。禮義所在就是不求太過、太熱情，也不要求特別冷淡，就是始終保持在中道。我們要經常反省自己，是不是處在中庸之道，比如說對婆婆原先一天看一遍，現在一個月也不看一遍，這不是中庸之道，十來天、一週很正常，始終有規律的去運轉就很好。

「夫婦篇」是很重要的一篇，在所有的女德裡我們都會講到這一篇，我們也會反覆學習、反覆體會，希望我們在共同的學習中，都能夠獲得家庭的和諧，都能夠獲得女人的幸福，也都能夠不斷的提升自己，完善自己的品格，最後能夠成就自己的人生，成就我們的下一代。

第四講／敬順篇

尊敬的各位老師，大家好。我們繼續學習《女誡》的第三篇敬順篇，我們來讀一下原文。

【敬順第三，陰陽殊性，男女異行。陽以剛為德，陰以柔為用；男以強為貴，女以弱為美。故鄙諺有云：生男如狼，猶恐其尫，生女如鼠，猶恐其虎。然則修身莫如敬，避強莫若順。故曰：敬順之道，為婦之大禮也。夫敬非他，持久之謂也；夫順非他，寬裕之謂也。持久者，知止足也；寬裕者，尚恭下也。夫婦之好，終身不離，房室周旋，遂生媟黷；媟黷既生，語言過矣；語言既過，縱恣必作；縱恣既作，則侮夫之心生矣。此由於不知止足者也。夫事有曲直，言有是非，直者不能不爭，曲者不能不訟；訟爭既施，則有忿怒之事矣，此由於不尚恭下者也。侮夫不節，譴呵從之；忿怒不止，楚撻從之。夫為夫婦者，義以和親，恩以好合。楚撻既行，何義之存？譴呵既宣，何恩之有？恩義俱廢，夫婦離行。】

這一篇也非常重要，是學習婦德最重要的一個義禮。在王相的箋注裡說「前章但言夫婦之大端，不可不教以為婦之道。此章方發明敬順之禮，敬順，即首章卑下習勞之事也。」什麼意思呢？前面一篇講的是夫婦之間的相處之道，但是夫婦相處之道，尤其要點出，為婦人的自己應該遵守的本分就是敬順的禮節。所謂敬順，他說解決我們學卑弱篇裡的兩件事情，一個是卑弱、一個是習勞，這兩件事都要抱著恭敬順從的心去做。「敬」講的是持久，一時之敬非真敬，就是說對丈夫、對身邊的人和事能夠一段時間內保持恭敬心，時間一長就不行了，或者一遇到考驗的時

候就失去了，那這個恭敬心不是真正的敬。「順」講的是寬裕。什麼是寬裕呢？指的是心寬，心廣大，裕是富饒、廣大的意思，講的是心意。所以敬是果，順是因。只有在心裡能夠做到順，在外面才能達到敬；心內一直很寬廣，心地很富饒，很清靜無染，那外面想敬是比較容易的。心胸比較狹隘，想做出敬的樣子，也不大容易做。

下面來看具體的詳解，看看班昭是怎麼教導我們的。

【陰陽殊性，男女異行。陽以剛為德，陰以柔為用；男以強為貴，女以弱為美。故鄙諺有云：生男如狼，猶恐其尪，生女如鼠，猶恐其虎。】

「陰陽殊性，男女異行」說得是什麼意思呢？就是男人和女人本身天性就是不一樣的，男人屬於陽性，有陽剛氣質。女人屬於陰性，有陰柔本性。男人要以陽剛為自己的德性，女人要以柔弱為自己的相用，白話注解就是這個意思。男人要以剛強為美德，女人要以柔弱為美德，所以俗語說，生了男孩希望像狼一樣，很害怕他像「尪」，尪是一種動物，比較羸弱的小動物。生女孩非常希望像老鼠，不希望她像一隻老虎。其實裡面深層次的含義絕對不是表面所看的樣子，我們仔細的分析一下。什麼是真正的「陽剛之德用」呢？陽剛的德用講的是男人擁有一身浩然正氣，這種浩然正氣是以忠良為體，這一個「忠」字我們來看，心上面一個「中」，表明心要始終處在中道上，不偏也不倚。我們舉最簡單的例子，比如說夫妻相處的時候，男人始終在中道上，不太重於感情，也不會太過於理智。如果太過於理智的話，女人會覺得沒有情感，沒有人情味。如果男人太重於情感的話，又會讓女人看不起，覺得沒有陽剛的氣味，太小家子氣，太男女情長，所以他就在中道上。在處理妻子和自己母親關係的時候也要在中道上，什麼事情既不要太偏重於母親這一方面，也不要太偏

重於妻子這一方面。什麼事情都守住一個「義」，義就是做的事情都是很合乎時宜的，你要衡量衡量這件事情，如果是家庭的瑣事，就不要去管，安撫住妻子，以大局為重，如果是在大是大非面前，則不然。比如說自己的母親的確是在道義上出現問題，妻子是對的，這個時候如果完全偏重在母親這方面，說要盡孝道，這個孝本身就是假的，會危害到後代，你的兒子或者外人一看，這樣子是孝，如果還加以宣揚的話，那就會誤導社會。你這個時候就要進行勸諫，勸諫自己的母親，同時也希望自己的妻子能夠很和緩的去處理。對待朋友也要處於中道，男人都比較義氣，如果朋友借錢的話，礙於情面，都會毫不猶豫地借出去。

我認識一個老總，就很痛苦地跟我說：「哎呀，你不知道，我最多的是借給朋友一千萬，到現在朋友還沒還」。然後他就很著急，說：「現在資金比較緊，希望你能夠還。」那朋友就說了這樣一句話：「誰讓你把錢借給我呢？更何況我們還是朋友，我的確沒有能力還，你就全當給我好了」。他就很苦惱，這不是一個小數目。所以做任何事情的時候都不要一時衝動，想想是不是心上面有一個中字，這個忠可是有很重的分量。有忠才能保住良性，就是善良的本性，男人的陽剛之德。

女人的陰柔是指女人的和柔之氣，這種和柔之氣後面講以弱為美，我在上一堂課講過很多「柔」，現在我在這裡跟大家分享一下「弱」字。這個「弱」字，我當時不理解，所以仔細查了一下古漢語辭典。在《說文解字》裡看到「弱」字的來源，我們的漢字每一個小方塊字都是智慧的符號，祖先創造這個字，不會無緣無故的去創造，都有很深的義理在裡面。這個弱它本來是什麼呢？是古代車的車軸裡一種輔助靭帶，這種東西是用一種又細又有韌性的樹木的枝條做成的，做成之後，摸起來比較柔、比較軟，但是又能夠支撐住這個車和這個輪子的軸架，然後讓車子輪軸不斷的運轉，把這東西起名叫「弱」。我們從這個「弱」字的來源就能看出，為什麼把「弱」字用到女人的身上，講的就是

女人柔中帶剛，不是說一碰就折掉了，那不是真正的弱。像河水一樣，想拿刀去阻斷它，但是河水穿過刀還會奔流向前，是阻不斷的。它會隨圓就方，裝到杯子裡，它就是圓的，裝到方的木桶裡，它就是方的。隨著圓就圓，隨著方就方，但自己絲毫不改本性。這是弱的本意。

「男以強爲貴」。「強」和「貴」我們來分享一下，什麼叫強？什麼叫貴？真正的強不是說外表很剛強，很有力氣，那個不是強。而是前面說的，要以這種德也就是男人心中要有仁德在裡面，這樣的強才是真強。什麼是貴呢？真正的富貴是什麼呢？我們常講「厚者富，清者貴」，厚是指心地仁厚，心地仁厚的人就富饒；「清者貴」是指心地清淨的人就有貴氣，這才是真正的富貴。不是說有很多錢，有很高的權位，就是富貴，因爲錢財有散盡的一天，權勢有傾倒的一天。那時你的富貴就沒有了，這是會消失的，不會長久永存的，不是真正的東西，是假的、虛妄的。來自於心底裡的德行，表現出來仁厚的富和清淨的貴是會長久不息存在下去的。所以男人的貴首先是心地很清靜，不會污濁，得到身邊所有人的尊重和愛敬，這樣的人是真正的貴氣。

「女以弱爲美」，這個「美」有很深的含義在裡面，跟現代人理解的長相很漂亮就是美，完全不是一個概念。一個心地仁厚、仁慈、善良有智慧的女子，在她的容貌上散發出來的美和所謂天生的只是外表上的美完全是兩種概念。外表上的美像養在花瓶裡的花一樣，花瓶裡的水沒了，花也就很快枯萎掉了。這個水是有限的，象徵我們的年齡，過了花季的年齡，五十歲，六十歲就不能美了。真正的美就像深植在土地裡的花草，根深葉茂，常年不敗。所以我常說真正的美具有四個字的內涵，就是「真善美慧」。美裡面有真誠、有善良、有智慧，這個美會讓人看見了思無邪，就是不會引起人的邪思邪念，無論是異性還是同性，一看見就會升起仰慕之心，不會想入非非。那「真善美慧」最後形成的這種美是一種莊嚴之美。我們講的女子端莊、大氣、像大家閨

秀一樣，而不是小家碧玉，那這樣的女子一定越看越美、越老越美，而不是老了之後讓人厭煩。隨著時光的流逝，大家會怎麼看她都覺得有味道，這是真正純淨純善的心靈所散發出來的，而不是那種外表很漂亮而內心卻充滿了自私自利。尤其現在有一些女人，出口就是大罵，說話很不顧忌人，不分時間、場合、地點。所以這種以弱為美是指心中有柔弱，有仁慈和善良，但是表現在外面會非常的有智慧，會隨圓就方，也會判斷出輕重緩急，讓人覺得這樣的女子有分量，不是很輕浮，這樣的女子才有威儀，讓人頓生仰慕之心。所謂「君子不重則不威」，就是這個意思。

【鄙諺有云：生男如狼，猶恐其尪。】

就是俗語說生男孩希望他像狼一般，唯恐他羸弱不堪。「尪」表示瘦弱，這種動物的骨骼非常彎曲，一般形容有殘疾的人。為什麼要用狼來形容男孩，這裡也有很多的意趣在裡面。狼的特點不知道大家是否瞭解，這種動物有非常堅韌的意志，能吃苦，感覺非常的敏銳，能夠忍受住很大的痛苦，任何時候不會低下頭求饒。尤其是狼群裡的頭狼，那是非常有智慧的，有領袖的才華，而且有團隊精神的。一隻狼出現了往往就意味著一群狼跟隨在後面，非常有團隊作戰精神。希望男人應該具有這種特質和品行。

【生女如鼠，猶恐其虎。】

我們知道老鼠的膽子非常小，戰戰兢兢，但是老鼠也是很敏銳的，都會小心翼翼的處理一些事情，而且老鼠都很顧家，把糧食儲存好了，夠吃夠喝就好了，做一些事情不會有太大的野心，這裡形容的是女人的這種體性，特別害怕生出來的女兒像母老虎一樣，那是很恐怖的事情。雖然這兩個比喻不能說完全恰如

其份，但因爲是俗語，從某一個角度上說明了，人們對男性和女性在社會上不同的地位，不同的分工、不同的使命、不同的特質，正好是切合自己的天性。男人生下來就是要這個樣子，陽剛。女人生下來也最好是這個樣子，陰柔，符合天地之道。在學習的過程中，都會反覆提到男女的這種體性，和男女各自所在的道。在這個過程中也希望大家能夠去學習古聖先賢教給我們的道理，以及在生活中運用，如果反其道而行之，雖然是個女人，卻希望像狼一樣、像虎一樣，那麼你就完全違背了天性，你的結果是什麼樣子？可能並不快樂、並不自在、並不幸福。

聽我講課的一個老師，她頭髮剃的非常短，像男孩子一樣，有一天下課就來問我，她說：「老師，我學女德，很想像你說的女性一樣，很多人對我這頭髮不理解，但是我覺得這個頭髮很舒服、很自在，也不用去打理，你說我是留還是不留？」然後我就說：「你如果學了女德，那麼別人就會以你爲榜樣和表率，你的一言一行，穿著打扮可能就會影響到別人對女德的看法，相反的，如果你能夠放下自己的偏好，然後去成就大家對女德的信心。我覺得你要留起來也滿好的，那就不是自己一個人的事情了」。可能包括我也是一樣，自己私下裡總會有一些喜好，但是如果在弘揚女德的過程中，大眾希望透過你某一方面的行爲、某一方面的穿著打扮，成就她們對這一項德行的信念的話，那就要去配合大家，而不要說我喜歡這樣，我願意這樣，那就不是很好，所以會放下很多自己的喜好。

在這個過程中，我相信很多弘揚傳統文化的老師，都會放下自己很多很多的東西、自己的喜好、自己的享受，甚至自己的事業，只是爲了讓大家能走得更遠一些。曾有一位老人家特意送了我一幅字，寫到：「老吾老以及人之老；幼吾幼以及人之幼。」這句話讓我想了很久，有時面對自己的父母和孩子，這句話就會浮現在腦海，自己暗暗立志，爲了天下的女子都懂得孝敬父母，爲了天下的母親都能善教兒女，自己放下自己的一切享

樂，要放下自私自利，希望自己能「學爲人師、行爲世範」。

因此在教育兒子的過程中，常常會反思自己這樣教育孩子是否如理如法？如果我去講課教大家是不是會讓人真正受益？是不是別人家的孩子也存在同樣的問題，而做母親的也不知道怎麼面對？是的，這些問號真的有時讓自己頭腦一下子清醒，而不再執著自己的想法，會行有不得反求諸己。其實非常感恩我的孩子，他如果各方面都很好，一點缺陷都沒有，沒有什麼可教的，人家會說，你看你兒子天生就很好，而我的孩子就不是這樣的。我的孩子給我出了一道道考題，讓我去解決，然後把如何求解的答案告訴給大家，所以人要感恩一切逆境和逆緣，人往往在逆境中才會提升得更快。面對挑剔嚴厲的婆婆、面對忙於事業疏於關愛的丈夫，面對不是很聽話的兒子，家裡就像一個考場，每位來到你身邊的人都是考官，考官出的題越難，你的答分才越高，如果抱怨考題複雜不想答，甚至放棄考試，豈不是太愚蠢了嗎？我們會發現在人生中，你沒有解決的問題總是會在你身邊出現，躲是躲不過去的。人來到世間就要有勇氣去面對、去解決，而解決的唯一答案是信任愛、選擇愛、用心去愛，愛是一切的答案。

【然則修身莫如敬，避強莫若順，故曰：敬順之道，為婦之大禮也。】

這段話的意思是女子修身之道莫過於用「敬」，避開剛強之道莫過於用「順」，所以說懂得恭敬、柔順就是做女子最大的禮了。在王相的箋注裡也說到「敬者，修身之本也。順者，事夫之本也。故爲禮之大者。」

什麼是真正的敬順？我們不妨從反面學習一下就會更明白了。「敬」的反面是傲慢，貢高我慢，自以爲是。「順」的反面是剛強，剛戾自用，強悍潑辣。說穿了，不敬不順就是自私自利，一切以自我爲中心，不考慮別人，不把別人甚至父母放在眼

裡，這怎麼行？在現代女子身上，這兩點都是大的問題，而這兩點恰恰阻礙了女子的幸福。怎樣才能夠把這兩大問題放下，去掉這個不好的習性，恢復到本來很好的自性？人之初不是性本善嗎？只有靠教育。怎麼教呢？我們透過讀書和觀察身邊很多的例子來找出答案。首先是反省改過，人在心浮氣躁的時候是會看不到自己的問題的，所以人要經常給自己靜心的時間，比如晚上的時候或者清晨的時候，靜靜的坐十分鐘，好好的想想，自己做事的時候是什麼樣的心態，對父母、對家人、對兒女、對朋友，有哪些地方不符合《弟子規》的教導。就用《弟子規》中的一百一十三件事對照自己，去發現自己的問題，找到自己錯的根源，只有不斷的自我反省才能發現問題、改正問題，最後提升自己。所以心一定要靜，只有心靜才能真正發現自己的錯誤。

「敬」不單單是對人，還包括敬事、敬物。《弟子規》通篇就是講如何「敬」，開篇「入則孝」教導我們敬父母；「謹」篇教導我們敬物，比如取放東西要恭敬；「信」篇教導我們敬事，做事要認真守誠信。《弟子規》是最好的扎根教育，要想學女德不能離開《弟子規》。所以敬人從哪裡做起呢？修敬從哪裡開始修呢？就從父母身上開始修，把對父母的孝敬完完全全的表現出來，自己對父母沒有一絲一毫惱恨的、想發火的念頭，連覺得父母不對的這個心一點都沒有，就從這裡開始修煉。這可不是件很容易的事情。尤其是在現代社會，我們對父母如果做不到的話，對身邊其他人都是假的，因為我們跟父母是真正的一體，身上流的血，你的骨肉都是父母給予的，而我們隨著年齡一點點長大，跟父母一體的心就背離了、遠離了，看到年老的父母就不順眼，這就違背了我們的自性，而當我們遇事不順，出現種種障礙的時候，還茫然無知，我們相信真正孝順父母的人一定會吉祥如意。你看當我們是嬰孩的時候，尤其是三歲以下的小孩，天性非常的純善，完全是清淨自性的顯露，心是柔軟的，她的頭髮也很軟，手掌也很軟，身體無比的柔軟，因此心柔軟人的肢體也就會

柔軟。

你不信的話，仔細觀察看看，脾氣很不好的，心很強硬的女性肯定手掌都很硬，她骨骼也都很僵硬。再去看八十歲、七十歲的老人，可能彎下腰都很困難。如果八十歲的老人還能夠非常柔軟，那是什麼樣的老人呢？就是新加坡許哲那樣的老人，一百一十三歲還有一片仁愛柔和之心，做瑜珈都沒有問題。我看過那段影片，腳一下子就能碰到頭，躺在床上，做仰臥起坐都很靈巧。她的心柔軟之後，就非常的和氣，有這種柔和之氣，身體一定是不僵硬的。我們真的可以從心到相是一體的，所以敬是從跟對父母恭敬謙卑開始的。如果對父母不孝不敬的話，對別人是不可能有的，對丈夫那更是假的了，往往都是為了利益、為了自己的私情愛欲。

所謂對事恭敬，就是做每件事都認認真真的去完成好，要麼不做，要做就要自始至終盡心盡力地去做好，無論是家事還是公事都要存這個恭敬的心。我們都在社會上從事某種工作，尤其現在的女性都從事一定的職業，不一定能意識到做事要恭敬，這種恭敬就是責任感。我們現在觀察，沒有幾個人能對事盡心的，無論是上司交代的事，還是丈夫交代的事，哪怕母親交代的事，隨便應付應付，敷衍了事。對事沒有恭敬心，也就沒有責任感。那麼長此下去的話，怎麼可能修身呢？修身都是在事上修的，如果對事不修，那都是落空的，一生可能都沒有成就，居家稀裡糊塗混日子，工作漫不經心，一無所成。

最後是對於物的恭敬。正如《弟子規》「謹」篇所教導的，「置冠服，有定位」是對衣服怎麼樣恭敬的，「襪與履，俱緊切」是說穿襪穿鞋要恭敬；「几案潔，筆硯正」是指書要如何擺好，案頭的筆墨要怎麼放好。我們女子在家裡頭做事，對家裡所有的東西，如果沒有恭敬心會怎麼樣呢？比如你帶著怨氣在家洗碗，家裡的碗就容易摔壞破損，家裡的東西就用不長久。家裡盡量不要用保姆，能自己做的家務都盡可能自己做。找到工作的

竅門後就會發現，原來家務工作並沒有那麼複雜和辛苦。人心變，外面的境界也會轉變。尤其是現在很難雇到高素質的保姆，如果保姆不負責任，使用東西不懂得珍惜，家裡的費用可能就要增加。長期以往，我們的福報就會削減得很厲害，所以人不能太享福。即便是家務工作做的好，如果德行不行，她長期在家很容易影響家裡孩子的成長，這是我們尤其要注意的。

在家這一方小天地裡，保姆的一言一行對孩子是什麼樣子的影響，這很關鍵。我家裡的保姆走後我就親自帶二歲多的二兒子，發現二兒子不時的會說粗話、髒話，後來大兒子告訴我保姆阿姨就是這麼說話的，這讓我很心痛，也非常後悔自己忽略了這個問題，幸虧及時發現。當時幼兒園的園長跟我說了一句話，讓我記憶猶新，那個園長講的很精闢，她說：「如果你有一塊好布料，很想裁成一件好衣服，可是你把這塊布料交給了一個完全不懂得裁剪的裁縫，他把衣服裁剪完，即便非常差，讓你很失望，但是你再也恢復不到原樣了。」孩子的教育也是如此。教育要慎於始，○到三歲的孩子教育是非常關鍵的，這個期間最好是母親親自帶，母親是孩子最好的老師，如果你完全交給保姆，等他長成以後才發現孩子身上的種種問題，你希望他重新回到兩歲，你自己來帶，已經沒有這個可能了。

在讀書過程中，對物的恭敬我們還要強調一點，就是對字和紙，尤其要心存恭敬。《文昌帝君陰騭文》裡常提到要「敬惜字紙」。我大兒子有一個特點，可能現在小孩都是拿紙不當一回事，劃了幾下就扔掉了，再拿剪刀就開始隨意的剪了，一個小方格，一個小方塊的，一定要懂得「敬惜字紙」。因為倉頡發明字，人類才會開啟智慧。如果對字不恭敬，真的是辱沒祖先，有形的字尚且要恭敬，更何況無形的字。我們講「孝悌忠信、禮義廉恥」八德，有形的字要恭敬它，無形的字行走在人與人之間，我們自身的體內，更要格外恭敬它。紙也是如此，依此類推。我們家裡的每一滴水、每一度電、每一件衣服、每一粒米飯，甚至

倒的垃圾都要恭敬它。比如我家有時有剩米飯或者小果殼，都會把它剁碎了餵小鳥，冬天牠們很難覓食，所以這個冬天的每天早上7點我爸就會到院裡給小鳥餵食，沒有剩飯就會用小米餵牠們。牠們都會準時到來，很有次序，先是喜鵲，牠們吃的時候小麻雀在樹上等著不動，喜鵲飛走了，麻雀下來接著吃。你會覺得非常的祥和。

聽母親跟我講，她和父親非常喜歡爬山，原先在家鄉爬山的時候看到有很多松鼠，後來卻發現松鼠越來越少，原因是什麼呢？就是人經常上山，把松子、還有夏天一些小的能吃的東西全部都給摘走，牠們沒有了食物，母親就很感歎的說：「你看那個東西也沒值幾個錢，人吃了也不會怎麼樣，你把它唯一一點食物都給拿走了，牠吃什麼啊？」後來父親和母親就會帶一些瓜籽、松子，上山專門放到松鼠洞去，給松鼠吃。所以人要有愛心，不能不考慮他人，也包括動物，我們不能只想自己，正如《弟子規》「泛愛眾」所言：「天同覆，地同載。」人和人要和諧相處，人和大自然宇宙萬物也要和諧相處，地球才會變得更加美好！父母親每天都在下午喝完下午茶後相伴去爬山，有時母親還會在山上讀讀《弟子規》。在爬山的時候，他們會帶著垃圾袋把山上的垃圾順便撿走，就這樣做了將近一年的義工，直到後來街道專門派人去收山上的垃圾。

您看父母親給我們累積了多少福報。所謂「積善之家。必有餘慶」，自己怎麼能不感恩父母呢？而作為兒女的也要懂得如何孝敬父母，最重要的是長養父母的智慧，養他們的志向，讓他們心存高遠，讓他們擴大仁愛的心，不要侷限在家裡這點瑣碎的小事上。人越老應該看得越開、看得越遠，什麼事都能放下，老人越老應該越仁慈、越親和，而不要倚老賣老。

我們講人怎麼樣才能有福報？「福田心耕」。人要懂得耕耘自己的心，把它耕耘成敬田、悲田、恩田。這三田是什麼呢？敬田就是謙卑禮敬，絕對不自以為是、貢高我慢，人說敬能勝百

邪，一切邪都不會侵犯你。悲田就是人要有慈悲的心、慈愛的心。慈悲兩個字是什麼意思呢？慈是予人以樂，悲是拔人之苦，那它跟愛的區別是什麼呢？我們平常所說的這種愛，都是有情感欲望而沒有智慧的，而慈悲卻是真誠的用智慧去讓人離苦得樂。所以慈悲跟愛不一樣，要超過於愛，勝於愛。恩田就是做人要懂得知恩報恩，知恩報恩從孝親尊師做起，人的一生只要孝敬父母、尊重師長，這樣的人就會有福。所以看一個人有沒有福報，就看他的心裡有沒有這三個字，有沒有「敬」字？有沒有「恩」字？有沒有「悲」字？如果這三個字常存在心中，你這個人一定就是有福報的人，你就不用愁了，在社會上就一切都很順心如意。

記得我看《釋迦摩尼佛傳》時，有段小故事很受觸動。有一天釋迦摩尼佛，也就是佛陀，在田邊散步，有位農夫看見他卻很不以為然，說：「你一天無所事事，什麼都不做，然後就只會動一動嘴，你這個人不值得我們去學習。你看我們每天辛勤的勞作，還要除蟲、除草，秋收的時候還得採摘，很辛苦，付出很多的汗水。你卻那麼舒服自在。」佛陀就很慈悲的跟他說：「你耕種的是大地的田，我耕種是人的心田；你拔的是地上的草，我拔的是人心田裡的草；你種出來的五穀餵養人的肚子，只是讓他得到暫時的溫飽，以解他一時的饑餓，而我的教導卻養他的智慧，讓他明白怎麼樣做人，懂得人與獸之間的區別。我怎麼是沒用的人呢？人如果光知道吃飯，不知道怎麼樣的去做人，不是更可怕嗎？」農夫一聽立刻慚愧萬分，馬上跪下給佛陀行禮，懺悔自己的過錯。自古以來「師者，傳道授業解惑也」，老師歷來受世人的尊敬，因為他能夠開啟人們智慧的心田。所以對待老師要尊重愛戴如同自己的父母一樣，甚至超過父母去感恩老師，父母養我們的身命，而老師養我們的慧命。

那「避強莫若順」講的是想迴避強大的人或事物，莫過於一個順字，怎麼樣順呢？這個順字講起來非常的難，可能外表上

順了，心裡還不順，不以為然。或者是外表沒有順，但是心裡是順的。真正的順，我們講的是四個字叫「隨緣不變」，遇到順境心不生貪戀，遇到逆境心不生惱恨，無論順境、逆境，心都非常有定力，如如不動，面對一切境界都能安然處之，只要有定力就會生智慧，你就懂得如何處理外面的事務，這就是隨緣不變。比如丈夫做生意，但我們做妻子的不會說丈夫今天賺錢了就特別歡喜，明天一旦破產了，就心懷抱怨、惱恨，壞的事來了也不生氣、不惱恨。老人常講「水來土掩，兵來將擋」、「車到山前必有路」，有很深的道理在裡面。

我們讀書女德要柔順，但並不是指沒有主意、主見，那是愚癡而不是智慧，這是隨緣隨著變，非聖賢所教導的智者所為。面對外面的境緣，無非是人事環境和物質環境兩種。如果在兩種環境我們都隨著它變來變去，別人讚歎我，心裡面馬上特高興，別人譭謗我馬上就不高興；遇到有人說是非，也跟著說兩句，這需要我們提起警覺心。所以真正的想要做到順字，一定是在各種境況下，你的心能夠定在「仁義禮智信」五個字上，這五個字完全可以總結成一個字，是一體的。你可以先把它歸成兩個字，一下子歸到一個有點難度，歸成一個仁、一個智。「仁者愛人也，智者知人也」。這句話告訴我們做人不僅要有愛人的心，還要有智慧知道這是什麼人，對什麼人說什麼話，做什麼事要清楚，比如你對完全不接受的人講道理，只能是對立。分不清善惡、邪正、真假，那是愚癡、愚昧、糊塗，心裡面清清楚楚、了了分明，以智慧映照外面的人事物，這才是真正的「仁」。

懂得這些道理，就很容易清楚的處理家裡家外的種種關係，心裡不糊塗。人與人總離不開一個「緣」字，有緣的人並不一定是認識時間長，而是對說的道理能聽能信能做，有緣我們就隨緣行善，無緣我們就安心自己修學。我自己體會，孩子和員工同我們的緣分都很深，如果他們不聽你的，要先反省自己是否哪裡沒有做好，所謂正己才能化人。所以看到員工犯錯誤，看到孩

子犯錯誤，首先反省自己，然後還是要耐心的教導他們，他們慢慢都會轉變的。比如孩子喜歡拿別人的東西，我們做父母的首先要反省自己有沒有佔人便宜的心？尤其是做母親的，女人都很愛沾小便宜，佔小便宜可不是節儉，節儉是清淨心所爲，心無雜念在生活中一切簡樸，而不是心裡自私自利念頭一刻不停，看到有便宜可佔，立刻升起貪念。所以媽媽的懺悔很重要，如果做媽媽的一味要求孩子，總是認爲孩子這不好那不好，這種對立根本無法解決問題，孩子的教育一定是從母親的自我教育開始，母親是孩子最好的老師。

所以這個順有很深的道理在裡面，可能一輩子都要學這兩個字—敬和順。真是活到老、學到老，可能七十歲的時候，回來講這兩個字，會有更深的體會。我今天講和我第一次講就不一樣，隨著心境的提升，對這兩個的體會也越來越深，也就越來越生敬畏，也更希望現在的女孩子早早懂得這個道理，可以避免多少人生的彎路和逆境啊！所以說敬順的道理是做婦人的大禮，大禮也就是最根本的東西，其實就是回歸自性。如果能沿著敬順的大道一直走下去，不僅僅是女性，也包括男性，就能夠見到真正的智慧，生活起來就會沒有任何煩惱，這才是我們應該追求的一種境界。

像孔夫子一樣「四十而不惑」，我眼看就快四十歲了，還有很多困惑的地方。「六十而耳順」，六十歲的時候聽什麼東西，耳朵都覺得很順，沒有什麼違逆之言。到「七十而隨心所欲，不逾矩」，做什麼事隨自己的心，隨便做都不會超越規矩，那從內到外完全就是一體的了。我們現在還遠沒有達到這種境界，怎麼辦呢？一位非常有智慧的長者告訴我，從假的做起，邊做邊學，道理越來越明白，假的做著做著也就變成真的了。自己聽了後就照著做，比如講女人要常帶溫和的笑容，見人未說話要先笑臉相迎，讓人心生歡喜。於是從講女德課後就強迫自己要笑著講課，笑著待人，邊講課心就變了，現在是發自內心的

笑。記得一次講課後都到機場了，有位聽課的朋友追到機場要跟我合影，說就是喜歡看到我的笑容，那笑容讓她沒有了煩惱，她希望以後看到照片看到我的笑容，就能記住如何做女人，要溫柔謙卑，要笑對人生。她的話讓我明白老師所言不虛，只要老實聽話，實幹就好，內心也格外升起對師長的感恩之心。

【夫敬非他，持久之謂也；夫順非他，寬裕之謂也。持久者，知止足也，寬裕者，尚恭下也。】

這句話什麼意思呢？敬沒有別的，就是能夠保持恆久；順也沒有別的意思，就是能夠寬裕。什麼是持久呢？就是懂得止足安分，知足常樂，安於本分。什麼是寬裕呢？就是懂得寬容恭下。我們來看王相的箋注，他說：「夫婦之久，非一時之敬，久而能敬，故偕老而不衰。也非一時之順，寬裕溫柔，故含容而弱順。止足安分，故於夫無求全之心，而敬可久。寬柔恭下，故於夫多含弘之度，而順可長。則敬順之道全矣。」告訴我們怎麼樣才能夠把敬順保持下去，其實這裡說的並不是究竟之道，它是一個道理。我們不能夠保持長久，這心就是不夠大，有一些事就是看不開，怎麼辦呢？我們只能不斷的學，當你有一個看不開的問題出現的時候，就是一個提升的機會，就像小學要畢業了，一定要考試，國中要畢業了一定要考試，都會有畢業考試，考試的時候不能罷考，罷考就留級了，你就畢不了業了。面對考試，要坦然迎接，該發的火也要發，該生的氣也要生，但是卷子拿過來時，自己還要思考思考，為什麼會有這個問題呢？要怎麼樣才能夠跨越過去呢？當自己提升上去之後，站在高處往下看這個問題，以清淨心去看就容易把問題解決了。怎樣才能持久？才能保持？

我們講想保持持久的敬心，做女人的除非天性非常的淳厚，真是天性、本性太好了，否則的話就是一個字「教」。小的

時候母親要教；大了以後，自己要教自己；嫁人以後，先生也要教；孩子出生以後，跟孩子一起教學相長。讓這種教持續你的一生，你的心就能恒久的保持下去，所以敬也是教出來的。我們說不敬那是無人教導他，他就會很放肆，因為沒有人告訴他該怎麼做。我們看到太多這種問題了，就我身邊的人來說，丈夫跟身邊朋友都沒有人告訴她該怎麼做才對。

現在的社會想找一個良朋益友，能夠很真誠的告訴你怎麼樣改進，你的人格會完善，你的品行會提升，你的德行會圓滿，但實在找不到這樣的人了。聽見批評的言論，都覺得是在說別人，我都挺好，跟我沒什麼關係，永遠不會覺得是在說自己。現在的父母也不懂，這是一個很麻煩的事情。再看看所有的傳媒，有電視教嗎？有電臺教嗎？有報紙教嗎？有雜誌教嗎？都沒有教，相反教的都是不敬的，告訴你怎麼不恭敬，告訴你怎麼去不順，怎麼樣強調自我，怎麼樣自由自在，怎麼樣以自我享受為第一，別人都可以踩在腳下。

《禮記·曲禮》開篇就三個字「毋不敬」，我們現在學不到「敬」。所以我們現在應該要冷靜下來，關起門狠下心來，自己懂得教自己，自己懂得去長養自己的善根，如果發現有這樣的同道中人的話，我們一定要一起交流、共同提升，提升一段時間後，就會發現他好像又跟我們有一點差別，那沒有關係，我們繼續尋求，繼續提升。跟火箭似的，火箭往天上升，每往上升一段距離，那個箭筒就會掉下一節，當不斷往上飛躍的時候，身邊可能總會有一些人跟不上，你不要強拉著他，你就先成就自己再說。你成就了，回過頭來兼濟天下，天下也就能涵容了，也能去包容他人。

我自己的親朋好友中就有這樣的人，任何的話都聽不進去，我跟母親私下聊起，我說真是滴水難進，像銅牆鐵壁一樣，一絲一毫的水滴都流不進去，光碟不看，書不看，說話不聽，就是一個「錢」字！以能賺錢，買LV包、住大別墅、換好車為唯

一的人生目標，剩下的都不愛聽。我相信身邊可能很多朋友也是有這樣的情況。我們千萬別生他氣，也千萬別覺得他有什麼大逆不道或者怎麼樣，正如經典所言「先人不善，不識道德，無有語者，殊無怪也。」

我們身邊如果有這樣的人，要記住孔子那一句話，「三人行，必有我師。」他是我的老師，這三個人，一個人是教你向善的老師；一個人是表現惡的老師，是在提醒你不要去造惡；還有一個是自己，自己是自己的老師。如果他恰好就是那個表現惡的老師，可能我們身邊恰巧也有很多這樣的老師，你得升起感恩之心，要反省自己，千萬不要那樣子就很好了。

「夫順非他，寬裕之謂也」，寬裕講的是心地，所謂心大量大福報大，心量不夠大福報也就不大。所以在古德里講「必有容，德乃大；必有忍，事乃濟」，這句話出自《尚書》，講的什麼意思呢？就是人要有容納的雅量，道德才會廣大，也一定要能忍辱，事情才能辦得好。我們平時為什麼心不大啊？就是太拘泥於眼前雞毛蒜皮的小事了，

如果一個女人能把眼光放遠，心胸就會擴大，不會侷限在眼前家長里短這些小事，看不開、放不下，但其實沒有什麼放不下的。打個比方，如果我們的志向是要把兒女培養成孔子、孟子這樣的聖賢人物，培養成領導人，希望能夠去成就一國之人，培養出最優秀的傳統文化的老師。當你有這種志向，在平時的小事上，就很容易放下、就很容易順心，而不會去計較，就當作給兒女做個表率好了。比如我也有煩惱的時候，兒子現在很能安慰我，反過來我都很慚愧。兒子會說：「媽媽不要計較了，要看開一點。」所以做母親的一定要把眼光放長遠。

持久在於懂得止足，這個止足是什麼呢？在平時生活當中，尤其是夫妻之間，停不住，我們都有這種習慣。比如說話，剛開口時還好一點，突然一下子不開心了，接著就把累年的積怨都翻出來了，一點點的累積就會爆發戰爭。所以懂得止，就會比

較好。止不住的時候，就會控制不了自己的脾氣、控制不了自己的情緒，很麻煩，還會說一些不該說的話、做一些過頭的事。後期想改正自己的時候怎麼辦呢？比如與丈夫通電話時，如果不能接受他說的這件事，就會不予回答。後來發現給他短信比較好。比如說出很過頭的話，你寫完了這個短信，不要馬上發出去，你看一遍，要是覺得看這個短信心裡會不大好，再重新改一下，調整一下詞語，然後再看一遍，再調整一下，等看了三遍，調整得差不多再發出去，其實那個火氣也消得差不多了。你要是一時嘴快，說出去的話如潑出去的水，就很難再收回來了。人一定要能控制住自己的脾氣。愛發火、脾氣急怎麼辦？只要你下定決心改，一旦遇到這種境況馬上跟自己說停，寧可轉身就走，或者寧可不再繼續了，然後一點點把自己的火氣調揉開，重新再想明白，再面對，心平氣和的道歉也好，繼續溝通也好，這樣就能緩解很多事情。如果針尖對麥芒，最後問題就會越滾越大，你說誰是誰非？其實沒有是非，你執一辭，他也執一理，大家都各爭其是，並不是一件好事。

平時夫妻在相處的時候，如果是發現心裡面有隔閡，你挑先生的不是，挑公婆不是的時候，要在心裡自己先打住，不要讓草越長越旺。怎麼打住呢？透過明理，透過跟先生溝通，總而言之，儘量的及時剷除掉。否則心裡積小過，變成大過，積小怨變成深怨的時候，你拔都不知道從何拔起了，不知道從哪件事上說，反正是看他就不順眼了，他怎麼做都不對，這就是我們講的人與人之間的磁場。

如果大家看過《水知道答案》這本書，明白了江本勝博士做的實驗，就會知道水都能夠接受這種資訊，其實人與人之間更是如此。你不需要對他講出不好的話，你只要每天心裡念叨著他不好，這個人跟前跟後的，你就是覺得彆扭，他看你也彆扭，你看他當然就更彆扭了。你裝都裝不出來，更何況兩口子，不是說一天兩天好裝，偶爾在一起裝一次，很好裝，你天天面對，這個

裝是最難裝的。在學習的過程中。我最深的體會，夫妻有矛盾一定要及時化解，要嘛你跟他溝通，明白他真實的想法，你就釋然了；要嘛自己的心裡頭給放下。兩個人在一起，有些生活習慣，有些飲食習慣，有些對人、事物的看法，就是沒法一致。比如說我跟我丈夫，他天生就是非常喜歡吃肉，我從小就吃清淡的。我倆出去一開始我就生氣，因為他點菜，一桌子雞鴨魚肉，我看了一下，沒有我吃的就生悶氣。我就想你明明知道這些我是不吃的，可是他在那吃的還挺高興，還說你怎麼不吃啊？我說你看你都知道我是不吃這個的，就跟他生氣，他說那你自己說，我說以為你會點，他說你不說我哪知道要給你點什麼呢？就因為這個發生很激烈的衝突，後來想想一點都沒必要，漸漸就放下了，想吃什麼自己點。人不能太挑剔，即便是夫妻，他也不是你肚裡的蛔蟲，要學會溝通，學會諒解。

記得《了凡四訓》有一句話給我印象非常深，當時員工還問我，問得我很汗顏。員工問我說，為什麼「水至清而無魚」？我當時沉默了很久，我說對身邊人太挑剔了，身邊什麼朋友都沒有了，不可能有任何一個人跟你有共同語言，因為你對誰都不理解，總是自以為是，總認為你的都是對的，別人的都是錯的。你那盆水是至清的，連條小魚都養不了。那你兒女也養不了，育不了萬物，「地之穢者多生物」，你看大地很污穢，但是能生養萬物，講的就是包容。生活習慣更是，所以夫妻兩個人一定要能夠像齒輪一樣去配合，女的一定要去配合男的，我是這樣想的。你不可能讓一個大男人，五、六尺的血肉之軀去應和小女子，那太沒有男人味，做女人的要懂得隨圓就方，懂得隨順，其實這就是女德最重要的「上善若水」之德，要學習像水那樣生活，這樣生活就越過越幸福了。

【夫婦之好，終身不離，房室周旋，遂生媟黷。】

講的是夫妻之間雖然很恩愛，但是如果一輩子都不離開的話，在一個房間裡成天面對面繞來繞去，就會生出很多媟黷之事。什麼是「媟黷」呢？「媟黷」是一個意思，講的是輕慢的意思，「媟」是指戲慢，「黷」是指忤觸。「媟」是表現在外面，對丈夫很不以為然。「黷」是表現在內心，對他很有抵觸感。夫妻之間就有對立，只要跟丈夫一有對立的心，自己就會把開篇第一篇學的卑弱都拋掉了，都忘記了，既不謙卑，也不柔弱，說話的聲音也漸漸的抬高，關門也會「咣當」一下的關上。對他說的話很不以為然，對他做的事情也都很漠視，即便外面事業很大，就覺得只是機會罷了，不會覺得他很辛苦。這是因為日久天長，自己恭敬有禮的心就退失了，傲慢的心就長養起來了。所以為什麼一開篇讓女子要學卑弱，這不是班昭的觀點，而是古聖先賢的教誨。像孔子說的「述而不作」只是在簡單的敍述，沒有任何創作。我相信班昭的這篇文章也是一樣，她是把古人的經典表述出來，沒有自己的創作在裡面。

　　古人為什麼對女子謙卑的教育格外重要呢？古者生女三日，就要給她表法。三天，這個小女孩還什麼都不懂，剛生下來的嬰兒，懵懂之中，就要灌輸這種意識，實際表的法，單純的就是表給這個女孩嗎？不是的，生下來三天的女兒，她知道什麼？重點是表演給她的媽媽看，就是當母親的一輩子對你的女兒最重要的、不變的教育宗旨是什麼呢？教她謙卑，教她柔弱。如果沒有把這四個字教透，即使她有再高的學問、再強的能力、再好的婦功、做飯再精美、家務能力再強，都不足為道。她成家之後，就真是天翻地覆，夫妻不睦，讓娘家人丟臉，俗話講沒有家教。所以是給她的母親看，做母親的要懂得這一點。

　　我們平時尤其是長時間跟先生在一起，要時時都有這個警覺的心，自己有沒有生出傲慢的心；謙卑恭順，有沒有尊敬丈夫的心，如果沒有的話，就去培養，聽聽《丈夫你辛苦了》這首歌，看看是怎麼讚歎丈夫的，馬上去聽聽這樣的課吧，把自己心

上的雜草要及時拔掉，然後靜下心好好想想丈夫對自己、對這個家的恩義。反省自己，這樣子的話就會讓自己的謙卑能夠一直持續下去。

【媒黷既生，語言過矣，語言既過，縱恣必作，縱恣既作，則侮夫之心生矣，此由於不知止足者也。】

媒是不敬，黷是不順，不敬不順的心如果生出來之後，怎麼樣呢？說的話就容易過頭，說的話一旦過頭了，那麼在態度上、在肢體語言上，就容易做出一些動作來，這樣的言語、動作一做出來，那麼凌侮丈夫的心一定就生出來了。這都是由於在根本上不懂得「知止足」，不懂得止足，過於求全責備，不安分守己而太放任剛強，不懂得尊敬丈夫的道理。

我們在學習過程中，為什麼我在講「忍」的時候，要先講忍住口呢？忍住口換言之，就是慎言。慎言，說話不可以不小心，你這一不小心說出來的話，往往就是過頭的話，過頭的話一說出來，就像嘴沒有門鎖一樣，滔滔不絕地什麼都說，所以「口為禍福之門」。家裡的禍從哪裡生出來的呢？從嘴生出來，你不說就好了，給它憋回去，可能時間長了，自己也會淡忘。你天天說，天天把它強調一遍，天天都在記這個過。所以在跟先生相處的過程中，最重要的是要在言語上懂得會止語。我原先就不會說話，心直口快，還自以為是優點，覺得做人不要那麼圓滑，看到不好的現象就會指出來。現在透過學傳統文化，漸漸明白了，說話不契機與人多結怨，哪裡是什麼優點？是做人沒有智慧，所以我們不會說還不如不說。「慎言不如寡言」，最好是不說話。《弟子規》也講「話說多，不如少」，最好是不說，先生除非有根本的大問題，而且他又親自找到你去說，我們做妻子的就給些建議，平時要以「反求諸己」做最高指導原則。

對身邊的、家裡的這些人，尤其是夫家的人，自己的公

婆，自己的妯娌姐妹，一定都不要去指責批評，你想讚歎說好的，真心的發自內心的想讚歎，這個話願意說就說一點，不願意說也很好。因為我有這種教訓，有的時候一激動，比如說某某很好，過兩天做出很讓我傷心的事情，剛要說被我丈夫一竿子打掉，前兩天還在讚歎他比較好，這兩天就翻臉了。「自己打自己的臉」，所以讚歎的話不說也可以，好也罷，不好也罷，總而言之跟自己沒有多大關係，關起門來自己多學學、多看看，把孩子教好，盡到為人妻、為人母的本分就可以了，多的事我就不管，少參與，否則的話真是惹禍上身。家裡人也是一樣，尤其是夫家的人，我們相處的時候禮是很重要的，這個禮大家記住一定首先在言語上，慎言，少說話。

在古訓中有言：「言而中節，可以免悔，言不當理，禍必從之。」「言而中節」是什麼意思呢？就是說的話要節制，讓它能夠在中庸之道上，就可以避免很多後悔的事情，就能避免話說出去會後悔的這些事情，可以免悔。「言不當理，禍必從之」是指說的話沒有道理，這個禍也就跟著來了。所以平時在生活中對語言是要格外關注的，不要自以為說話直是好人，把人得罪了都不知道。有一位朋友說話就很直，說完就忘了，他自己都不覺得，但是這種話可能就會讓別人一輩子很難忘記。記得那年我要考研究生，在家準備考試，這位朋友到我家看我，就說了這樣一句話「就你這樣的人還考研究生呢？你能考上嗎？」當時聽完這句話，我就愣住了，不知道怎麼回答，就沒有回答。雖然這樣的話很傷人，不過也激勵了自己，竟然以第一名的成績考上了研究生。所以人要學會活在感恩的世界裡。在這裡跟大家一同分享這樣一首詩：

「感激傷害你的人，因為他磨練了你的心志；
感激欺騙你的人，因為他增長了你的見識；
感激鞭打你的人，因為他消除了你的業障；

感激遺棄你的人，因為他教導了你應自立；

感激絆倒你的人，因為他強化了你的能力；

感激斥責你的人；因為他助長了你的智慧；

感激所有使你堅定成就的人，使你得到了真正的幸福和快樂！」

對傷害自己的人不要太在意了，太在意就會傷到你，反而要化成提升你的動力，所以懂得在逆境中成長的人是最有智慧的。

【縱恣必作，則侮夫之心生矣。】

這一句講的是在態度上比如說容貌神情、肢體動作上比較放肆，對丈夫沒有恭敬心，你已經在輕視、輕慢你的丈夫了。實際上輕慢你的丈夫就是輕慢自己了，因為夫妻作為一家人，你能選擇他，他不怎麼樣，說明你也好不到哪去，所以你尊重他、尊敬他，就相當於尊敬自己。我們平時在言語動作上也要格外注意，包括容貌神情，尤其是女子。最後講的這些都是由於不懂得知足，太過於求全責備，不懂得安分守己，講的都是女人的大病，不知足，在小事上太過於苛求，在這方面要格外注意。

【夫事有曲直，言有是非，直者不能不爭，曲者不能不訟，訟爭既施，則有忿怒之事矣，此由於不尚恭下者也。】

「曲直」指「理本曲而務求其直也」，是說自己的道理本來沒弄明白，都是曲的，非想在事上伸直了，就歪理說事、自以為是。「言有是非」是指說話的言語中有是非，有是非是什麼呢？就是有對立，有對立就會發生戰爭，夫妻之間就容易不合，我們講「家和萬事興」，家從哪開始和呢？就是從言語上開始和，檢討你的言語，有沒有他是他非？最簡單的一個例子，我對

了，丈夫錯了，或者我對了，婆婆錯了。如果有這樣的問題的話，都是「言有是非」。「直者不能不爭，曲者不能不訟」講的是要自己認為有道理的事情就要爭到底，認為自己很委屈的，就要打打官司，要據理力爭。有了這種爭訟心，憤怒之事就容易產生，這都是由於不懂得寬裕、溫柔、恭順、卑下的道理。在這裡要明白，什麼事情是該爭的，什麼事情是不該爭的，

這裡講的是「順之道」，因為不懂順就不懂得恭下。平時所有這些家庭的瑣事和小事沒有必要去爭，那麼真正在大是大非上，我們要明白，仁義之大道自己要堅定，什麼是仁義的大道呢？就是開篇講的五倫關係「父慈子孝、兄友弟恭、夫義婦聽、長惠幼順、君仁臣忠，十者謂之仁義」，這是《禮記·禮運篇》講的仁者的十義。這十義看起來簡單，但義理卻無窮，深不見底，剖開一層還可以往下見一層，見到究竟就是通達神明，就一切都通曉了，就是到究竟了。如果沒達到究竟，很多事總是弄不透，而事和事之間也會有矛盾，理就不是很深。

在這裡舉幾個古代《列女傳》中的故事，我們來分享一下，看看她們是什麼樣的敬順，還有夫妻之間相處之道。我們看「楚莊樊姬」的故事。樊姬是楚莊王的妻子，楚莊王初就王位的時候喜歡打獵，樊姬幾次勸諫都沒有用，於是開始不吃他打的動物的肉，國王因此而改過，對於國政開始精勤。你不是打獵嗎？我勸你沒有用，我就不吃。楚王曾有親政遲延，下朝較晚的時候，就是非常的勤勉，樊姬就下殿迎接，問國王說為什麼會下朝這麼晚呢？會不會饑餓和疲倦呢？來關心他，楚莊王就說與賢德的人說話當然不知道饑餓、疲倦了。他說他在跟賢德的大臣說話，樊姬就說國王所指的賢者是什麼人呢？回答說是虞丘子。樊姬就掩著嘴巴笑，楚莊王就說你笑什麼呀？這個大臣真是很賢能。然後樊姬就說，虞丘子是有賢德，可惜不夠忠誠。楚莊王就說，這怎麼說呢？樊姬說我侍奉王十一年，曾派人到鄭、衛各國尋取美人來進獻給王，現在就有兩位比我賢淑的，七位和我同等

的，我難道就不想專有王的寵幸嗎？我聽說朝堂上總持各務的是
要觀察個人的能力，我不能因為私心而蒙蔽了公務，我希望國王
能夠多認識個人的才能。這一段我們也可以從周朝的開國三太，
太姒的身上看到，也就是前面一篇講的「關雎之意」，「關雎之
意」比喻的實際上就是后妃太姒的德行，她是出去尋訪賢淑貞德
的女子，然後進到朝中，幫助她一起輔助周文王成就周朝的百年
大業。

　　這種德行首先要沒有嫉妒心，其次是一種很高遠的戰略
了。因為她是為了天下人在做這樣的事情，不是為了一己私情，
去成就某一個人的欲望。她接著說如今虞丘子做了十幾年楚國的
宰相，他所推薦的人，不是自己的子弟就是本家的親戚，從來沒
有推薦賢德之士，斥除不孝之人，這不是蒙蔽君主，閉塞好人的
臣子嗎？像這樣的人，知道有賢德的人而不推薦是不忠，不知道
人才的賢能是糊塗，我所以要笑，怎麼就不對呢？你看古代的女
子真的很厲害，她有這種能力才會輔導國君成就一國的大業。楚
莊王認為她說的很有道理，第二天就把樊姬這番話告訴了虞丘
子，虞丘子站起來不知道如何回答。於是他離開了這個國家，派
人迎接孫叔敖推薦給楚王，楚王於是讓孫叔敖做令尹，治理楚國
三年，楚王因此而稱霸天下。孫叔敖的故事我們也經常提到，他
的才德是他的母親培養出來的。最有名的就是「打死雙頭蛇的
故事」。為什麼要打死呢？他怕別人看見了這雙頭蛇不吉祥會死
掉，他乾脆自己把牠打死埋掉，那年他只有六、七歲，回家見到
母親就哭，母親很訝異，說你哭什麼啊？他說我可能要死掉了，
母親就問這個事情，母親聽完，說了一句話，這在《列女傳》裡
也有記載，講「德勝百祥，仁除百禍」。你有德會降一百種吉
祥，百是比喻多的意思，你的仁心會讓所有的禍患都遠離，你這
樣的人不會死，不僅不死，還會有高官顯位，果然孫叔敖長大以
後就是這樣的。從樊姬的故事裡可以看到，一個女子真正的順是
在哪裡呢？真正的不順又是什麼樣的不順？所以她不會拘泥家庭

的瑣碎的事情，在這上面去計較、去爭，讓自己的丈夫拘泥於在這方面，而是在大事上、在事業上，在丈夫的德行上、在丈夫的交友上去幫助他、成就他，是這樣的順。

第二個故事也很有名，叫「陶荅子妻」，陶荅子妻是陶大夫荅子的妻子，荅子做了陶這個地方的官長三年，沒什麼名聲，但是家中的財富卻增加了三倍。他的妻子幾次勸諫他都不採納，還是在私納官財。做官五年之後，他家中的車有百乘，有一百輛。告老還鄉的時候，本家的人牽牛拿酒來祝賀他，但他的妻子獨自抱著孩子跑到一邊哭，她婆婆非常生氣地說，你看我的兒子功成官退回來，你在這哭，很不吉利。做媳婦的就說，我的丈夫才能小而官位大，這是會遭禍的，沒有功勞而家道卻很昌隆，這是在累積災殃。從前楚國令尹子文在幫國家做事的時候，家道窮而國家富，君王非常敬重他，百姓非常愛戴他，所以福祿都一起傳給了子孫，聲望一直傳揚到後世。現在我的丈夫不是這個樣子，貪圖富貴，大顯風光，不考慮後果。我聽說南山上有隻黑豹，在霧雨中七天都不吃食，為什麼呢？是想使它牠的毛有光澤而且還成紋彩，所以深藏而遠離禍患。豬狗倒是一天什麼都吃，天天吃食不落，把身子吃肥了，就等著被宰殺送命了。拿這兩種動物做比喻，而今他治理陶這個地方，自己的家一天比一天富，但他治理的地方卻一天比一天窮，君王都看不起他，百姓都不擁護他，災禍的徵兆已經顯露出來了，我希望能和小兒子離開。她的婆婆很生氣，就憤怒的把她給休掉了。過了一年，荅子果然以貪污之罪遭譴，母親因年老而免罪，陶妻和小兒子回來繼續奉養婆婆，幸獲老終，享盡天年。我們從這裡來看，妻子怎麼樣才是真正的敬順？我們依常理來看，她對婆婆應該是不敬，對丈夫也是不順，但這些所謂的敬順是遠離「仁義禮智信」的，遠離道德倫常的，這些的敬順就是假的順，真正的順一定是放在這裡面的。所以女子能夠把敬心和順心時時培養在五倫、五常裡，天天的長養，用這些敬順來看事情，你的敬心根就深，然後來跟自己

的丈夫一起提升德行。這種敬使夫妻恩愛相加，敬重如賓，才是真正為世人所敬仰的。不僅成就了先生，成就了一個家，成就了子孫後代，也會遠及到鄰里鄉親，大家都會來效仿，甚至傳揚到天下。所以要從這裡來長養女子的敬順之心。

第三個故事是叫「楚接輿妻」。楚接輿妻講的是楚國時接輿的妻子。接輿靠自己耕種來維持吃用，楚王就派使者拿著三百兩黃金，駕著兩輛馬車去迎聘他，說因為您有德有才，楚王盼望您出來治理淮南。接輿笑著沒有回答，沒有回答是什麼呢？其實他有心動，但是想跟自己老婆商量商量，所以笑著沒回答，使者沒能夠跟他說成就走掉了，不久他的妻子從街上回來就問道，門外的車印怎麼這麼深呢？因為兩輛馬車拉著一百兩黃金很沉，車印很深，妻子很細心，就問他怎麼會有這麼深的車印。接輿自謙地說，君王不知道我不成材，想派我去治理淮南，派使者拿錢駕著馬車來請我，然後他妻子就說，那你有沒有答應啊？接輿就說，富貴是人都想要的，你會不會生氣啊？潛臺詞就是他也很想要，假若我要答應了他呢？在試探他的妻子，而他的妻子卻說道，「義士非禮不動，不為貧而易操，不為賤而改行。妾事先生，躬耕以為食，親績以為衣，食飽衣暖，據義而動，其樂亦自足矣。若受人重祿，乘人堅良，食人肥鮮，而將何以待之」。什麼意思呢？就是說正義的人對不合禮法的事情從來都不會動念頭，不會因為貧窮而改變節操，也不會因為地位卑賤而改變行為。我奉侍先生，自己來耕田，自己來做飯，自己來紡織，自己來穿衣，我吃得飽，穿得暖，行為都符合正義，這種快樂已經足夠了。假若接受人家厚重的祿位，乘坐人家堅良精美的車子，吃著人家肥美的鮮味，那我應該如何回報人家呢？接輿就說，要是這樣，不是我所願意的。他妻子就說，不聽君王差遣是不忠，聽從君王的命令又違背自己意願是不義，不如我們離開吧。於是丈夫背著鍋和灶，妻子拿著各種紡織器物，改名換姓奔向遠方，沒有人知道他們到什麼地方去了。

　　我們從這裡能看到，妻子對先生的影響，在古代的案例中，對我們學習是很深遠的，無論是丈夫做官還是交友，做妻子的都會「據禮而動，據義而行」，有禮有義，所以能夠成就古代這些賢德的人才。當我們用今天眼光的去學古代的優秀女子的故事時，會很有感觸。

　　【侮夫不節，譴呵從之；忿怒不止，楚撻從之。夫為夫婦者，義以和親，恩以好合，楚撻既行，何義之存，譴呵既宣，何恩之有？恩義俱廢，夫婦離行。】

　　這一段講的是對丈夫輕慢的心沒有節制，對他說話的時候就容易譴呵。譴呵是什麼意思呢？就是斥辱，換成現代的話說就是對丈夫大呼小叫，沒有溫柔謙卑的敬意在裡面。升級了之後，就會變成忿怒不止，生氣發火，再升級呢？就變成「楚撻從之」。楚撻，楚是指一種木棍，古代叫荊，「負荊請罪」就是背著那個木棍，楚撻從之是誰從之啊？丈夫火了，拿著這個木棍要打妻子，因為妻子說話太過分了，氣得受不了，動手開始打，現在也曾見過類似的情況。

　　前一段聽公司的一個員工講她的朋友要離婚，這位員工就勸她這個朋友不要離婚，為什麼呢？原因是丈夫打她，丈夫為什麼打她呢？原來她一直瞧不起丈夫，說話有的時候太過分了，她丈夫氣不過，一開始小打，後來變成重打，偶爾的打變成家常便飯的打，她又沒有男人的力量大，她打不過，受不了之下，提出了離婚，就是這麼一回事。我當下還翻開了《女誡》，指著它對這個女員工說，這完全符合書中所說，從譴呵從之到忿怒不止到楚撻從之。

　　那「夫為夫婦者」這個「夫」是語氣助詞，講的就是夫婦應該怎麼樣呢？「義以和親，恩以好合」。「義以和親」講的是兩個人的相處要有道義、情義在裡面，和親的親是心裡不要有太

多的分別，就容易和了。分別多障礙就多，怎麼也合不到一起。所以和親一定要以義為先行，靠情來先行就很難。剛結婚心情好的時候，可以和氣，心情不好的時候或者時間久了，就不能和親了。

所以義是智慧的，是用以駕馭情感的，是不會為感情所左右的，是夫妻之間的大義，表現出來就是夫妻在很多家裡的事情上都很和。比如說丈夫沒給家裡生活費，就不要去計較，我們能承擔的起，我們就自己來養；丈夫不去給我們買一些東西，女人都很講一些情調，總希望像是在結婚紀念日或者我的生日都能收到一個禮物，沒收到，心情就很低落，這個就不容易和親。自己想開點，自己給自己買禮物，沒收到也沒有關係，自己請自己吃頓飯，自己給自己買一樣禮物。

記得這大概是十多年前的事，有一次丈夫就很驚訝，他說，「你這個珍珠項鏈誰買的？」我說：「我自己買的生日禮物」。所以自己一定要懂得，不要那麼執著，要放下，自己給自己找樂子，就容易和了。但是我前期的這種行為是沒有什麼禮在裡面，純粹都是讓自己不煩惱。學了傳統文化之後，就不會在物欲上去給自己尋求煩惱，讓自己能夠去提升看一些東西，就容易真正的站到義上去和親。

「恩以好和」，我們來看這個「恩」字。「恩」是心上面一個「原因」的「因」，換言之，你知道原因，心裡明白原因，就容易去和，不會稀裡糊塗的去和，稀裡糊塗的「和」不長久。所以跟丈夫也是一樣，你怎麼做才能夠感激他的恩德，那麼無論他對你好也好，對你壞也好，都要感謝這一世的，這一輩子的情緣，這種情分。我們講情債，這輩子要了，你說看不慣他要離婚，所謂情債未了，總是過不了感情這個關。

所以你要能夠以一種平和的心，我們講逆來就順受，有逆境來了，懂得順著它，接受下來，坦然受之，不去抱怨，抱怨沒有任何好處。做女人的似乎都願意抱怨，抱怨的自己很痛苦，真

是拿別人的錯誤來懲罰自己，毫無益處。所以稍有抱怨的心，自己馬上懂得轉，實在不行你逛街可不可以轉？這個時候兩權相輕取一下，好像逛街比那個還要好一點，那你寧可去逛街花花錢，也比找個人去抱怨發洩要好。你再提升一下，你能看書，再提升一下，能靜下心來去靜坐一下，我們講禪修一下，做一下瑜珈。

總而言之要懂得去轉換，然後升起感恩的心，就容易和。如果「楚撻既行」，就是這個棍鞭、棍杖要是上來的話，那麼義就不存在了。如果經常有譴呵，譴呵是指先生對妻子，你不是對丈夫有輕慢的心嘛，丈夫對你從譴呵到楚撻，不斷的升級，那麼義和恩就都不存在了。恩義都廢掉，夫婦之間一定就分道揚鑣了，哪怕是你們還住在一起，心也不在一起了。所以夫妻相處真是一門學問，也是一門藝術。

怎麼樣能夠在這門課裡畢業，是人生最重要的甚至可能是唯一的一堂課。我們在學習過程中，實際上丈夫只是一個教練而已，只是這個教練是終身教練罷了，他幫助我們把自己身上所有的毛病、所有的缺點、所有的欲望都給克服掉了。等你一樣樣克服掉之後，當你成就的那一天，你會非常感謝丈夫。大部分的丈夫都是很嚴厲的教練，是給你逆境的教練。面對這樣的教練，我們一定要內求，而不是外求，道在內不在外，這一點一定要瞭解，內求於己一切問題都能解決了。

我們在學習敬順這一篇，要不斷的去體會和提升，整個敬順是對於第一篇卑弱和執勤的最詳明的注解，就是再給你打開來繼續說。女子經常有忤夫的心這說明了什麼呢？就是沒有把心安在家事上，也沒有真正的去執勤。比如我見過一些很富貴的太太，跟丈夫有了矛盾，其實都只是因為閒著發慌，太過安逸了，有錢不愁吃、不愁喝，家裡有傭人收拾屋子，然後四體不勤，在家開始怎麼樣呢？就開始抱怨，丈夫這不對了，那不對了。

在《列女傳》中有一則故事講的是「敬姜教子」。有一天，公文伯朝見魯君後回家，看到母親正在績麻，就對母親說，

像我們這樣的家庭，您還要績麻，季孫看了會生氣的，以為我不能侍奉您老人家哪！敬姜聽罷兒子的報怨，訓誡道，「夫民勞則思，思則善心生；逸則淫，淫則忘善，忘善則惡心生」。她認為上自天子、諸侯、三公、九卿，下至黎民百姓，都必須勞動，或勞心、或勞力，才能政清人和、國泰民安，這是治國安邦的基礎和前提。在此敬姜闡發了一個最樸素的真理，「勤勉不怠國則興；逸樂怠慢國則敗」。

所以人不能太安逸，尤其是女人，即便家中有條件，女人也要從自身做起，養成勤勉的家風，能不用保姆儘量不用，家務工作能自己做最好自己做，邊做邊學習聖賢教誨，煩惱習氣就都克服掉了。對於普通人家，當還為生計憂愁的話，大家都會很奮力的去做，你看很多在奮鬥過程中的夫妻都相處融洽，可是一旦有了錢之後，反倒是夫妻反目。為什麼會出現這種情況呢？那是因為這時你有太多的空閒時間，有太多空餘的精力去想那些不該想的事情，就容易產生很大的縫隙。

所以女子如果是家裡條件比較好的，把心放在做公益事業上、把心放在教育兒女上，如果兒女都長大成人，那就多做善事廣行公益。家庭條件一般的、不好的，就安安穩穩的做一個守本分的好妻子，把工作做好，回家把家務照顧好，這樣就已經非常好了。

我們今天敬順篇就學到這裡，非常感謝各位老師，謝謝大家。

第五講／婦行篇

尊敬的各位老師大家好，我們繼續學習《女誡》的第四篇「婦行篇」。

【女有四行，一曰婦德，二曰婦言，三曰婦容，四曰婦功。夫云婦德，不必才明絕異也；婦言，不必辯口利辭也；婦容，不必顏色美麗也；婦功，不必技巧過人也。幽閒貞靜，守節整齊，行己有恥，動靜有法，是謂婦德。擇辭而說，不道惡語，時然後言，不厭於人，是謂婦言。時然後言，不厭於人。盥浣塵穢，服飾鮮潔，沐浴以時，身不垢辱，是謂婦容。專心紡績，不好戲笑，潔齊酒食，以供賓客，是謂婦功矣。此四者，女人之大節，而不可乏無者也。然為之甚易，唯在存心耳。古人有言：仁遠乎哉？我欲仁，而仁斯至矣。此之謂也。】

婦行篇主要是講四德，如果稍微有所瞭解的話，都知道我們一直在說女子的「三從四德」，講的就是這個四德。所謂「三從」，是未嫁的時候從父親，已嫁之後從丈夫，丈夫去世以後從兒子；「四德」指婦德、婦容、婦言、婦功。現在社會中「三從四德」可能都被女權和現代社會的價值觀所湮沒，大家都不認同，覺得是對女子的壓抑。那麼今天重新來看「三從四德」，真正鑽到古人的心胸中去看，為什麼古人會有這樣的提法？而且還都是大智慧的人提出的，沒有智慧的人還說不出這樣的話。我們把三從放在一邊，先來看看四德。

所謂婦德、婦容、婦言、婦功，其實就是現在講的女德的一個最好的具體詮釋。我們說女德是什麼，你要是說的不大準確或者說不出來，就用四德來說，就是講德、容、言、功，從內到

外都說全了。有了這四德，女子就像一張桌子有了四個腿，能夠穩穩當當在家庭、社會中立住腳，缺了一條腿都不行，都會站不穩，所以四德很重要。我們看王相的箋注說「敬順主於心，行則見於事，四行即四德也」。也就是說前面講的第三篇—敬順篇，主要是在心內、在心行上下功夫。那麼表現在做事上是什麼呢？就是今天講的這四件事，「德、容、言、功」。有的人可能對第一項「德」有點不大理解，說德是不是也是指心裡的功夫，跟我們講的女德是不是重複了，為什麼單獨還要提出來一項呢？我也琢磨了很久，但是在反覆的體味之後發現，不是的。這裡把所謂的婦德放在首位，是指這個女子往那一站，整體給人的一個感官印象，給人全部的氣質印象就是婦德的表現。我們後面具體講解的時候，大家就會明白，這樣的女子往這一站就很有女德的樣子，然後再看她長的怎麼樣，怎麼打扮，怎麼說話，怎麼做家務，她一動起來，就表現在後面的「容、言、功」這三方面，不動的時候就是這個「德」。

我們具體來看一下，我們說婦德是氣質，就是我們講的「四德」的第一個是指氣質，「道得於心而行於外」就是婦德所說的。婦容主要是面容、相貌和穿衣打扮這兩方面。婦言主要是指說話的語音、語調，說話的內容、說話的時機以及說話的效果，當然除了這幾方面，現在很多女子會寫文章，在網上寫博客，這些都是婦言的一部分。婦功主要是指家裡洗衣做飯這些日常瑣事，但是現在女子的婦功遠遠超過這些，也包括我們在公司怎麼做事。比如說一個女會計會不會做假帳？一個女律師為了謀取暴利，會不會去挑一些不應該訴訟的官司？一個女企業家怎麼樣帶領企業員工賺錢？這都是在社會職場的行為。還有一些超出洗衣做飯的婦功，包括開車。車怎麼開？開車也要講究道德，所以現在婦功的概念遠遠的擴大了，但是它的本質跟先人所教導的是無二無別的。所以，如果能把先人教誨的「理」學明白，現在所有的「事」做起來就會非常的自然順暢。我們下面具體來看。

【女有四行，一曰婦德，二曰婦言，三曰婦容，四曰婦功。】

王相箋注裡說四行是女子的常行。什麼叫常呢？指的是日常生活中離不開的，有不能背離的道理在其中。你不可能不說話，不可能不穿衣打扮，日常生活都離不開這些。「心之所施，謂之德」，這個德是指心所施用在外面的整體，叫「心之所施」。施就是佛門中講的佈施，看你是什麼樣的心田，那外化在外面給人的感覺就是什麼樣的德行。「口之所宣，謂之言」，嘴裡講出來的話，謂之言。「貌之所飾謂之容」，面貌怎麼樣去修飾，就是婦容。「身之所務，謂之功」，身體每天在忙碌的這些事，所做的一些事情，這就是婦功。我們看無論是「身之所務，貌之所飾，口之所宣」，這裡「之」是一個動詞，是誰在支持這個口、貌、身啊？是我們的心，但這個心不是這個肉團心，這個肉團心沒有用。我們現在有換心臟的手術，你把這個心拿出來，換一個別人的，它只是一團肉而已，它沒有任何思想、意識。

我們這個心是指女人的精神和意識所在，換言之就是你的靈魂所在的。你的靈魂乾淨，表現出來的這四樣，就會有乾淨的德行，一個讓人非常敬慕的、有氣質的女子，有道德、有學問、有修養。心要是不乾淨，我們說靈魂很骯髒、很污濁，對外不管多麼巧言利辭，外表打扮得多麼花容月貌，工作上多麼精明能幹，但是給人整體的感覺，還是不對的，不是婦德之所在。後面班昭做了很詳細的解釋，我們繼續來看。

【夫云婦德，不必才明絕異也；婦言，不必辯口利辭也；婦容，不必顏色美麗也；婦功，不必技巧過人也。】

這是在詳解四樣德行之前，班昭先說了這樣一段話。開篇的「夫」字是語氣助詞，沒有實際含義。「云」就是說的意思，

就是我們來說說婦德，沒有必要有非凡的才華絕藝。婦言就是講話不必能言善辯，能說會道。所謂婦容呢？也不是說要長得非常的美麗動人。婦功不是說能力和技巧要卓越過人。在還沒有開講「德、容、言、功」之前，曹大家先用了四個「不必」來說明，有很深很深的意思。為什麼會這麼說呢？有兩層含義，第一層三個「不必」，告訴我們每一個普通的女子都可以做到，不是高不可攀，一說有德行的女子就認為這個我做不到，我做飯很一般，長的也很普通，話也不會說，很笨，看來離四德是太遠了。其實並非如此。第二層意思是說什麼呢？是說女子恰恰不需要每一樣都很傑出，為什麼不需要呢？因為這樣的話，會助長傲慢的心；當有傲慢心的話，離開篇所講的謙卑和柔弱又相去甚遠了。

我們來看一個才能絕異、一個辯口利辭、一個顏色美麗、一個技巧過人的女子，不要說四樣都有，只要有一樣，可能就是她一輩子值得傲慢的資本。這傲慢的資本可能就會害了她一生，讓她一葉障目無法前行，就像拿著一片樹葉，自己把眼睛給擋住了，別人說的話聽不進去，也看不到自己的不足，更無法提升自己，這是很可怕的事情。作為班昭本身來講，她已經四樣都有了。我們看她的聰明，如果不夠聰明絕頂，寫不出《漢書》，《漢書》是在她手裡頭完成的；如果沒有足夠的口才，她無法去給皇太后當老師，是太后之師；如果她不是很顏色美麗的話，那麼皇宮裡這些嬪妃也不會認可她，舉國上下也不會那麼推崇她。我在傳記中看到，班昭是非常溫柔、美麗、賢慧的女子，長得很好。我還下載過她的圖片，非常漂亮，就是古時候的一個畫像，你看她的技巧、她的文章、她的文才都非常的好，但是她卻提出來不需要這樣，說我能做到的大家都能做到。從這裡就看出一點，真正想學女德的話，一定要有一個堅定的信念，就是只要我想進德修業，有這個心，不必去羨慕外在的那些東西，因此也不必自卑。就是以一顆平常心，默默地去做。這個平常心，就是道，平常心做出來的就是德，這樣就很好了。我們下面繼續看，

班昭給我們的詳解。

【幽閒貞靜，守節整齊，行己有恥，動靜有法，是謂婦德。】

　　第一個是婦德。幽是清肅的意思，在箋注裡閒是整暇的意思，什麼是整暇呢？就是有休閒的時間。一個有婦德的女子，不會是忙得跟一陣風似的，每天都很忙，看著她心裡就躁得慌，急三火四，有婦德的女子不是這樣的。「幽閒貞靜」這個「貞」是正固的意思，我們前面反覆開講過貞的多層含義，所以這一個貞字的確能讓我們女子非常的受用。「靜」是縝密的意思。「幽閒貞靜」四個字放在婦德的開端之首，就概括出這個女子給人的第一印象是非常的幽雅、閒適、自在、清靜。用經典裡的一句話形容是什麼呢？「外若遲緩，內獨駛急」。看她的外表非常的清閒、自在，做什麼都很有數，很有定力，任何事情來了心裡都會有主張。但是在自己的內心裡，是不是也是非常的閒逸呢？不是這樣的。在心裡對自己的要求和提升一刻都沒有放鬆過。而貪圖享樂安逸的懶婦什麼都不做，表現不出幽閒貞靜來；另外性格剛強潑辣的潑婦也表現不出幽閒貞靜來。

　　什麼樣的女子能表現出幽閒貞靜呢？首先一定要把心內對物欲的要求放下，把對物欲的要求放下之後，同時對自己很嚴謹，很有規矩，這樣的女子給人的感覺就是幽閒貞靜。物欲的要求放不下來，首先會想忙著我這個公司賺錢，我這份工作很重要，我是一個職業女性，一定得把家裡收拾得非常乾淨，爭強好勝。一個爭強好勝的女子，事事都要求完美的女子，不是一個真正賢淑的女子。因為她不是為大家著想，她是為了自己，為了滿足自己的欲望，一種私欲，搶在人前。所以你看很多女子在購物的時候要挑來挑去，如果有促銷更是要搶在前面，甚至到寺院裡去燒香的時候，一定要上頭一柱香。這樣的女子你是看不到這四

個字的。你從哪裡看到她的閑，看到她的靜呢？所以一個幽閑貞靜的女子，一定無欲也無求，但是她不消極，她在內心裡對自己的德行和學問，每一天都在不斷地提升和精進。所以我用經典裡的兩句話形容，叫「外若遲緩」，外在好像很遲緩的樣子，「內獨馳急」，內在每天都在默默地加緊功夫，在進德修業。

「守節整齊」是具體來講。守是防守的意思，最重要的不是防守外面的人，沒有必要，那是防不過來的，最重要的是防守住自己的內心。在古大德的講述中說，自己的內心欲望隨時隨地都像要奔流出來的洪水一樣，你怎麼樣能夠防守住？截止住它？而且還不能強行攔截，強行攔截一旦爆發會更兇猛，而是要疏通，讓它舒緩。《禮記》中說道「志不可滿，傲不可漲，欲不可縱」，也就是說有志，但志不要太滿了，太滿就容易出問題。有傲，值得驕傲的東西不要漲起來，稍微一有，要趕快往下壓一壓。有欲望，人有欲望好，有一些欲望，有一些女子小資情調，喜歡在家裡打扮打扮自己，很好，但不要太過了。欲不可縱，能夠防守住，這樣子的話才夠整齊。這個「整」和「齊」還是在心性上講，不是說外面收拾很乾淨整齊，這個不是婦德之所指，而是指心裡面非常的乾淨整齊，有條理、不亂。一個心裡很有條理的女子，做什麼事情首先知道輕重緩急，知道哪件事該做，哪件事不該做，知道哪件事應該先做，哪件事應該後做。

我讀《群書治要‧淮南子》時給我很深的印象，說有一些事情，很難做，但是還要去做，做了之後不需要說，這是什麼事呢？就是取捨。就是當心裡有所取捨的時候，這個事情可能難下決定，我要這麼做，不要那麼做。

因為人的一生是有限的，在每個關卡都要做選擇。每個人在生活中都會面臨許多的取捨，這樣的選擇，是要讓自己的心整、心齊。在取捨的時候，能夠當機立斷，能夠當下就去做，該放的放下，有的時候放下是很難的，能放下心就整齊了，放不下心肯定雜亂，在做這事還得想著那個事。有很多朋友都知道我是

有企業的，但是我只要是在講課的時候，或者是出來做論壇的時候，我手機要麼轉接到我的助理那，要麼給關掉，從來不響。不會想今天上午賣的好不好？今天的銷售額？會賺多少錢？想都不要想，多少都不用管它，當然這不會一下子就做到的。我剛開始，每天都會想，上午會不會有重要的客戶找我，行長會不會給我打電話？後來爲什麼不想了呢？想也是白想，該發生的都會發生，老天會讓你過得很好，你就不用愁。我認爲該做的就正常去做，總不能魚和熊掌兼得，你要一邊生意還要很興隆、很興旺，一邊課還要講得很圓滿，還想爲大眾做事，兩邊都得要拿到手，這個是不大可能的，所以只取其一就好了。「兩權相遇取其重」，就重的來講來做，輕的我的生活還過得去，還能過得很好，可以先放一放。只要員工也能過得去，就很好，這是守節整齊真實的含義。這裡還有一層表面的意思，對女子很重要的，講的就是女子的貞德和貞操。女子的貞操是格外需要守節整齊的，在下一篇專心篇會重點跟大家分享，爲什麼女子的貞操觀會如此的重要。

第三個是「行己有恥」。「行己有恥」這句話是孔子說的，在「行己有恥」裡面我們看到，就是自己如何在行動起來的時候會有羞恥感。這種羞恥感換而言之是什麼呢？就是反省，人時時刻刻都會反省自己。爲什麼我會這麼說呢？你看這個「恥」字，這個恥字左面是耳朵的「耳」，右面是「心」，這個耳和心是誰的耳和心呢？不是別人的，是自己的。是用自己的耳朵隨時都要聽聽自己心裡的心聲，能夠聽到的話，這個人就知恥了，能夠知恥了，才能夠有勇氣去改正自己所有的不足，才能夠真正得到人生的真諦，這是恥的真正含義。所以我們常講羞恥，可能並沒有細究什麼叫羞恥，爲什麼會羞恥。因爲當你說出這句話的時候，比如你跟一些人說話，你說的話是真心話嗎？是不是阿諛奉承的話呢？是不是嘲諷的話呢？是不是兩舌的話啊？兩舌就是當面一套背後一套，挑撥離間、搬弄是非。你說出這些話，做出這

些事的時候，你沒有傾聽自己的心聲，完全和自性背道而馳，當然就不知道羞恥。所以這樣的人是很愚癡的，很多事情會敗毀在後，也就是失去了前面的幽閒貞靜。

在古大德的經典有說，「人一定得安定徐為」，心得安得定，「徐」是慢的意思，得慢慢地去做事，「為」是做事。要安定徐為，否則的話「倉促行事，敗毀在後」，匆匆忙忙地去做，肯定會很後悔，為什麼後悔啊？因為當時沒有聽，沒有仔細地聽。「動靜有法」，這個「動」和「靜」是指什麼呢，「靜」是指我們一個人的時候，或者在人多的時候，我們說話的時候，不做事的時候，身體都是靜下來的時候，要遵守什麼樣的法度？這個時候就要防止你的心不要胡思亂想，不要人云亦云，聽到誰說心裡頭也跟著應和一聲，要能定住。而「動」就是當耳朵在動，眼睛在動，鼻子在動，嘴在動，手在動的時候，怎麼樣有法。

孔子說得很好，「非禮勿聽，非禮勿言，非禮勿視，非禮勿動」，因為只要是非禮的，你這麼做了，那你就沒有法了，這個法是法度，是準則，是最低的道德底線，你不要去觸犯。當你過了，要是超越了道德的底線，觸犯到國家的法律了，那就不是這裡講的婦德的問題了，就要受到直接的處罰了。所以「非禮勿視」，我們眼睛在動的時候，應該看什麼東西，自己心裡要有數，是不是應該每天都看看聖賢的經典、聖賢的教誨，還是每天打開娛樂雜誌？現在有很多時尚雜誌，每天就讓人研究怎麼穿，怎麼打扮自己，怎麼花錢。耳朵在聽的時候要想想，是不是就喜歡聽讚歎自己的話，喜歡聽一些不好的歌曲。

在後面會跟大家講，音樂在古代是很重要的一個轉化社會風俗的載體。古代的一個「禮」、一個「樂」，所有的禮節在《周禮》中都有講述，就是要「以禮調身，以樂調心」。禮是調身的，讓身體動作能夠有法度，非常有規定。音樂是陶冶心靈的，讓心能夠在純淨良善的音樂中慢慢的回歸自然，慢慢的回歸平和。

　　孔子在編著《詩經》的時候，唯一的一個原則就是「思無邪」，這些詩全都能起到陶冶情操教化世人的作用。

　　那現在呢？恰恰相反，「禮」是幾乎完全沒有，失去了，吃飯怎麼吃，睡覺怎麼睡，走路怎麼走，沒有人講禮。「樂」是讓你不躁動的心都給挑得躁動了。我們去速食店，一定是放很快的音樂，晚上要去夜總會和舞廳，如果有去過的朋友會知道，那裡的音樂不會是德音雅樂，不能夠讓你長養德行的，能夠很優雅的長養身心的，不會是這樣的音樂。很多年輕朋友都會帶耳麥，聽MP3之類的，每天都要讓自己的耳根接受這些歌曲薰陶。我們想想，有幾首歌曲真正能讓我們回歸自然，起到教化人心的作用？在現代這個社會無論男人還是女人，能讓自己身心清淨下來真的很難。人心不清淨，時時都是心浮氣躁，學什麼都學不進去，沒有恆常心。比如學女德，經常就是來聽個熱鬧，今天心情好了，過去聽一堂女德課，來修飾修飾自己，哪天心情不好了，也去聽一聽調節一下，很少有人能做到持之以恆。所以我覺得女人如果想學女德，最需要的是一個韌勁，不是說「一日曝之，十日寒之」，在一天太陽下暴曬，然後十天都沒有動靜了，那不是學習之道。

　　學習之道是每天都這樣，月月都這樣，年年都這樣，長期如此。比如說誦讀經典，有的人興致高昂時跟我說一天讀十遍，我真碰見過這樣的朋友，等再過三個月看見他，十天都沒有一遍了，這是很糟糕的事情。

　　所以他問我，我說能每天保持一遍就不錯了，我說能把這一遍堅持住，至少沒倒退，能堅持到老，那就很好了，所以貴在堅持。

　　「動靜有法」是這四句的一個歸結，我們學婦德，把這四句話背下來常念念，比如說大家都在那聊天，你心裡就默念，「幽閒貞靜，守節整齊，行己有恥，動靜有法」，把這十六個字常念念，嘴肯定不會亂說話，行為肯定不會很放肆，大家看你這

氣質越來越不一樣了，越來越像有女德的樣子。

我們公司的女孩子就是這樣，我就這麼教她們，我說怎麼訓練自己有定力，不要讓自己胡思亂想，就是把《女誡》裡的話挑出最喜歡那一句，然後反覆念就可以了。你經常念，念著念著突然會有悟處，突然會有「學而時習之，不亦說乎」的感覺。因為人一有悟處的話就特別高興，這叫無師自通，沒人教我，我好像通了一點，那種感覺是快樂的。這種歡喜不是物質的滿足能帶給你的，比如說你今天買一個LV包，是很高興，但是不會高興很久的，頂多持續三天，不會持續三年，因為三年之後有很多新款出來，你見到這個包就不高興了，肯定見到新款的包你才高興，想買它。所以真正讓我們快樂的東西，一定是持久的、恒長的，不持久、不恒長的東西都是假的，不是真的。你說飯很好吃，讓你一次吃十碗，就不好吃了，肚子就要痛了。所以要把真的東西把握住，假的就不用那麼太在意。好吃也好，不好吃也好，不要太往心裡去。

在王相的箋注裡說道：「守之敬慎而無失，行己有恥，行事中禮，無貽恥笑於人也。動靜有法，行止有常，中乎法度也。」因為王相是明朝人，用文言文，換成現在的白話文，我們就知道這四句話講的就是做女子的要有原則，懂得做女人的原則是什麼，說話要有說話的原則，穿著打扮要有穿著打扮的原則，做什麼事情之前都要先反躬一下，問問自己的內心，為什麼要這麼做？這麼做的意義何在？會不會給德行帶來損傷？給德行帶來損傷就會折損福報，因為德就是福，沒德的人怎麼能有福呢？想想折損福報後果是什麼，會不會開車被人撞，會不會出門無緣無故就被人罵，如果不想遭受到這些的話，那就不要去做，就好了。

所以在《大學》裡有這樣一句話：「知止而後有定，定而後能靜，靜而後能安，安而後能慮，慮而後能得。」這句話前面都能看懂，看到「慮」，跟大家解釋一下，這個「慮」是指智

慧，就是當你心裡能定住，能靜下來，能安下來之後，才能夠見到智慧。一個有智慧的人，什麼都能得到，不用去求。所以「慮而後能得」是這個意思。我們講「心要和」，「意要平」，怎麼樣呢？「學問深時意氣平」，學到一個境界的時候，越學越覺得自己很像井底之蛙，學問之道像大海，自己所知可能連一滴水都沒有，你這心就很和了，就沒有必要去跟人爭什麼，說什麼了，你知道這是沒有必要的。因為不如自己的，你不會跟他一般見識，比自己強的，自己是很仰慕，那只有不斷地去提升自己，就會很心平氣和。

【擇辭而說，不道惡語，時然後言，不厭於人，是謂婦言。】

我們接著來看，在德行之後緊接著就是婦言，我們看曹大家排的次序是很有意味的，不會隨便排的，不會上來就先排婦功，不是這樣的。這也跟孔子教學的次第不謀而合。我們看孔夫子教學也是德行是首位，其次是言語，再次是政事，最後是文學，不會說上來就要你先學文學，沒有這樣子的。

所以女子第二項學的就是怎麼說話，怎麼說話呢？我們說「擇辭而說，不道惡語，時然後言，不厭於人」。「擇辭而說」講的是要選擇說話的內容，選擇好了再說話。「不道惡語」是說話一定不能說惡語，我們一會要詳解什麼是惡。「時然後言」告訴你想好了再說，不要想什麼就說什麼。那說話最後的結果是什麼呢？是「不厭於人」，也就是不讓人生討厭、厭煩的心。一個處處都能讓人生歡喜心的人，用佛家的話講，就是菩薩，菩薩所在之處，令一切眾生生歡喜心。我們看曹大家的《女誡》，讓女人學什麼？我們從這裡來分享這段話，就會體味到很深的含義。

儒家教學裡也說什麼是「擇辭而說」，怎麼樣擇辭？首先選擇之前，先明白一句話，要懂得先「緘口內修」，這是明代的

仁孝皇后寫的《內訓・慎言章第三》裡提到的。「緘口內修」，怎麼能夠「緘口內修」呢？「寧其心，定其志，和其氣，守之以仁厚，持之以莊敬，質之以信義」，這就是「緘口內修」。否則不懂得選擇言辭，選了半天覺得想的很好了，話一出來還把人氣的半死，就不會選這個辭了。所以擇有很深的含義，擇的含義是讓我們要懂得先閉上嘴，懂得內修。內修之道，古人也講的很清楚，你看「寧其心，定其志，和其氣」，把心神安寧下來，把氣和緩下來，要有遠大的志向。「定其志」，志要有，而且要定住。比如說我沒有什麼大志，小志也行，小志比如說家和萬事興，這是我的小志。夫妻之間，百年偕老，小志，這個志向也很好，為了這個，所有的我們都要考慮，你說這話，是不是為這個志向而來的？

　　為什麼要「和其氣」呢？我們想一個女人說話的時候，如果是心裡生氣說的，包括男子都是一樣，你說出來的話，不管這話多中聽，說出的內容多好，對方一律都不接受，磁場不對。因為當你心所發出來的這個念波，大家一接收到，那叫什麼？逆耳，聽著就是不舒服。你想你是好心，說出來的這個話，但是對方不接受，你也是白說，沒有用還不如不說，說了還傷和氣。究其原因我們講「行有不得 反求諸己，」一切反求到諸己，你說話的內容沒有錯，說話的出發點也很好，但是可能你心裡頭有氣，自己沒有察覺，你覺得這個人怎麼能這麼辦事呢？我婆婆怎麼能這麼說話呢？我為她好，給她治病，她還不接受，怕花錢。那你換一個角度，在把這個氣全部給化解掉，一點都沒有的時候，你再用很溫和的語氣，去跟老人家說：「媽，您這個身體現在得吃點藥，而且也不花什麼錢，現在都有醫療保險或者是健保」，善意的謊言但她卻可能很高興接受你的好意，然後再勸她要把錢要看開，要看淡，要保護好身體，老人身體好就是子孫的福報，可能她聽著哪一句話都挺順耳的。

　　我們往往就是自己有氣，自己不覺得，只認為這個人怎麼

這個樣子，得說說他，你先和對方對立之後再說，沒有用處的。你把心中的對立先放下，這個就是「和其氣」。完全放下之後，然後你問問自己，是不是都放下了，然後才對他說。

後面這三句話，就是開講前面三句話的。「守之以仁厚」就是心要守在仁厚的地方；「持之以莊敬」講志向要端莊，要讓人生敬重之心，小人也有志向，我一定要當大官，一定要賺一千萬，這個志向不是莊靜的志向。莊是端莊，敬是敬重，讓人生起敬重之心。和其氣是「質之以信義」，做人要有信、有義。這段話我覺得仁孝皇后講的很好，是在《內訓》的《慎言章》講的。

仁孝皇后說了這樣子的話「一語一默，從容中道，以合於坤靜之體」，無論是說話還是沉默，都要很從容的走在中道上，保持女德的本體。

「坤靜之體」，坤是代表女性，我們講乾坤之道，坤代表女性，女性「幽閒貞靜」的這種本體。走在中道上，不說話也好，因為不說話可以和其氣，說話也很好，兩個都好。所以「擇辭而說」，我們在不同的情況下，一定要能夠分辨出選擇什麼樣的語言，明白如何「擇」。辭是什麼呢？擇辭講「謂言在先」，在王相的箋注講的是，「謂言在先」是在沒說話之前，「選擇量度，不失禮義」，就是剛才給大家說的要懂得先「緘口內修」，「選擇量度，不失禮義」。

那辭就是後面說的是要「不道惡語」，什麼是惡要能明白。你不懂，選了半天，還是沒能選好。我們先來看什麼是善語？善語一定是仁厚之心發出來的。

古大德講，第一不胡說八道。第二不挑撥是非，張家長李家短，這是女人最容易犯的。第三不花言巧語，有時候說的話好像很好聽、很動聽，但心並不真誠，虛情假意的話不要去說。第四個是什麼呢？是不要說傷人的話，冷言冷語的話、抱怨的話，這些話都不要說，或者很粗口的話、很粗魯的話，都不要說。

我們一項一項來分析，什麼是不說胡說八道的話，尤其女

孩子現在做銷售的太多了，有的員工就是什麼都敢說，只要達成這項買賣，什麼承諾都敢跟客人講，這樣子不計後果是很嚴重的。原先我也碰到過這樣的銷售人員，見到人之後，為了能夠達成這項買賣，我給你許諾，給你這個，給你那個，答應你怎麼樣，胡說八道，他自己沒有這個權利。回頭客人來要，結果老闆就會很為難。

我在去年的時候，把公司一樓的營業人員全部調換掉了，換成什麼呢？會說話的都到二樓，做文字工作，不會說話的全到一樓做銷售。當時負責銷售的經理就跟我抗議，他說：「陳總這人都不行，半天都不說話，銷售就要死掉了。」我也不作聲。一開始我跟他解釋了，講半天，他聽不進去，後來我就不說了。我就這麼做，做下來銷售結果好不好呢？非常好，而且是穩中有升的，原先是忽上忽下，比如說這個月賣一百八十萬，下個月三十萬，為什麼？原因多了，各種理由一大堆。從去年開始，現在每個月都很平穩的，在旺季的時候比平常年的旺季要高出很多，我跟員工說，話不在多，記著《弟子規》裡說的，「話說多，不如少」，一定有很深的道理。

我們是做收藏品的，豈不知來的客人的收藏年頭、收藏知識，要比我們豐富多了，我們可能只做了四、五年，他可能已經做了十四、五年了，都是很有實力的大客戶，你們只有二十多歲，在他面前講，哪邊講漏底了，你都不知道，他今天可能一高興買你的了，明天回去他會發現你的東西很多問題，而且從你講話發現漏洞，他就不買你的東西了。你們還不如抱著謙虛好學的態度跟客人說：「您這懂得真正比我們多，我們得向你虛心請教學習，您來講我來聽。」然後時不時去給人端個茶，倒杯水，潤潤嗓子接著講，他講完了，你們再跟客人說：「您看看我們這幾個產品，你給提點建議，買不買沒關係啊。」我覺得做買賣不是做一時，做一輩子。你們先前那個賣法，不用說百年，十年就死掉了。所以做銷售的要明白，什麼是德，有德才有財。德的一項

表現就是要懂得慎言，懂得怎麼說話，你德沒到，說出來的話全是胡說八道，完全是因為利益的驅使，完全只是在顯示自己，不能講也要講三分，那就很糟糕。這在銷售人員中看得很明顯，凡是不能講話的，做得是最優秀的，平時默默無聞，一句話都沒有，不表功也不顯山露水，不去說三道四，也不去冷嘲熱諷，事情做得特別好。那個能說會道的，說長道短的，這樣的人都幹不長，兩年跳槽了，就走掉了，所以你沒有必要花心思去特別培養他了。老闆要懂得會看人，「智者是識人，仁者是愛人」，兩項都不能缺。

第二個就是不要說挑撥是非的話。首先在家裡就不要說，比如說不要到先生面前說婆婆的不是，永遠都不要說，這是最愚蠢的行為。你想想，如果他是一個不孝子的話，連他媽都不孝，聽你的，你跟他能過下去嗎？不可能吧！如果他是一個大孝子的話，你說那些話完全是傷害他的一件事情，無論怎樣都不要說，能感化就感化，感化不了，那就全當沒看見，先好好修自己的德行，德行提升到能夠去包容婆婆、去關愛婆婆。第二永遠不要說兄弟姐妹之間的不是，只看到優點就好了，缺點不看，家裡人尤其得如此。在家裡養成習慣了之後，在公司也一定是如此的。不要到老闆面前說這個不對，那個不好，你要是認真的想提意見想改善公司的話，可以很真誠的先跟那個員工溝通，如果溝通不了，這件事情對公司的利益又很重大，你再很真誠的去跟老闆說。不要做是非人，將小事挑唆成大事，恨不得天下大亂，你看著挺高興，這是極惡的行為，對自身的福報折損也很大，永遠都不要說。

第三個就是不花言巧語，這裡也包括一些戲言，玩笑話。有的女子特別喜歡說玩笑的話，或者是輕浮的話，甚至是黃色笑話。要知道你說了這些一定都會有後果的，永遠都不要說。記得我碰見過一個男員工，很隨意的跟女員工聊天，然後就說我要是找不到女朋友就找你好了，這女員工就很隨意的說可以

沒有問題。這件事無意中被我知道了，我就很嚴厲的，分別把他倆都訓斥了。我對這位男員工講不要這麼說話，婚姻是人生的大事，你怎麼能如兒戲一樣說呢？我說不可以，你要真是喜歡她可以正正經經的去跟她提，但是不要說這種話。對這位女孩子當時教訓得更厲害，給罵哭了，我跟她說怎麼可以把自己的一生這麼輕言的就許諾給一個人呢？你真想嫁他那可以，如果沒有想嫁怎麼可以說這種話，之後她也是很慚愧。因為都是多年的老員工，女孩子，大專一畢業就過來，我真是看她們就像看自己的女兒一樣，很嚴。她們剛進店裡的時候染手指甲，我都叫她們去給洗掉了，有的女孩還很心疼說花了幾百多塊錢，我說一千多塊錢也得洗掉，一伸出來這個手掌跟魔爪一樣，太可怕了，乾乾淨淨的多好，指甲不要留那麼長。所以戲言是絕對不要說的，黃色的笑話就更不要說了。所謂花言巧語就是我們很多時候那種諂媚的心，自己不覺得，甚至在父母面前都是那種諂媚的心。有權勢、有地位或者對自己有利益的客戶面前都會抱著這種心去說諂媚話，時間久了，這種諂媚之心說出來的話脫口而出，自己都不覺得。別人一開始覺得這個人嘴很甜很會說話，可是真正相處久了，你交不到真心的朋友，因為大家會覺得你這個人油嘴滑舌，光能說不能做。沒有真誠心，感動不了任何人，所以這種話是不要說的，特別不好。

　　最後一種就是非常傷人的話、粗魯的話。我們平時居家過日子很少有見到真正的潑婦，說很難聽的粗話。但是我們會說什麼呢？會說一些抱怨的話，會說一些抬槓的話，跟你爭個是非的話，這個真正的惡是什麼呢？讓別人、讓聽到的人心裡頭不高興，心裡不舒服，不自在。凡是讓人心裡頭不是很舒服的話，我們都不要去說。要懂得養和柔之氣，也維護好跟家人、跟同事、跟朋友，跟所有外面人的關係。我原先說話就是，我的先生說我不說則已，一說能把人頂到南牆外去。我不會說罵人的話，但是我說的話叫什麼呢？叫有知識的女人能說出來的很傷人的話，一

下子就給人頂到那頭兒，他就一下噎在那兒，都說不出來。我也沒生氣，他氣得不得了，現在明白這就是惡語。後來學習傳統文化之後就努力改自己這個毛病，讓人聽了生氣的話就不說，憋回去。如果本身就對你有怨的人，那真的是怨上加怨，你的禍患結下來了，哪一天倒大楣都不知道是怎麼回事。口的確是禍福之門啊！

我們看什麼是善言良語呢？說出來的話要讓所有人都能受益，這個受益就是說出來的話是智慧的話，智慧的話一定還含著仁慈的心，這樣的話可以多說，說不出來也不要緊，一點點練習，一開始可能做不到，一天裡可能就有這麼一句話是智慧音，那就說一次，第二天做到說兩次，每天都反省。比如今天就說了十句話，從中有一句是智慧音，這個比例很高。你看今天說了一百句，只有一句是智慧音，那比例就很低。所以我先生也說過我，他去年很不希望我講課，他說：「說多錯多，你的水準還不夠。」我不知道他這個水準不夠是什麼意思，我還跟他爭辯。今年，他就舉了個例子，我就懂了。

他今年前幾個月給員工上堂課，我就聽明白了。他重點講就是謙卑，因為員工問他，事業成功的原因所在，他說：「沒有別的，不抱怨，要謙卑。」然後他重點解釋人為什麼要謙卑，怎麼樣謙卑，他舉了兩個例子，我覺得非常好。

他說：「你看那個水」，他拿倒茶的水壺，「這個水壺裡面的茶水都沏滿的時候，你往茶杯裡倒，非常容易就倒出來；相反如果它不滿的時候，你就要舉的很高，很費力才能倒出來。謙卑的人就是肚裡已經很滿了，滿到自己溢出來了，隨便說出來的一句話都讓人很受用；不謙卑的人很想急於表達，就很費勁，說了半天，才能說出一句有用的話。」

他又舉一個例子，說：

「比如說蚊子，蚊子天天叫喚，但是很容易被人拍死了。老虎獅子和大象平時聽不到聲音的，都是很安閒、很安定的在那

兒悠閒自在的走。但是老虎獅子是獸中之王，一旦發怒出聲的時候就要咬人，而不是別人咬它。謙卑的人應該有王者之相，輕易不說話，說話的時候一定是受用的。」我覺得這個比喻真的很好，所以稱呼自己的丈夫是先生很有道理，他的確堪為我的老師。

我們女人說話的時候還要格外注意音調，我聽過有一些女孩子說話太嬌媚。有一次我跟一個女性同車，她說話的音調就極其柔軟嫵媚，讓人聽了能像糖似的化掉，而且那些電話全部都是打給男士的。我在旁邊聽著就想，這個話，這個音調不是很好，不莊重。所以女孩子說話雖然聲音要柔和，是心地溫柔善良的「柔」，是心平氣和的「和」，而絕對不是嬌媚的。那種嬌滴滴的聲音，這種聲音是邪音，不是正音。我們要能分清楚邪正就沒白學女德，做女人要有智慧。

總結上面的兩段話，我們講「婦言不貴多而貴當」。就是說的話，不在於多，在於恰當。什麼是恰當呢？我們剛才已經分享過，所以你會說話之後才能夠懂得如何侍夫，如何教子，如何去治國平天下。

【時然後言，不厭於人。】

時講的是時機，這個時機是什麼呢？就是我們在說話的時候一定要看看場合。我們常講公開表揚，私下批評，但比如說在企業裡，如果團隊現在不是很和諧，你公開表揚某一個人，會使這個人在團隊裡可能更孤立，會造成團隊的更加不和諧，這時寧可不公開表揚。但是批評肯定是私下批評，一對一的說話，有的時候對老人也是一樣，老人生氣的時候不開心的時候，你這個話說的能不能讓他緩解，如果不緩解的話那也不要說。或者在氣頭上，就不要火上澆油，女人經常做的事情就是火上澆油，錦上要不要添花呢？自己學習經典發現也未必，有的時候這個人接收

到讚歎的話太多了，如果再給他往上添，他德能和福報已經撑不住了，反倒會給他推向反面。所以我們看到很多老師在受到大量的讚歎之後，而出現了一些讓人很失望的現象。當然老師自己要反躬內省，但是我們想想外面的這些人，是不是有時候是在隨場附和，說些人云亦云的話呢？大家讚歎，我也讚歎，好像我不讚歎是嫉妒一樣。你看大家都讚歎，我怎麼能不讚歎呢？我卻不以為然，我覺得有時候這個人能不能承受的住，他不能承受住，我不能人云亦云，你們都說他好，我也不說他不好，只是不表達意見。人家如果問我，非要說我對他的意見，我可以說，他在某一方面值得我學習，其他的也隻字不提，所以聽話的人也要會聽。

做人真的要有智慧，問話也是一樣。比如說有一個場合，一個老闆，我們一起吃飯，桌上還有別的人。他就在問，他應該如何引導企業的員工學傳統文化，他問：「你看帶員工出去參加論壇學習傳統文化，好不好，你都這麼做，我也想這麼做。」我給他的回答很直接，我說：「不好」。他就問我：「為什麼？」我說：「我經歷過了，從去年一開始，領著員工參加各種論壇，甚至他們帶妻子、媽媽，所有費用都是我包，薪水照發，怎麼樣呢？結果只是表現了我自私自利的心，就是顯示自己仁慈，好像對員工很好。他們有沒有改變呢？毫無改變，而且大半都辭職走了，為什麼會這樣？最後我反求諸己，現在的員工不需要出來學，在家自己內修。外面的花花世界很亂，十個老師，十個講法，他們在外面聽不明白看不懂，回來問我，我那時也剛學，其實也不大明白，而且出去之後，接觸那麼多人之後，心都是散亂的。

你看自古以來，古大德教學一定是閉門自修的，沒有說還沒學成，先遊名山大川，沒有這樣的。

我是先讓他們心定，你自己可以適當出去參學一下，因為老闆的定力還要好一點，然後讓員工在家先自修，指定一部書、兩部書，反覆學，反覆聽，反覆在工作中體味。不需要拿那些錢

財無謂去花，沒有必要。」緊接著他又問了旁邊的一個員工，是一個高級主管，那個高級主管是另外一個企業的，就說：「你要領著員工出去學習，我們透過學習會如何提升……」這個時候老總就會困惑，到底是做還是不做，他再問我的時候我就不說話了。因為老闆跟員工所處的位置本身就不一樣，你問老闆是一個答案，你問員工一定又是一個答案，所以要明白你問的是誰，這也是屬於說話的「時」。它不僅包括時機還包括恰當的對象，所以你到婆婆面前不可以投訴你的先生，這是一個道理，在婆婆面前投訴你的先生是沒有用的，完全是無效投訴，完全是無效發言，完全沒用，你有這個時間，不如做點有用的事情。不要白白浪費自己的時間，家裡的事你不需要跟任何人去投訴，比如說你跟朋友去投訴，朋友解決不了，你跟自己的父母投訴，父母跟著著急，他們能勸你們倆離婚嗎？不可能。你跟公公婆婆投訴，他們不可能真正的去指責自己的兒子，所以我覺得最好的方式是自己給內化解決掉，然後不需要任何投訴，就好了。

「時然後言」，我們在這裡要知道每一句話，從擇到時，都讓你定下來。這種定的過程，就能夠去產生真正的智慧，不要胡說八道。最後的效果就可以達到「不厭於人」，讓人不生厭。自古以來都是非常強調婦言的，在所有的古德教學裡，女德的教學尤其強調婦言。在《詩經》有這樣的話，《詩經‧大雅篇》裡有說，「白圭之玷，尚可磨也。斯言之玷，不可為也」。什麼意思呢？白圭是指白玉，白玉做的公章，上面如果有污點的話，還可以一點點的磨掉。可是說的話有污點了，就是在道惡語了，不應該說，說的惡語可不可以吞回去？當然沒有這種事，就是永遠都沒有後悔的餘地。所以我們要懂得這個道理，話不要輕易說，那麼就可以少後悔。

有這樣的一段話，我也給大家分享一下，是我抄下來的，叫：

「少說抱怨的話，多說寬容的話，抱怨帶來記恨，寬容乃

是智慧；

少說諷刺的話，多說尊重的話，諷刺顯得輕視，尊重增加瞭解；

少說傷害的話，多說關懷的話，傷害形成對立，關懷獲得友誼；

少說命令的話，多說商量的話，命令只是接受，商量才是領導；

少說批評的話，多說鼓勵的話，批評造成隔閡，鼓勵激發潛能」。

這五句話我非常喜歡，貼在寫字臺前，沒事就可以看看。你是不是在說抱怨的話、諷刺的話、傷害的話、命令的話、批評的話，如果是的話，請馬上給它轉過來，轉到美好的那一面。就像窗戶一樣，窗戶裡頭是黑暗的，污濁的，我們打開見到那光明燦爛的一面，只是一牆之隔，一轉就能夠轉過來，要常常去反省自己，這樣就很好。

接著這一段還要跟大家分享一下，就是前面提到過的，現在的女作家寫的言詞，和我們經常上網，如果有開博客的，寫臉書的，寫網路文章的一定要注意，不要寫一些不好的東西，讓人的心性轉惡的，不是善良的語言都不要去說。我記得有一本書，好像是講女孩子要富養，作者應該要好好考慮考慮，寫出這樣的書，如果傳世的話，讓很多人看到，以至於背離了倫理和道德，你要不要負責任，要不要承擔這個結果？

我們看古代的時候寫《水滸傳》的施耐庵，他的作品裡有一些是色情的場景，這不好的，他的子孫三代都是啞巴。寫《金瓶梅》的作者笑笑生，也是後代子孫五代絕嗣。寫《查泰萊夫人的情人》的勞恩斯，這個作者的書可能很多人也都看過，他寫完一年多就死了，死的時候只有四十四歲。包括寫《蠟筆小新》的漫畫家，他去世也是才四十多歲，《蠟筆小新》沒有寫完，自己跳崖自殺了。

爲什麼呢？因爲寫這種陰暗晦澀不好的東西，會引導人向著倫常大道相反的方向去沿行的，你要背負因果的，就像教唆人殺人，在你的教唆下做了不好的事情，你說跟你沒有關係，怎麼可能沒有關係呢？關係是很重大的。尤其是言詞文筆很好的女作家一定要好好想想，應該用自己的這個筆多寫寫聖賢的文章，勸人向善，不要輕易的去批評古人。

　　我在網上收集班昭的資料時，看到大量批評班昭的文章，我的心都很痛，他們沒有仔細去研讀過她的文章，沒有深究過其中的深意，不解它的真實意義，就隨意的去批評，讓很多人的慧命慧根就斷掉了。大家看了這個評價可能就不再讀這篇文章了，可能就永遠得不到婦德的教化了，這是一件很嚴重的事情。所以沒有這種才能還好，庸才至少不會做出什麼大的錯事，相反有很高才華又無德的，這是一件很危險的事。

　　我們在學習過程中也會發現，有德有才是我們最希望看到的人，包括女人；有德無才還好，至少是安全品；無德無才至少是個庸品，但是不會有什麼大的壞處；這個無德要是有才絕對是個危險品，是一個炸藥包。

　　企業裡也不會用這樣的人，我用人就是這樣的，一旦發現他沒有德，一律不重用，不管他多有才，能給企業創造多少億利潤，我也不以爲然。因爲這多少億會不會有很壞的後果呢？客人會不會投訴？有很深的隱患，我不曉得。所以我寧可是用有德無才的，這是最低的標準了，把有德無才的人提升到有德有才，去培養他，去提升他的資質，去增長他的福報，然後有德有才。很多人到我的店面都很驚訝，女孩子都很平凡，很普通，沒有一個是伶牙俐齒的，嬌頭嫩面的，沒有，都是很平淡的，很平常的，不善言詞，生活樸素，心地善良的女孩子。

　　【盥浣塵穢，服飾鮮潔，沐浴以時，身不垢辱，是謂婦容。】

盥浣是洗的意思，就是指經常要清洗、洗滌衣物，不會很髒。服飾鮮潔講的是穿的衣服都鮮明潔淨，就是穿衣服要乾乾淨淨的。「沐浴以時，身不垢辱」，講要經常沐髮浴身，身子不要沾染污垢，這是婦容。實際上班昭寫的每一句話都有很深的含義，她講的是單純的把衣服穿好，身子不要有灰塵嗎？其實不是這樣的。只是在透過這種行為表示時時都要提醒自己，我們在德行上，在心行上有沒有沾染污垢。如果沾染了污垢的話這樣不叫有婦容。所以在《周易》上有這樣的一句話，叫「慢藏誨盜，冶容誨淫」，它是什麼意思呢？誨是教誨誘導，招致的意思。是說你把一些珍奇寶貝都給收藏起來，就是在誘導人家來偷你，現在的人不是收藏在內，相反是完全的表現在外，開豪華名車，穿品牌衣飾，這就是在叫人「你來偷我，你看我這個錶六十萬，我這個車二百萬，我有錢，這都是外面的，家裡更多」。這不就是在教人家偷盜嗎？「冶容誨淫」說什麼呢？這個女子裝扮很妖冶、穿著很暴露，實際就是告訴你，「我就是很不正經的女人，你可以來邪淫我，可以來挑逗我」，在誘惑別人這些事情，招來非禮之行。

所以女孩子平時的言行非常重要，如果持身端正，穿著打扮端正嚴整，任何人不敢有非分之想的，不會有非禮行為。自己如果不端莊，人家說這個沒有關係，那個人自己反正都不是很在意。所以我們有時不經意的一些言語動作就會給人一些暗示，你心裡可能不是這麼想的，但是人家就會有那種想法。不要以你的所想來確定自己的言行，要常常自省，想想自己的所作所為會給別人什麼樣的想法，是否按照古聖先賢的教誨去做。

我們看看在穿著打扮上，都要注意哪些才能夠叫「盥浣塵穢，服飾鮮潔」？當然從字面上的意思，我覺得現在的女子都能做到，誰會成天不洗澡，誰會穿的破爛不堪呢？沒有這樣的女性了，現代女性都會打扮的很光亮鮮潔了。頭髮恨不得天天吹，澡恨不得一天洗好幾遍。關鍵是穿的衣服得不得體。《弟子規》也

有教過我們，什麼叫得體呢？得體有兩方面的含義，首先穿著要端莊，不要暴露性感，尤其是夏天。剛開始學女德的時候，有一個記者要來採訪我，採訪的是我們企業，然後我就跟她提，讓她宣傳傳統文化，她說：「這是老古董啊，我不需要採訪這個。」後來我就說：「你坐下，我給你倒杯茶」。「我跟你好好說說，我不說別的，咱就說這個四德」。她說：「這個更是老古董了，三從四德誰還學啊。」我說：「跟你講一講，我專門就講婦容。」因為也沒那麼長時間，講完之後，她就聽的有點理解了，她說：「你說的這個好像現代很需要，並不是老古董。」我說：「是這樣。」她就跟我說，她認識一個派出所所長，那個所長就跟她講，冬天還好，尤其是強姦類的案件會很少。到夏天是突發，尤其是八、九月份穿著比較少的時候，案件急增，說你們女子一定要注意穿著打扮，否則的話是惹禍上門。所以我們想想，如果所有的女子都學會婦德，學會穿著打扮，不穿著太過暴露的話，刑事案件就不會有那麼多，父母也不會那麼擔心。

女孩子的穿著是從小媽媽教的，那要看看媽媽是怎麼穿著的，如果媽媽的穿著就是那種很性感很暴露的，給孩子打扮成那樣子，也是很正常的，愛屋及烏，你喜歡這樣，也會喜歡小孩這樣。有一次看到一則新聞，講香港一個很有名的女影星，帶著她的小女兒去歐洲旅遊，網上有很多照片，她的女兒完全是她的翻版，只有五歲，穿貂皮大衣，背著名牌的小包，斜帶著一個小帽，頭髮全是燙的，穿著高腰靴，手指甲都是染紅的，然後拿著小手機走在大街上。而且最關鍵的是什麼呢？學校還正在上課，她還跟老師請假不讓孩子上課，領著孩子去歐洲玩，學校老師也抗議，可那是貴族學校，好像也沒有辦法。那我們想這個女孩子長大會是什麼樣子？當然她那是一個極端的情況。我們想想普通人家是不是也是這樣？

另外我們也要追問一下，那些在賣這些性感服飾的女人，就像賣黃色光碟、書籍的書店老闆一樣，你要想想你的女兒會不

會穿這樣的衣服，你的家人會不會穿這樣的衣服？你的家人都不要穿的話，你就不要去賣。換成端莊的，哪怕是職業女裝也好。有一個這樣小店的女老闆跟我說，來買東西的都是酒店小姐，而且出手很大方，很好賺錢。我說這邊錢是賺到了，但後果呢？可能會遺害無窮。包括賣黃色光碟的老闆們，想想你的子孫後代會不會看到，如果看到的話，最後害人終害己，把別人害了實際是把自己害了。第二個穿著得體指什麼呢？是指我們穿著一定不要奢侈浪費，要合自己的身份，合自己的經濟條件，甚至自己經濟條件很好，有能力穿那些名牌服飾，也都儘量去降低自己的要求和標準，不要去穿。把這些福報省出來，省給自己的後代，哪怕省給你的晚年，不要在年輕的時候都糟蹋光了，盲目的去追求。如果是沒有這種條件，那就更不好了，因為愛慕虛榮可能就會把自己一輩子都害掉，為了穿一件品牌的衣服，甚至就為了拎一個包，卻不惜犧牲，甚至是出賣自己，真的是得不償失，撿了芝麻丟了西瓜。女孩子一定要分清這一點。

當然穿著不得體，也包括不要穿男性化的服飾。我們在古代的案例中看到，《列女傳》這部書如果大家有機緣能買到的話，都去看一下，我們一起來學習，這裡的很多案例非常值得我們去反省。夏桀是夏朝最後的一個國王，妹喜是夏桀的一個妃子，她美於色，薄於德，色相很美，但是沒有德行。「女子形丈夫心，佩劍帶冠」，從她開始，女人像男子一樣，喜歡配著劍，帶著男人的衣帽，頭頂高冠，神氣十足。夏桀也都不顧禮義的修養，非常貪色好淫，搜尋美女擴充後宮，找些侏儒，還有一些會表演各種花招玩意的人，全聚在身邊製作淫靡的音樂來演奏，日夜不停；讓宮女飲酒，聽從妹喜的言語，昏庸迷亂，不尋正規，驕縱奢靡，淫放無度；造大酒池，大到可以行船，鼓聲一響，跑來彎著腰，俯身做牛的姿勢飲酒的有三千人；強迫拉著人腦袋到酒池裡頭去飲酒，喝醉了，淹死了，妹喜看著很快樂。有一個很正義的大臣叫龍逢的就勸解他說，「君無道，必亡矣」。就是君

王沒有道德，這個國家就要敗亡了。夏桀說什麼呢？「太陽會亡嗎？太陽如果亡我才會亡」，不但不聽他的，反而認爲是妖言惑眾，把龍馮給殺了。又建了瓊池樓觀，花盡國家的錢財，結果湯王起義。湯是當時的一個諸侯，在作戰的時候，遇到夏桀的軍隊都反戈投降，最後幫助湯把桀和妹喜流放了，送到了海中，最後死在南朝的山上。所以這樣的女子，「美於色，薄於德」，一定會害人害家害國，這個例子在歷史上很值得我們反省。

我們講以史爲鏡，所以女人不要著男裝。現在我們看到有一些歌星，女歌星喜歡著男裝，引得很多女歌迷隨而崇之，要好好反省反省，這樣好不好？會影響很多人。爲什麼很多歌星、影星的壽命很短，或者是越到晚年，甚至四十歲以後，就開始非常的不好，命運很糟糕？就是他們讓許多人去追隨，但是他們並沒有引導人走正道，結果使自己的命運會多舛。

再有在面容上要注意不要整容，因爲我們的身體，我們講「身體髮膚，受之父母，不敢毀傷」，這是《孝經》裡的話。爲什麼在古代會認爲要對身體保護的很好，是怕父母看到了傷心。現在有的父母甚至也不懂，主動拿錢給女兒去整容。不要這麼做，這麼做的話，有的時候身心會受到很大的損害，時間長了可能身體會不正常。只要是老天給你的一定就是最好的，有這個錢財不如去做善事，有這個時間和精力，不如積攢自己的德行。美色總有失去的一天，整容整的再好，再過四十年看看，一樣會老去的，因爲這是自然規律。任何人都不可以與自然規律去抗衡，我們還不如去順從，老天給的什麼樣就是什麼樣，就是最好的，給的圓臉就是圓臉，給的單眼皮就是單眼皮，給的矮鼻樑就是矮鼻樑，給的這張面頰就是這樣的面頰，不要削掉一塊，再那邊弄一下，這就違背了自然規律。人如果太注意自己的色相，尤其是女性，她一定沒有心思放到學業和道德的進修上，真的是一心不可二用。

女子在懷孕的時候，也要注意端莊，很多女子結婚以後，

時間長了，在家裡就會不注意穿著打扮，比較放縱，我們都叫「黃臉婆」。在家裡穿家居服也要乾乾淨淨、整整潔潔、利利索索的，給孩子和先生看到都是非常的心神清爽。懷孕之後尤其要如此，因為你乾淨，孩子就乾淨。我的感觸比較明顯，尤其是我二兒子，因為懷孕的時候就非常注意，平時就比較乾淨，懷孕的時候更是，我二兒子就很喜歡乾淨，他玩完的東西都會主動擺好，平時就喜歡洗乾淨自己的玩具。自己的塑膠碗都自己刷，衣服要髒了，自己就主動脫下換洗。他只有三歲，兩歲的時候就這樣，小襪子自己就要洗，愛乾淨。如果生出來的不論是男孩還是女孩都會又勤快又乾淨，那多好，那就要直接在母親肚裡就這麼開始去教育他了。正常的孕婦要保持自己的端莊清靜、乾淨、潔爽的樣子，不要一懷孕不行了，不去做這些事情，披頭散髮，隨便找件衣服就穿，不要這個樣子。

再就是家裡如果出現大事，比如說，先生企業突然遭遇到意外；比如說親人突然出現意外的時候，做婦人的，做家庭主婦的，一定要能沉住氣，這個時候的面容就是鎮定自若，不要亂了。不要一有點什麼事就手忙腳亂，毛毛躁躁，慌慌張張，不得了了，怎麼辦？真正在大事來臨的時候，一家之主不是男人，一定是女人，因為母性的這種愛是無比厚重的，你要讓男人任何時候心裡都有底，什麼事你都能夠給定住，不會有大事的。不要他那邊沒有事，你已經先挑事了，任何時候你都能給家裡這樣的定力，要有這種能量。我經常說，女人就像家裡的定海神針一樣，不要把這個定海神針拿走，不管起幾級的海嘯，這個神針不能動，他動他的，你該怎麼解決就怎麼解決，家裡的大事不會很多，一年甚至幾年不會有一次，但是都是平時在小事上修煉出來的。所以真正有大事的時候絕對是臨危不亂，這樣的話就很好。

「沐浴以時，身不垢辱」，就是不讓自己有任何屈辱。這種屈辱不是別人帶給自己的，比如別人誹謗你，侮辱你，不會的，任何人都不會帶給你，只有自己才能帶給自己。你把握好自

己的言語，自己的行持，自己的穿著打扮，最終把握到自己的內心上。自身行為端正，外面髒水想潑是潑不上來的，只有自己往自己身上潑，別人潑是潑不上來的。我們平時學習的時候要明白，什麼樣的事情會讓自己招來侮辱呢？什麼樣的事情不會？我們反覆學習古德教誨，女子首重的就是貞操。尤其現在，這方面的言行可能很多人都不會去注意，那算什麼事，二十年前說到婚外情可能還會臉紅，現在別說婚外情，多少情大家都不以為恥反以為榮。我們說這個叫做什麼呢？叫積非成是。就是積攢下不對的太多了，大家反而會覺得這個是對的。我們現在要撥亂反正，把這個不對的事情，明確的告訴大家這樣做不好，把對的告訴大家應該怎麼做。因為只有走在人間正道上，才能夠獲得真正的幸福，婚外情的女人是不會幸福的，背離人間常道怎麼可能幸福呢？所以大家要明白什麼是真的，什麼是假的，什麼是永久的，什麼是暫時的。

還有一點告訴大家，也是提示大家，女人不要積攢首飾，這也是古大德的教誨。現在的女人為了積攢金銀首飾、珠寶玉器可能都不惜耗盡家財，結果毫無益處。如果有那個錢財，不如拿出來多積德多行善，首飾戴多了，還容易引起人的非分之想，但也不是說一件都不買，一兩件足矣。比如說先生給的禮物或者是信物，我們要留著，其他的多餘的無用的，就不去買它了。這也是格物修身的一個很重要的內容，從這裡開始修起，從這裡開始格物。因為女人一般都非常喜愛首飾，但誠如《大學》所言「有所好惡則不得其正」。

【專心紡績，不好戲笑，潔齊酒食，以供賓客，是謂婦功矣。】

最後一個就是我們要學習的婦功。紡績是婦人的常業，「故宜專心習之而不倦」，講的是做這件事情要專心的去做。

「戲笑非婦女所宜，故成謹而不好」，開玩笑、嬉戲，這不是女人應該做的。我們應該端正持靜，賓客到的時候要把酒飯都準備好，妥善接待賓客，這也是《詩經》上說的，「無非無儀，惟酒食是議」，此之謂也。這段話看白話文很好明白，就是說做女子的婦功就是在家裡，因為古代都是男耕女織，男人在外面把田地耕好，女人在家裡把穿的衣服織出來，然後做飯，招待好賓客，就可以了，就是婦功。這是很簡單的意思，但是實際上它的意思是深的。我們首先看開篇用的專心兩個字，為什麼一上來就用專心，說明我們在做婦功的時候經常三心二意。專是一的意思，專就是不雜，不亂。專心紡績也就是說女子會把心定在家裡的家務，換言之把心定在家裡自己的使命上。紡績是不是僅僅的就把衣服織出來穿保暖而已嗎？它是一個代名詞，它只是班昭用來表稱的一個詞，表示什麼法門呢？表示班昭所要宣傳的女子德行的一個法門，女德最重要的就是開篇講的，要明白自己的本分。女子的本分是什麼呢？女子的使命，跟男子是不一樣的，女子的使命是在家裡如何能夠行好婦道，教育好子女。怎麼樣教育好子女呢？從做好婦功開始，如果一個女子什麼都不做，無所事事，就無以教兒女。

大家看一個懶婦，她怎麼能教出來好兒女呢？能夠一心她就通了。「不好戲笑」，講女子還是要廉潔和貞潔、貞淨的，不會隨意嬉怒打罵。如果是好戲笑的話，一定就不會專心。最後講潔齊酒食，準備好飯菜，以供賓客。潔齊不是單純的說，做出來的飯很整潔，很齊整，潔齊是指我們的心，講心性很整潔很齊整。在外面不論來多少賓客，先生的朋友來了多少，女人都不會把心思放到這些事情上，見到丈夫的朋友來了，很興奮，展示一下自己的婦功，再展示一下自己的相貌，然後在朋友面前可能還談三說四的，吆五喝六的，這樣先生看了不會高興，自己的妻子跟自己的朋友說話沒有說話樣，舉止又很輕浮，飯做的再好吃，丈夫心裡總會很鬱悶。所以這個潔齊更多的是指做飯的時候要收

住心，讓心乾乾淨淨整整齊齊的，只是單純的把飯菜做好，拿去給賓客就可以了，不要有其他的非分之想。

婦功方面在開篇曾經說過，現代的婦功絕對不單純的只是在家裡做好家務，家裡做好家務相對要簡單很多，洗衣服會有洗衣機，飯菜比古代也要好做多了，不用生柴火了，打開瓦斯爐很方便，做家務也不會說很費勁。婦功在此更多表現在自己工作崗位上，怎麼樣能夠一心把自己的本份工作做好？比如說你是一個會計，真正的好會計要德行好，是不是老闆造孽你就要隨順他，要跟著他造孽？他要逃稅，我要幫他巧立名目逃稅漏稅？你可以不做，你只要做了，你跟他是一樣的。又比如你是做律師的，很多這樣的律師，沒有官司，得找出個官司來打，甚至助理律師、大律師在打一些官司，他幫寫文字材料，有時不由自主的就會做出一些違背倫常道德的事情。

所以當人在做事的時候，要看看自己從事的是什麼樣的職業，有一些醫生，包括聽我課的一個女老師，她是婦產醫院專門做人工流產手術的，做過的手術不計其數。她問我她要不要繼續做，我當機立斷說不要。因為她比我年紀大，我想這要是我姐的話，我也會這麼說，她說為什麼呢？我跟她講自己查找過相關的資料，人類生命開始於受孕之時，現代科學之所以有這樣的結論，乃是因為音波顯像和現代胎兒學大力支持這個判斷，超音波技術好像是在子宮開了一扇窗戶。

納森攝(Bemard Nathanson)博士表示現代科技的進展，使他本來支持墮胎的信念有了一百八十度的轉變。他素稱「墮胎之王」，因為他在這方面非常有名，曾經主持超過六萬次的墮胎，但他今天大聲疾呼反對墮胎，因為近年胎兒學的發現使他不得不承認——胎兒是一個活生生的人。那您的工作每天是在做什麼呢？能不做最好。尤其是女子，這位醫生跟我講很多去做人工流產手術的，都是那些未成年的，十七、八歲，甚至十四、五歲的孩子，有的有同學陪，有的就自己去，而且有的不止一次兩次，

做了好幾次。所以我想如果女子的道德教育能夠在全國甚至全世界推廣開的話，首先女子自我保護的意識就會提升，她不會隨意的去做這些事情，那真是把自己給糟蹋了。

婦功還有就是會開車。我那天開車還在想，這可能就是婦功，自己開車我有體會，你開車要是非常的傲慢，開的橫衝直撞的，車速快，不遵守交通規則；另一種心理，會跟沒有車的人比，也傲慢。有一次司機開車，前面堵車就等著，旁邊那個車是位女子開車，一個勁的按車喇叭，然後非常不滿，搖下車窗就開始罵。我那位司機是個小夥子，一開始忍著，後來實在生氣了，也要跟她說一說。我說：「你不用跟她說，一看就沒有學過女德，學過女德的，別說開好車，開這麼舊的車，還這麼大聲罵人。你不用理她好了，我們走吧。」現代其他的婦功就更多了，但是重點就放在一個專心，一個是不好戲笑，一個是潔齊。你好好品品這幾個字就能夠明白，班昭所要教的真正的婦功是什麼意思？是真正的要作出功德，作出功勞。什麼樣叫功勞？什麼樣叫功德？在古代對功字的定義是什麼呢？「以勞定國也」，你的勞作能夠安定一個國家。你想想能不能？如果不能的話，都會失去意義。

在婦功裡我們還常講就是「勤」、「儉」兩個字，這兩個字是貫穿婦功的，勤就不必說了，卑弱裡經常講的就是執勤，不僅是手勤眼也要勤，眼裡要有活，眼裡沒活你勤不了，覺得這都很好的，不需要努力做。嘴只要不勤就好了，就是眼勤和手勤就可以了。另外一個是儉，儉有這麼一段話非常好，我從《菜根譚》上摘下來的，跟大家來分享一下。「儉美德也，過則為慳吝，為鄙嗇，反傷雅道；讓懿行也，過則為足恭，為曲盡，多出機心」。 什麼意思呢？就是勤儉是一件美德，但是太過了，就顯得又小氣又吝嗇。所謂「為富不仁」，有錢不捨得用，反而斤斤計較，這絕對是傷害為人正道的。謙讓也是很美好的行為，但是太過，就顯得過分的恭維，有取悅人的意思，就顯得把謹慎

的心思專用在細小的地方，有假裝謙恭之意，多出於機心，機心就是這個人很有城府了。心機很多不用在正道上，真正立大事的人有的時候真是不拘小節，不要去挑他，他心思沒放在這。這段話我很喜歡，就摘下來跟大家分享。講勤儉的時候也要反覆明白，儉是對自己不是對別人，在自己身上，一切用物都節儉。對家人要勸導，要以身而化之。對朋友要大氣，但是大氣要有原則，不能說我有錢說給就給，常做這種沒原則的事，有可能不僅傷害自己，最重要是把朋友給害了，他可能拿著你的錢做了很多不該做的事情。記得我聽一位老闆說過，他曾經有一個員工，這位員工當時欠其他員工的錢，欠了好幾千，這位老闆知道之後，想到他家很困難，就很大方的把幾千塊錢拿出來，替他還了，他感激涕零。這位老闆都沒有細問他拿這些錢去做什麼了，後來他可能覺得老闆的錢很好騙，又跟這位老闆哭訴他的幾個銀行卡還欠款，老闆一衝動差點想替他把銀行卡的欠款也還上，結果就被財務總監給制止住了，說你得問問他怎麼回事？結果後來這位老闆發現，這個人實際上是品德的問題。當然還發生很多事情，最後辭職了，

傷害到德行的很嚴重的事情，傷害到公司利益。所以有的時候可以拿錢幫助人，但是怎麼樣能夠真正的利於對方，這是我們要明白的。不能表現自己的節儉，不拿錢，也不能為了表現自己的大方，隨便拿錢。總而言之，要是出於為自己的目的，全是惡的，只要是真正的為別人去考慮都是善的。哪怕別人不理解，哪怕被別人說，這個人怎麼這麼笑氣，管他要點錢很難，你還是要這樣做，為了他好。所以我們做好事是不容易的，經常會遭到人家的誤解和打擊，但是我們心地坦蕩無私心，我想天地自有正道，自有正氣，就不要太在意了，別人怎麼說，隨他說去，自己該怎麼做還是按照祖先的教誨，先聖哲師的教誨，我們去做就好了。

【此四者，女人之大節，而不可乏無者也。然為之甚易，唯在存心耳。古人有言：仁遠乎哉？我欲仁，而仁斯至矣。此之謂也。】

其實德、言、容、功這四件事是女子的常道，不可缺一項，但是做起來並不難，只是在於存心而已，沒有這種存心是不對的。孔夫子有言，這個仁難道離我遠嗎？如果一心就想行仁的話，仁馬上就到了，還愁什麼四德不完備呢？這句話是這一篇章的結語，我覺得也很重要，點出了四德怎麼做，在於一心耳，就是在心念上去求，不是求於外在。有些學習傳統文化的朋友就是只在外在上求，而沒有在自己的心地上求「仁」。比如說勤儉，勤儉到讓外人會疏遠傳統文化。

記得有一次，就聽到一個朋友跟我說，「他們拉著我出來聽傳統文化的課，還非讓我坐慢車，吃便宜的盒飯，真的挺難忍受的」。我相信我們學傳統文化的朋友初發心都是好的，但有的時候不能強迫別人跟我們一樣，自己做就好了，別人願意做很好，不願意做也不勉強。有一次我去給私人銀行的高端客戶講傳統文化，這三百人全部都是在銀行私人存款五百萬以上的。如果我穿十幾塊錢的褲子，很簡單的衣服，他們一看會覺得很不像樣，我覺得把行頭穿上，穿的顯得簡潔而大方，但又不失禮義，是對他們的尊重。他們的行長就很歡喜，跟我要了很多書，從總行行長到私人銀行行長都要了一大堆去看，說傳統文化很好，要學。

所以現代社會中有一些禮節，我們不可以完全違背。說為了學傳統文化，我就要這麼做，獨行獨素，可能就會把身邊的一些人傷到了，當然他們就會用很怪異的眼光看你，好像你很另類似的。那我們就不要讓人有這種另類的感覺，要隨俗。大家這樣，我們也這樣，我們穿的都一樣，只是說的話不一樣，存的心不一樣。要讓我們這種存心和這種言語去感化他們，只要他們能

慢慢轉化，穿什麼無所謂，穿的慢慢來改，吃什麼也無所謂，慢慢來改，心變了就很好，先從這塊改。

所以這個「仁心」並不難求，只要想到自己就想到別人，推己及人，時時刻刻反求諸己，「仁心」馬上會到。為什麼到呢？因為它是自性裡本有的，不是外來的。要是外來的求，那是很麻煩的，求人給我點仁，或者求誰能夠送我一點仁，那是不對的。它是自己本身就有的，所以「仁、義、禮、智、信」，是我們自性原先就包含有的寶藏，我們沒有去開採，現在開採出來，那就是自己的東西。還怎麼可能遠？不會遠的。所以女子的四德也是一樣。

我們學女子四德，它並不是外面的東西，它是我們自性本身就有的東西。我們是在學自己的東西，就像這個東西沉睡在我們的心中很久，現在只是用小錘給它敲醒，讓它從沉睡的狀態蘇醒過來，醒來後恍然大悟，原來我本來就應該這樣子，這樣才像一個真正的女人的樣子，原本女人就應該這樣說話，原本女人就應該這樣行事、這樣打扮，那麼一切就都會恢復到自然狀態，這是最舒適的。你違背自然，一定要把眼睛抹的跟大熊貓似的，嘴巴塗的跟要流血似的，衣服穿的跟沒穿似的，恨不得跟動物一樣，就完全背離原本的你了。人穿衣不僅是為了蔽體防寒，還有遮羞的功能，讓人看了不要引起邪念，要有羞恥感。說話也是一樣，人會說話，講的要是人話，說的話一定是善話，如果說的都是惡言惡語，那是禽獸之語，就不要說那個話。行的事也是一樣，要行人事，女人一定要行女人的事。

我們女人的使命很重大，這個重大的使命就是為了家族的未來，為了民族的未來，用心培養好下一代，培養有德行、有能力、有責任感的下一代，而不是垮掉的下一代。所以說四德是大節，為什麼說是大節呢？因為有了這四樣才可以成就我們的使命，才有能力去教導孩子，去成就你先生的事業，才能把家業傳承下去，否則的話就不能培養好下一代。俗話常講富不過二代，

為什麼？就是沒有好母親教好下一代。

　　這四德是非常重要的，在現代社會中去詮釋這四德，很多人都覺得是不是很難或者是很多人不理解，恰恰相反，在我講這四德的大半年中，很多人都非常歡迎，百聽不厭。有一次在一個論壇彙報中只講了兩德就下課了，因為開篇還講了一下學習女德的重要性，佔用了一些時間，結果很多老闆和主管就說怎麼就只講兩個小時，那兩節未完待續我還沒聽夠，那兩德沒有聽到。所以說只要是符合自性的東西，大家聽了就都歡喜，有一位退休的老主管，在私下跟我聊天的時候就說，這個東西為什麼大家聽了連廁所都不願意上？是因為它是符合自性的，是人的本性，只要是人的本性每一個人都有，每一個人都願意這樣，每一個人聽了都會歡喜。這麼做到之後都會高興，那麼我們幹嘛不去做呢？

　　所以聽到這張光碟的所有老師，尤其是女性要從自己做起，把四德先表現出來。所有《女誡》的禮就都在這四德裡面了，這是最重要的一個篇章，最好做的，是要認認真真行出來的篇章。你說謙卑不好做，執勤也很恍惚，那透過四德來行出來。如果男性要是聽到的話，一定要勸導自己的妻子，自己的女朋友或者身邊的女性，甚至自己的母親，都要有這種義務，男人是有引領義務的。男人很重要，你的審美觀其實就決定了女性的價值取向，你要都是正的，那女人也一定都是正的；當然反過來我們女人正了，也能把他給引導正，這個是互相觸動的。

　　四德今天就學習到這裡，以後有時間還會反覆的盡力繼續學習和探討。非常感謝各位老師，謝謝大家。

第六講／專心篇

　　尊敬的各位老師大家好，我們繼續學習《女誡》的第五篇—專心篇。專心篇的文字不長，但是含義卻很深廣，先來給大家念頌一下全文。

　　【禮，夫有再娶之義，婦無二適之文，故曰夫者天也。天固不可違，夫故不可離也。行違神祇，天則罰之，禮義有愆，夫則薄之。故女憲曰：得意一人，是謂永畢；失意一人，是謂永訖。由斯言之，夫不可不求其心。然所求者，亦非謂佞媚苟親也。固莫若專心正色，禮義居潔。耳無塗聽，目無邪視。出無冶容，入無廢飾。無聚會群輩，無看視門戶，則謂專心正色矣。若夫動靜輕脫，視聽陜輸，入則亂髮壞形，出則窈窕作態；說所不當道，觀所不當視，此謂不能專心正色矣。】

　　這是這篇的全文。我們先看一下篇題，篇章的題目叫專心，在古大德的教誨裡有一句話叫「若人識得心，大地無寸土。」這心是很難識的，我們這個肉團心不是真心，沒有本性。心臟不好用換一個別人的來用用也可以，它不起什麼作用，我們平時這個心念的意識，這種心是不是就好用呢？也不好用。因為很多是我們平時的習性使然，並不是我們的真心，我們的本性。所以學習古聖先賢的經典就是要恢復本來的真心本性的面目。真心本性的面目怎麼才能夠恢復呢？就是要「專」。這個「專」就是「一」。這個「一」什麼意思呢？好比這個心像地球一樣，我們的本心真性是地球的核心，想從地球的表面到達真心的中心圓點上，那麼你只能選擇一個地方，堅持不懈的一直鑽下去，鑽到底就能夠達到中心的圓點。如果選擇很多地方，每一個都用點力然後再換一個地方，永遠都開採不到寶藏，也達不到本性。

所以「專」是一切法門學習的要道，講究的是「一門深入，長期薰修」，只有這樣才能夠把真心給薰出來。後面的篇章就告訴女子，她本身的德行是怎麼樣透過專心修煉出來的。在王相的箋注裡說道：「專一也為夫人之道，專於夫而無二志也。」王相說的也沒有錯，因為在現實生活中，我們所需要做的第一個專一，就是對自己的先生，或者換言之是對自己的家庭。

為什麼「家家都有本難念的經」？是因為女人的心性不夠專，不夠定，心雜心亂，想東想西。

當面臨的誘惑和選擇很多的時候，就很難在這一門上，在這一個人上用盡心思，如果把全部心思真正放到自己的先生上，這是真心的，很真誠的放，不是像電視劇演的那樣，成天打電話打手機查勤，那個不叫專心了，那是滿足你的私心雜念了，而不是真正把心放到丈夫的心思上。想他所思，想他所想，然後再琢磨著怎麼能夠把他的所思所想導引到古聖先賢的正道上，兩個人一同進步，這才是真正的「專於夫而無二志也。」並不是單單他這個人，人是表面現象，也要把你的心通到丈夫的心上，兩個心之間能夠心心相通，才真正能夠惺惺相惜，這是專心的真實含義。

你光自己心專，專了半天之後，都不曉得先生一天在想什麼忙什麼，你說我很專心，但最後兩人卻分道揚鑣，這個是不對的。自己的心專下來要定，放下很多雜念，一門心思的要想家裡的人，怎麼樣能夠在精神上物質上提升得更好，尤其是在精神上。

在現實的過程中，這一章我每一次講課的時候尤其偏重在女子如何做到專心她的操守，這是最重要的女德課。這裡我們會一起學習很多，第一個就是女子在平時生活中，如何能夠做到「一心是夫而無二志」？首先就是你不要有「過不好明天就離婚，不行的話就找婚外情」這樣的想法，這是根本性的錯誤，後面會給大家仔細講解。其次不要很年輕的時候就隨意的放任自

己，在身體上去放任自己，就是所謂男女關係很混亂，這樣子的話可能以後的生活會後患無窮，在夫妻相處過程中，希望所有的女性都能記住這樣一點，第一不要懷疑，要有最起碼的信任，不要動不動就懷疑先生如何如何。懷疑的心念一出，看什麼都似是而非。

比如以前經常講一個故事，叫「疑鄰偷斧。」一個人的斧頭沒了，他就覺得鄰居家的小孩很像是偷斧頭的，他怎麼看都像是個小偷，越看越覺得不對勁，甚至很想告到官府。可是有一天他上山再打柴的時候，發現他的斧頭就放在樹幹上，是他打柴的時候忘拿下來了。他把斧頭拿回去之後，再去看那個小孩子，怎麼看都覺得這個小孩很乖巧，怎麼看也不像是小偷。

所以很多相都是自己看出來的，幻想出來的。你要覺得先生好像不守男德的話，怎麼看都覺得有懷疑的徵兆。是不是他身上有別的女人的頭髮，不是自己的，他身上好像是有香水味，回來這麼晚，不對，是不是在外面有什麼外遇？要相信心的力量是很大的，一定要有正心正念。俗話說心想事成，我們為什麼不想好的呢？女人要有智慧，要相信自己，相信先生，即便先生出現了意外狀況也要沉住氣，相信自己一樣能活得很好。

第二自己心不要夾雜。夾雜就是欲望太多，想東想西，想的太多了，心不專了，對家裡的很多事情不能夠踏踏實實的去做。比如一會兒想著如何去健身，一會兒想著如何去逛街，再想想如何去美容，如何跟朋友喝酒聊天，再約幾個好友打會兒麻將，這太夾雜了，這樣是不行的，是專不了心的。第三就是不間斷。不間斷是什麼呢？對經典的學習不間斷，對自身修養的提升，一天都不能斷。

在今天這個時代裡，古人講三天不讀聖賢書就面目全非，我覺得有的時候甚至可以說三個小時，這不是誇張的話。旁邊有誘惑的事情或者是人出現，你馬上就隨著壞習慣、壞毛病跑掉了。可能旁邊有人正在說她對老公的很多不滿，對家裡的憤恨，

你恰好已經三天不聞聖賢書，往日的怨恨心一起來你也就開始跟著說。我也是這樣，我先生如何如何，我婆婆如何如何，結果說完會很後悔，不應該說，傳統文化全都白學了。「行有不得，反求諸己」，全都忘掉了。所以這個不間斷，是不間斷對聖賢經典的學習。只有這麼做，才能一點點把心收住，收在專上，收在一上，讓自己的真心不斷的顯現。

【禮，夫有再娶之義，婦無二適之文。】

我們具體學習第一段。這個「適」是再嫁人的意思。這段話簡單看就是講丈夫如果沒有妻子，為了子孫後嗣可以再娶妻子；妻子如果先生去世或者離異之後最好從一而終，這是禮所講的法。那麼今天來學這段文字很難講，說實話我在學習《女誡》的時候曾經問過一個善知識，我說這段可不可以省略了不講，覺得很多女人聽了會很反感，就連我自己都過不去。我說那太不公平了，為什麼男人可以再找，女人也很艱難，為什麼不可以再找人呢？這個善知識避開了我這個話題，沒有回答，只是說你可以強調一下，如果先生有再娶的話，做女人的不要有嫉妒心，至於再不再找看情況再定吧。

那為什麼禮是這個道理呢？什麼是真正的禮？禮的本身是「毋不敬」，它不是外面所表現的禮法和禮術。這篇文章是寫給女性看的，女子從本身上怎麼能夠做到對自己「毋不敬」，我們先不要說別人，想想如果是離異之後或者是在先生去世以後，又很盲目的去跟了第二人，首先在身體上是不是就與「貞」背離了，就不敬了。如果還有能力來獨自撫養大，看看自古以來很多的貞婦和節婦，她們培養出來的孩子，都非常優秀，不需要去再找一個。

我們在學習的時候看到古代有這樣的案例，像清朝尹會一的母親是二十七歲守寡，活到七十七歲，就尹會一這麼一個兒

子，另外還要撫養四位老人，她自己的父母和公公婆婆。她只是靠做女工和紡織這樣的活計養活四位老人和一個孩子，把尹會一一路送到國家的將才之列，乾隆皇帝親自賜給他母親匾額，稱爲「御婦節婦。」母親一輩子不化妝，怕自己穿的很好的話，年紀很輕招惹上一些是非，從來不參加親戚的應酬。尹會一的母親識文斷字，在家裡一心一意的教孩子，把孩子培養成人。所以女人如果是二適的話，就不會把全部的精力放在如何培養自己的子嗣後代上，這個心念就不專了，她的使命和大業就很難再維持下去。所以我想可能這是古人在制訂禮的時候兩重的含義，一重就是從她對自身的恭敬尊敬，不要讓自己的身體再去接觸另外的異性，這是一，守住一個貞字。第二個全部精神都放到自己的使命和重擔上，因爲再結婚可能還得很多精力放在夫妻關係的相處上，可能還會有小孩子出生，可能還會有很多雜務，就不會全力以赴做好這件事情。這是我學習中的體會。

今天來看這段文字，首先我覺得學習的時候不要去排斥它。我們想不真正的深入到古人經典裡去學習的時候，誠敬心是很難培養起來的。因爲先抱著一個批判、對立的眼光，你看祖先寫的文章，就像「疑鄰偷斧」一樣，怎麼看怎麼覺得彆扭，跟現代人格格不入，在現代生活中毫無適用之處，這個真是老古董了，要放到垃圾堆裡了。你要先把這個心放下，想想我們的祖先不會那麼愚蠢，應該是很智慧的，就像面對一個已經活了三千歲、五千歲的智者老人，面對這樣的老人，我們只是一個小小孩了。我們如果不是帶著真誠的恭敬心，去聆聽他的教誨，怎麼能聽出其中的味道來？祖先原來有很深的用意和含義，而且我也想爲什麼祖先對女子制定出那麼多苛刻的要求？是不是我們祖先早已經預見到幾千年後，女子放縱放肆的不得了，如果現在就寬鬆的話，將來可能就更不可收拾了。所以祖先給我們做一個很好的榜樣，我們跟我們的祖先來比的話，真的是微不足道。

我們看到很多古代的貞女，可以爲了貞節，哪怕是異性碰

了我一下手指頭，都可以捨身求義，把手臂給斷掉。今天看好像不可思議，為什麼要那麼做呢？是不是很極端呢？但是今天在學習的時候，尤其自己在學習的時候，我心裡很慚愧也很敬仰。其實祖先那麼做是告訴我們一個義字是多麼重要，人對道德的追求應該放在一個多麼至高無上的地位。我們今天如果這麼不重視傳統文化的教育，不重視倫理道德的教育，真的是愧對我們的祖先。所以這段文字不長，但是它放在開篇的第一句，也是有很深含義的。我們在學習的時候，要想想今天如果是正常的夫妻關係，要很好的去維持和維護，自己要珍惜。

我也抄了一段文字，是這樣寫的：「婚姻是一種承諾，更是一種責任，是彼此的依靠，更是雙方用心的經營與付出，它需要經過歲月的洗禮，更需要經得起時間的考驗。事先多想想，尤其對將來可能出現的分歧與困惑能否克服，沒想好就暫時不要在一起，想好了就不要輕言分開。」

現在的夫妻就是沒想好就在一起，也沒想好就分開了，所以要「三思而後行」。不要離婚了，才想到女德學習，現在就要立志，把孩子撫養好，就不要再做出更多讓一生都後悔的事情。

【故曰夫者天也，天固不可違，夫故不可離也。】

我們來看第二段。在箋注裡說道：「禮曰：夫乃婦之天，天命不可違。夫義不可離也。夫亡而嫁，是離背其夫也。」這是《禮記》上的一段話。這段話的意思是什麼呢？丈夫就是自己的那片天，天是不可以隨便違背的，所以也離不開。如果用天地來做比較，你看哪一片土地上方沒有天呢？這個天表示的是自然規律，是天道，這種自然規律是不可以違背的。

在現實生活中要想明白，你不要把先生單純的看成一個人，我多少次都這麼說，如果太注重他這個人，那你就很容易執著於情感中；在情感的執著中，很難找到理智，你真的結婚就昏

掉了。我看結婚這兩個字，「結」是有很多絲帶把吉祥的吉給纏住了，這吉祥就很難能夠見於天光；那「婚」是見到女人頭就昏掉了。我覺得不是見到女人，是女人本身自己就昏掉了，男人也容易昏掉，所以結婚之前之後都要保持清醒，保持理智，不要被情欲沖昏了頭腦。自己怎樣才能不迷惑顛倒？就是你時時刻刻透過身邊的這個人見到他的自性，見到仁的本性，他只是一個人嘛！長的和別的男人有點不同，但是在本質上都是人，不要太執著，太執著就容易出問題。就如同我們看用黃金做出的各種飾品，有成千上萬種樣子，但實質都是黃金，黃金就是本性，我們見到各種黃金飾品不要迷惑，要看出它們都是一樣的。

「天不可違」，這裡的「天」實際上指的是自然規律，也就是自然規律是不可以違背的，這裡面的自然規律是什麼呢？「夫妻是緣，善緣惡緣無緣不聚。」這句話道出了夫妻之間的事實真相，看到這個真相我們隨緣相處就是遵守了自然規律。《女論語》開篇四書篇第一句話就是「前世因緣今世情分。」為什麼芸芸眾生之中你只跟他結婚？你不會同時跟很多人結婚呢？為什麼跟他是一見鍾情啊？一定終身，這種緣分要保持住，用最開始的心意來維持一生。為什麼不能維持呢？就是一開始心意中情感的成份太多了，隨著時間的沖淡，情感的成份越來越少了，理智出來了，就失去了初衷。要適當的一面要保持住感情的成份，同時也要時時刻刻有理性的成份，都不要缺。把最開始的心意一直保持下去，就符合自然規律了，所以夫妻相處有很多藝術，比如說夫妻之間也要常常的請一下客，送一下禮，多溝通多交流，就能及時化解很多問題，讓彼此的關係更加和諧。

今天中午我跟一個朋友聊天，她也在講夫妻之道，她是一位主管，她說：「這個肯定是要做的，你看他請我哥吃飯，然後我就馬上回請，我請他妹妹吃飯，互相請，不互相請那他也不高興，好像我不重視他家人一樣。」但是她還有很多藝術，比如說她要做一件事情，她問我：「靜瑜老師，我要不要告訴我先

生？」我說：「這件事情從禮上講，我覺得不需要說，因為要說了你先生不能同意你做，但是如果你是在盡孝的一件事情，你要不這麼做你就是大不孝。所以從孝道上你要做的話，在夫妻的情分上，可能就需要說一些善意的謊言，不過也不要太執著了。」她說：「我的心放不下。」我說：「放不下的是你對自己的自私自利。」她說：「因為我總是想在他面前很坦然，什麼事都對他很坦白，他什麼事都支持我。」我說：「那你錯了，你把他太神聖化了，有些事情可能他並不一定能夠去支持，這是人之常情，你要把『禮』字放在前面，『常情』放在後面，再慢慢調整。你想一個方便的、善意的謊言。」她就想明白了跟我說，我說：「這個很好，你先生肯定能通過。」我們倆中午說了很久，她又說：「你說人和人，尤其是和家人相處，和先生相處，有的時候是不是不能太好了。」我說：「是這樣，你看婚姻是什麼呢？剛一結婚的時候特別好，恨不得天天都給他穿鞋，到後來越來越淡，越來越淡，然後就開始夫妻吵架。為什麼有七年之癢？現在可能都提升到三年之癢了，癢是什麼呢？就是不能在一起了，在一起就是兩隻刺蝟，你扎著我，我也扎著你，要分開。」然後我打開《菜根譚》上的一段話，我說：

「你看我們現在就學習，這上寫的什麼呢？就是恩情的恩，『恩意從淡到濃』。就是給人施恩，應該是從淡到濃，『切忌從濃到淡』。開始很厚重，到後來沒有了。後面說的是『這樣做容易忘其惠』，人家就忘掉之前做的好了。」

就記住當下的，昨天剛發生的，你對我很差，大呼小叫，別說提鞋了，連個飯都沒端上來。做女人也是，剛結婚的時候表現的奇好，到後來越來越差。如果一開始不怎麼樣，越到後來越好，他就會發現，剛開始覺得是塊石頭，沒把她當成寶，可是撿回家走的時間越長，沒想到是一塊玉，越來越值錢，沒想到你還會做飯，把飯做的還越來越好吃；沒想到你還這麼會說話，沒想到你剛結婚時沒有給我擦皮鞋，現在還能擦皮鞋。他就會越來越

記你的好。」我說：「《弟子規》是很好的根，但是我相信對於我們這種知識障礙很重的人，這個根真是不容易扎透，得要很多輔助的水和化肥往裡注入幫助生長。比如《女誡》就可以發揮很好的水和化肥的作用，把一些疑惑打開了。我們天性不好，不像人家說特別老實的人，一聽馬上就照做，我們有很多疑問，也不像天性特別聰慧的一點就透，點還點不透，是中間最難處理的那部分，自己還得找找別的東西來通一通，做任何事情都不能太執著。」

所以我的想法是什麼呢？我們在學習的過程中，一定要透過表面看到實質，這個天是不是就是外面的那片藍天呢？不是這樣的。**天表示的是一種自然規律，我們就想想跟他結合表示的是一種什麼自然規律？夫妻雙方這種自然規律是什麼呢？百年好和、承續後代、傳承命脈，應該是這種，這是天道，也是天意。**沒有天道、天意時，兩個人結婚就打架，不高興就離婚，對生下的孩子一點都沒有責任感，這就不是天道和天意了。所以要是這麼想的話，就會想到的確上天給我配來的這個先生，是世界上最好的先生，最棒的。他如果不好，一定是我不好，我要改變自己，一定相信他能變好。

有一個美國男人，是富家的大少爺，花花公子，他是華人移居到美國的，找了一個華人的妻子。這個女性非常的溫柔賢良，是個好女子，但是當時大家都不建議她嫁給這個男性，說這個男子不好，雖然有錢但是人不是很好，很放任。她說我就相中他一點，他對他的媽媽很孝順，行為是有點不大檢點，但是我相信他會變好。兩人也是有這種緣分，這個男孩子也追求她，後來就結婚了。結婚之後，這個女子就一心守住婦道，天天在家，把家裡打理的很好，雖然有傭人，但是先生不管多晚回家，她都會親自下廚，然後對先生非常的體貼，也非常的溫柔，從來不問先生今晚為什麼沒有回家過夜啊？為什麼回來這麼晚啊？都幹什麼了？從來不問，對他的母親也是奉養的非常好。隔了大概七、八

年，她的先生就回心轉意，到後來就和她一起學聖賢之道，再後來兩個人就成為讓很多人都非常羨慕的恩愛夫妻。這是一個真實的故事，是女子正己化人的很好一個故事。為什麼會這樣呢？就是女人要想，不管是多好的男人，在一個壞女人的手裡，都會變得不堪入目，會變的。但是不管一個多不好的男人，到了好女人的手裡就像進到一個好學校一樣，透過母性的純淨純善的教化，耳聞目染的影響都會改變。所以只要有好女人，就不愁沒有好先生，不愁沒有好兒女。

【行違神祇，天則罰之；禮義有愆，夫則薄之。】

我們繼續學習。這段講人的行為違反倫理道德，就會觸犯神怒，天則降殃，罰其自身。婦人之禮要時時反省自己，如果在禮義上有過錯的話，先生就不會善待她。這裡講的是什麼樣的一個概念呢？表面上看這一段話可能比較難解，什麼叫「行違神祇」？什麼是「神祇」？神祇就是現在講的倫理道德，很簡單，不是神仙，八卦，不是迷信，絕對不是這些。那麼倫理道德為什麼就是神祇？因為從任何一個角度來分析，我們讀所有的古聖經典，告訴我們，人要有善心，有善念，有善言，有善願，有善行，那真是人天護佑，走到哪裡都會很順利，《太上感應篇》就說：「故吉人語善、視善、行善，一日有三善，三年天必降之福。」

有一次我接到外地一位朋友的電話，找我做什麼呢？找我看風水，我說：「你怎麼會找到我」，他說：「你不是在弘揚傳統文化嗎？傳統文化估計都是這些。」他是一個公司老總，他說：「你幫我看看，我要換一個辦公大樓，這個風水好不好。」我就笑了，我說：「您真是高看我了，我一點也不會看風水，但是我明白一個道理可以告訴你，不用找人去看風水，也會有很好的風水。」他就不明白，我告訴他：「俗話說福人居福地，福地

福人居。只要有德就有福，有福的人在哪個地方，哪個地方都沾你的光。你不用去找人看了，找人看太麻煩了，而且好的風水，如果你人不怎麼樣，住進去了，也會變差，你還會埋怨人家。」這是真的，人如果有福在哪裡都是風水寶地，人要懂得積福，尤其是一家之主婦，這個家的女人要懂得這一點，這才是一個必有餘慶的積善之家。

傳統文化說起來實際很簡單，就是五倫、五常、四維、八德。五倫就是人與人之間應該怎麼樣以義相處，所謂五倫十義，人都離不開這五種關係，父子有親、夫婦有別、長幼有序、君臣有義、朋友有信。五常就是做人應該有的最基本的五種德行，仁、義、禮、智、信。四維是禮、義、廉、恥，八德是孝、悌、忠、信、仁、愛、和平。你看簡簡單單的這幾個字就概括了傳統文化的全部，所以我們的祖先真的是智慧，即便傳上千萬年也不會傳錯。

人本來的自性應該是什麼樣子呢？如果你恢復了自性，就是前面講的「通達神明」，就是透徹瞭解宇宙事物的真相，當你瞭解到真相，你的行為就不會違背。否則的話，就會遇到懲罰。不是老天來罰你，我們說天是表示自然規律，是會受到自然規律的處罰。比如冬天穿夏天的裙子出去走兩圈，看你會不會感冒，你違反自然規律了，一定要感冒的。很多事情不要想是不是什麼鬼神懲罰我、老天懲罰我。都沒有，誰都懲罰不了你，你所遭遇的一切都是自身行為引發的作用力與反作用力，這樣大家能聽懂。就像打沙包一樣，打出去一拳，它一定會回來，回來的那個力量有可能更重，這個力量誰打出去的呢？是你打出去的。那回過來的就是你所面臨的現在的人、事、物，把這句話講透了，就是一個是因一個是果。你的一切行為、甚至一切念頭都是在種因，「因」違背了自然規律，就要遭遇不好的結果。如果是善因一定是善果，當我們明白了這一點，就要時時刻刻提醒自己，要給自己種好因。

「禮義有愆，夫則薄之」，在禮義上有了一些過錯，先生對你就會越來越慢怠，這個薄是慢怠的意思。義就是婦人的義，婦人的義是什麼呢？是夫義婦聽，這是五倫十義中婦人的義，丈夫做到「義」，我們做妻子的才「聽」，聽是順從的意思，也就是要隨順丈夫的道義、情義、恩義。反之如果丈夫不仁不義呢？這裡就有很深的意味，丈夫的言行符合倫理道義，聽是沒有問題的，也必須要這麼做。如果丈夫的行爲不符合倫理道德，比如說他現在做出一些不好的行爲，對他的父母不好，還可能出去打麻將，賭博喝酒，還打罵，那你怎麼個聽法呢？你要能夠「聽到」他的自性不是這樣的，他的自性與古聖先賢孔子、孟子的自性是無二無別的，都是純淨純善的。現在現出的是他的習性，習性爲什麼會這樣呢？沒有人教他，如《三字經》所言「性相近，習相遠；苟不教，性乃遷。」現在你有緣與他結合，你就有像母親一樣的教化義務，你怎麼對待自己孩子的那份愛，那份細心，那份耐心，就同樣拿出來對待自己的丈夫，去感化他、去教導他、去引領他，一輩子堅持不懈的努力去教他。如果你的功課沒完成，教教不愛教了，把這個學生給辭退了，離婚了，這個老師也不是一個合格的老師，你的任務沒有完成，可能你還會遇到同樣的考題。

所以真正做妻子，在經典中我看到做妻子的要做到「五婦」：

第一個要做的是什麼呢？一定是要做母婦。要像母親一樣對待你的先生，怎麼樣能用母親一樣的胸懷去包容丈夫，把先生先看成一個孩子。如果能做到這一點，你就不會跟他有很多計較了。我有的時候不僅看我的先生，甚至看一些比我年紀大的長者，當他發起脾氣來的時候我覺得都像小孩子。我就是一笑了之，覺得很可愛，可能男人的那種調皮的性格就出來了，他覺得男人的自尊受到傷害，對你表現出一些不滿，有一些動作，我不會很在意。把自己放到母親的位置上是第一步。

第二要做臣婦。視自己的丈夫如君，視自己如臣，君仁臣忠，你就要守住忠這個義，母是守住慈這個義，臣是守住忠這個義，守住忠了就會一心，不會二心。總會多一份理解，他在外面做事業，忙活很多事情也不容易，我們在家裡也就這點能力，把家裡維護好，多理解他，不要去妨礙他，要盡自己所能去成就丈夫的事業。

第三是妹婦。就是視丈夫如兄長，視自己如妹妹，這個時候守住的是長幼有序、兄友弟恭，做妹妹的要恭敬，一定要恭敬有禮，他像兄長一樣去呵護我們，挺起家裡的一些重擔，我們要時時刻刻保持一份恭敬心。

第四是婢婦。

這個婢是奴婢的婢，但是它並沒有貶低的意思，它指的是什麼呢？是我們把家裡所有的瑣碎事情承擔起來，從生活起居日常飲食，像古代的奴婢照顧主人一樣，去照顧好自己的先生，小心翼翼的去把他照顧好。為什麼要用這種心呢？其實是來培養女人謙卑的德行，如果不是有這種心的話，那給他做一頓好吃的，或者是擦兩雙皮鞋，可能是擦好了扔在那兒，你穿吧；做好了，你趕緊吃吧。如果問先生飯做的怎麼樣？他要是回答的不滿意的話，還要拍桌子，就完全背離婦道了。

所以做這些瑣碎的家事，來照顧自己先生的時候要用這種謙卑的心。最後才是做到妻婦，這個妻婦是指作為妻子的角色，怎麼樣幫助先生維護好他在這個家族中的位置。比如幫助他處理跟婆婆的關係，跟兄弟姐妹的關係，跟親朋好友的關係，你在周邊扮演的這些角色，就不需要用什麼臣婦、母婦、妹婦、婢婦去扮演，前四個是指對自己先生的，最後這個是大家都知道你是王某某的妻子，你是李某某的太太，你要做好「外交官」的角色，他沒有時間去打理的，你要幫助打理妥當。在這幾個方面要是沒有差錯的話，我相信任何一個先生都不會怠慢你的，都會覺得這樣的太太真的是下得了廚房，入得了廳堂，裡裡外外是一把手，

會很認可你。反過來他也會非常的尊重和恭敬你，不會對你有所指責的。

我們在學習的時候要反覆的體味，所以五婦之道也是我們要常常用心體會學習的。我記得有一次看到一篇文章，也是一位老師寫的，說做妻子的一定在這幾方面要很拿的出手，比如飯菜一定要做得很可口，和誰的口呢？和你先生的口。對你的先生來講，你做的飯菜永遠是濃淡相宜總是味，怎麼吃他都覺得好吃，這樣首先就抓住他的心了。我們講飲食男女，法輪未轉食輪先，先把肚子弄妥，這是第一件事。第二件說得懂得夫妻交往之道，我前面有講，適當的送送禮，適當的問候一聲，沒事發個短信，要懂得交流和溝通。第三點，我們女子肚裡總要有點墨水。不能是個草包，是個繡花枕頭，只能做個擺放一時的花瓶，這怎麼能行呢？因為越有閱歷的，事業成就越大的男子，他往往不看外表了，他的精力和層面已經提升到一定的高度。如果做妻子的沒有提升上去，還在跟他成天說長道短很瑣碎的事情，他就不愛聽了，這些事情保姆也可以做到，兩個人之間就會越來越生疏，一旦被丈夫拋棄，你就怪不得先生了，要想想自己的問題。所以你要把該學的東西還是學到，適時的拋出一兩句。他覺得老婆說話還是挺有水準的，還是不可以小瞧的，還是可以溝通一下的，我的事業還可以跟她講一講，這樣兩個人永遠都在一條起跑線上，你就不會跟他離的太遠，夫妻之道就會走得很久。

最後一點，第四點也是最重要的，是要在德行上下功夫，女人心地一定要仁厚。有一句老話叫「最毒不過婦人心」，說女人要是毒那真的是很可怕，所以心地善良的女人比什麼都好，心地要純善。哪怕人邋遢一點，說話可能大大咧咧一點，面貌長的也一般，但是心地仁厚，就是一福降百禍。所以女人的心要好要善，這是講的遵行禮義不要有過錯。想做到沒有過錯就要努力踐行五倫十義，在道理上弄明白了，做起來是比較好做的。不會說稀裡糊塗，怎麼弄都弄不明白，對自己的丈夫總是心裡沒底，為

什麼會這樣呢？他總是人，總離不開五倫十義，弄明白了就很好做。所以我每次講課都會把五婦跟大家講一講，我們在學習的時候也要多學習多體會，為什麼呢？因為這對我們能成為一個真正幸福的妻子、一個好太太，一個讓人感覺到非常羨慕的女子是很有幫助的，你自己的心態也會變得很好。

【得意一人，是謂永畢，失意一人，是謂永訖。】

《女憲》是很古老的一部女德的書，很可惜現在已經失傳了。我查找了很多文獻資料，都沒有查找到，東漢班昭寫的《女誡》，從目前來看是最早的一部女德教材，那她引用的肯定是比它還要老的古籍了，對於她那個時代的文獻現在就很難查找了。而她說「得意一人」，就是這部《女憲》上說，「得意一人是謂永畢，失意一人是謂永訖」，講的是什麼呢？從字面上看是說，你如果得到丈夫的心意，這個一人是指先生，得到先生的心意了，你婚姻這門功課就可以告之大吉了，兩個人就可以一心一意過到老。如果失去了丈夫的心，他的心思不在你這了，兩個人就可能過不到最後，也就完結了。

從這裡來看這個夫也是語氣詞，是說做女子的不可不求先生的心意，這是字面的意思。「是謂永畢」的畢是終也，就是你女德的課就畢業了，在先生這裡畢業了。這個訖是離散的意思，就是兩個人分開了，不會過到最後了。我們來看深層次的含義，怎麼樣才能夠「得意一人，是謂永畢」，真正得丈夫的義，是什麼樣的義，是不是丈夫很愛自己，就是得丈夫的義了呢？或者是兩個人關起門來，過起小日子很歡喜，你情我愛的，今天看場電影，明天出國旅遊，就是得到丈夫的義了呢？丈夫三天兩頭買點禮物，就是很好了呢？這裡講的「義」絕對不是上面這些意思。

這個「義」字含義很深，實際上是講什麼呢？是我們女子能夠從心性上把握到先生的道義，所言所行能契合先生的情義、

恩義、道義，而不是表面的虛情假意，我們看到很多婚姻表面上
都很好，可是沒有想到在私底下卻會做出一些背離兩個人婚姻的
一些事情。如有一些婚外情，太太察覺不出來，丈夫表面上也很
好。所以這個義是要求做女子的，一定要瞭解先生的本性。他是
一個什麼樣的人，比如說在家他做為一個兒子是不是孝順父母，
是不是對家庭有責任感有擔當，對兒女是不是一個能盡到慈道的
好父親；在外他是不是對本職工作敦倫盡分、閑邪存誠，如果他
從政，在政府機關任職是不是清廉的好官，如果他行醫，在醫院
是不是真正救死扶傷的好大夫；如果他經商，是不是如理如法經
營的儒商。從這些方面看，才能真正瞭解先生的義。如果不從這
方面去瞭解只看看表面，今天送你一枝花，明天送你一個生日蛋
糕，後天再給你買兩件衣服。這個是假的，看這些沒有用。可能
過兩天他就不送你了，改送別人了。

　　所以我們透過先生在家裡在家外，實際上也歸到先生在五
倫十義上怎麼做。他如果對自己的父母不夠盡孝道，你要幫助他
去完成他的孝道；對家庭沒有責任感，你要提起他對家庭的責任
感；如果他在政府裡不是一個很好的官員，在貪污受賄、在腐
敗、在墮落，你要提醒他怎麼樣為官清廉；如果他是一個醫生的
話，你要提醒他不要去收紅包；如果他是一個學校老師的話，你
要提醒他怎麼樣為師道，教育好學生；如果他是一個律師，你千
萬不要為了錢，慫恿他去打官司，你要跟他說「居家戒爭訟。」
《朱子治家格言》都有說，沒有官司最好，打官司要心存正道，
有正義感，不要為了錢，做一些不仁不義的事情。

　　現在社會中能這麼做的妻子太少了，所以說能真正得丈夫
義的好太太很少，為什麼呢？她不懂這些。她們說做商人，最好
都逃稅漏稅，把錢拿回來我好吃喝享受；當官最好去收賄受賄。
很多官員都倒在誰手裡呢？都倒在自己的太太，自己的情人手
裡。不想貪不行，老婆逼著貪，老婆背著他都會把禮收到家裡，
把丈夫害了，把丈夫往火坑裡推，怎麼可能說她能得到丈夫的義

呢？怎麼能說她「是謂永畢」呢？她畢不了業。所以在婚姻這個學校裡，做妻子的是一個不斷學習成長，教學相長的老師。你在教的過程中也在學，你在學的過程中也在教，教學是一體的，天天都在教，天天都在學。用你的身子在教，用你的言行來不斷學習，這樣子的話就能夠托起一家。所以古大德常講，好女人托滿全家福，福從哪兒來啊？福從德來。不是說這個好女子帶著千金萬兩嫁到你家，這家人就有福了。不積德光享福，福享過了就變成禍了，福禍都是相依的。

比如聽一位朋友提到，因為她的條件很好，很喜歡幫助親朋好友。結果有一天她婆婆就教育她說：「你不要再幫助他們，這種幫助會助長他們的依賴性。」她還覺得心裡很不痛快，「你說我這麼好心，三天兩頭給這些窮親戚朋友送東送西的，公公也不高興，婆婆還跟我慪氣，丈夫還不理解我。我幫的還都是他家的這些親戚，怎麼會這樣呢？」她跟我聊起這個話題時，我就說：「其實我也犯同樣的錯誤，所謂慈悲多禍害，方便出下流，說的就是我們這樣的人，你不幫未必就是一件壞事，不知道你想沒想過什麼叫苦盡甘來啊？說的就是他們苦受夠了，甘就來了。你不讓他們受苦，還非得讓他們吃點甜頭，他現在還沒有這種能力、沒有這種德行、沒有這種福報，那我們這種做法實際是在滿足自己心理的欲望。」她說：「這個話也有道理，但我就是好像不給他們送點什麼心裡難受。」我說：「我們這些人都是這樣，我也是，就做過類似的蠢事，看破我，放下我，就能提起智慧。」所以人真的需要常常反省，好事做多了反而不是好事了，當然不是說你不做就很好，什麼事都要走在中道上，左右都要權衡一下，權衡之後想透了再做，沒想透不做也很好。

比如我們看望老人，都會給老人留錢，留錢是不是一件好事呢？如果老人不愛財的話，你給錢是在給老人添負擔，他走的時候一分錢帶不走，他怎麼花啊？他要分配的時候還很麻煩、很頭痛。我原先一百塊錢很好分，現在一百萬呢？給多給少？給裡

給外啊？如果他是貪財的老人的話，你越給是不是越助長他的貪
婪？所以說裡外都不用給。人到老了，歲數到了，怎麼樣呢？讓
他吃飽穿暖，最好什麼事也不想，心裡越清靜越好。把所有的憂
愁都放下，最佳的答案是什麼呢？讓老人了無牽掛的、身無病苦
的，沒有掛礙的就走掉了。

　　「失意一人，是謂永訣。」講的是一個道理，就是說你沒
有真正的去體會和瞭解先生的心意。這種心意我剛才說了，是什
麼樣的心意？在她的本分上怎麼樣去幫助先生，成就先生的夫
德，如果你沒有這樣去做的話，可能兩人很快就會離散掉。所以
說「相夫教子，女子之大職也。」這種天職，這種大職好做，但
也很不好做。好做說的是什麼呢？說穿了很簡單，原來只不過是
我們自性中的這些東西，五倫十義，很好做。做不到沒有關係，
這門課是要從小學學到研究生，甚至博士後畢業的。只要方向對
了，我們學一節課，就像跳上一節臺階一樣，只要不斷向上跳，
上一個臺階看的總會更高遠一些，看的總會更清楚一些。你說我
在樓下，永遠不上樓，一個臺階也不邁，那對不起，你永遠也看
不透。邁上一層總比不邁強，邁上十樓總比在一樓要強，你要儘
量的去提升自己。

　　從這裡看做女子的一定要求其心，這個其心並不是單純的
指先生的心意，而是要追究溯源自己的本性，很多事做完了之
後，都要反問一下，自己的心在哪裡？真正的用意是什麼啊？是
不是為了滿足自己，還是為了讓別人真正得到快樂。如果我做這
件事一個人高興了，十個人都不高興，還都在批評和指責我的時
候，自己就需要反省一下，可能真的有做的不到位的地方，有的
時候做的真的是不夠好。那還不如先放一放，尤其是家裡的一些
事情，處理起來不亞於國家大事。我自己就深有感觸，公司的事
很好處理，這個專案做好了，那個錢該拿，簽字出支票。到家裡
就不是這個樣子了，到底應該怎麼做，道理沒有弄通的時候，總
是覺得自己跟無頭蒼蠅似的，做也不對，不做也不對，做了痛

苦，不做也痛苦。可是當道理弄明白的時候，在信念上取捨就很清楚了，遇事當機立斷，就可以很輕鬆自在了。所以我覺得對於像我這樣的人，知識份子型的，急需明理。這個理參透了，做事會很快樂，理不參透真是很痛苦。這種痛苦是那種很鬱悶，覺得要是不做不好意思，總還是表現有一點點家教，可是做了我又心裡鬱悶，還不好意思跟人說。自己在學習的時候就深有體會，這次講的可能比以前講的又通了一點，一開始只是很表層的，一點點往水下開始延伸，就像看到了冰山底下是什麼樣子，心裡就越來越有豁然開朗的感覺。

【由斯言之，夫不可不求其心。然所求者，亦非謂佞媚苟親也，固莫若專心正色。禮義居潔，耳無塗聽，目無邪視，出無冶容，入無廢飾，無聚會群輩，無看視門戶，則謂專心正色矣。】

這一段講的是如何能夠得到丈夫的心意，主要是從端正品行，把持好操守上去做，自古以來這一塊都是大問題。所以曹大家格外重點的花費筆墨來寫一下，說所求的並不是所謂的媚悅先生來苟取歡愛，這並不是真正的專心正色。那麼專心正色是什麼呢？要端正自己的心念，要以禮為居守，以義為提挈，不要輕易的去違背。所謂「非禮勿聽，非禮勿視」這就是真正的專心。出門的時候不要有妖冶豔媚的姿容，進到房間裡也不要因為一個人在暗室獨處，而對自己儀表不加以修飾和注意，出外也不要隨便和同女伴在一起聚會嬉鬧，也不要隨便在家裡窺視屋外。這都是意在言外，這就是真正的正色。我們要想想，在現代生活中做到這幾點很難，怎麼樣才能夠端正自己的心念，讓自己回歸本道？我們來好好的學習一下。做女子所求的是什麼呢？如果隨便拿自己的姿容或者是嬌媚的聲調去取悅先生，即便長相很嫵媚，聲音很嬌膩，拿這些外在的東西取悅於自己的丈夫，雖然能取得丈夫

一時的歡愛，但這種得到丈夫的心念已經不是正念了，也不是真正的專心了，將來不會有好結果的。你的邪心邪念也會引導丈夫的邪心邪念，最後丈夫可能會做出一些苟且之事，這該怪誰呢？

換言之也就是女子不要以色取夫，而要以德侍夫，明白這一點就讓自己心住在正念上了。那麼怎麼樣能夠做到專心正色呢？說到「禮義居潔」，什麼叫禮義居潔呢？就是講要「以禮為居守，以義為提絜。」這個禮呢，就是在心裡永遠保持著謙卑、恭敬、處下，不敢為天下先。那麼在外面呢？要遵守義道，就是五倫十義，每一樣都做到，其中又首推夫婦這一倫呢，就是「夫婦有別，夫義婦聽。」要明白自己的本分，要懂得自己應如何順從，要懂得什麼是自己的自性。

後面說到「耳目出入」，講的是什麼呢？講的是平時我們的五官所接觸到的五欲，我們的眼、耳、鼻、舌、身，所觸聽到外面的一切環境，都很容易把邪思邪念誘動出來。「耳無塗聽，目無邪視」，講的是最重要的兩個器官，就是你的耳朵和你的眼睛應該怎麼樣與外界接觸。耳朵不要亂聽，眼睛不要亂看。什麼是耳無塗聽？所謂非禮勿聽是也，「塗聽」有兩層含義，一種就是聽的時候稀裡糊塗的，聽不明白，好話沒聽明白，壞話聽得挺明白，這就是聽糊塗了。第二種含義是什麼呢？指樂意聽那些是非之言，那些不當之詞，那些惡語，聽得歡喜，喜歡聽惡聲，這是塗聽。現實生活的確是這樣，聽到好話沒有歡喜心，越聽越忠言逆耳，這說明什麼，想想是自己善根不夠，福報不足，才會有這種反應。

所以「良藥苦口利於病，忠言逆耳利於行」，對於一些實際上不是很好的東西自己就很愛聽，我們在講婦言的時候重點講了這一塊。什麼是目無斜視？所謂非禮勿視是也，現代人往往邪正不分，看到邪的、不善的卻很歡喜看，這是一個很大的問題。我記得有一次在坐電梯的時候，電梯裡有電視廣告，正播著豐胸廣告，裡面的女子很嬌媚、很暴露，像這樣的電視畫面就不要去

看，否則都會引動我們不善的心意。所以有一次我跟一個朋友聊天，談到女子保持貞操問題的時候，她就說：「哎呀，你說這個問題我從來沒有考慮過。」我講不僅是耳朵和眼睛，當時還提到，身體也不要去喜歡穿非常柔滑的東西，我當時就給她講了一個故事，這個是出自於一部經典的故事，講的是釋迦牟尼佛，就是佛陀當年在世，有這樣的一個故事。

有一個女子是一個國王的女兒，非常漂亮，真是絕世無雙，所以她就非常的自傲，實在是太漂亮了，她就懸賞千兩黃金，說誰能夠在三十天內，敢說出我不漂亮，挑出我的毛病所在，就把這個黃金賜給他。可是快要到日子了，沒有一個人敢說，因為說不出來，長的實在是毫無瑕疵，真的很美麗，結果這個消息傳到了佛陀的耳朵裡，佛陀就很莊重的說了一句話：「這個女子毫無是處，一點都不好，沒有漂亮的地方。」他的弟子阿難非常奇怪，就問佛陀，說：「這個女子真的很漂亮，佛陀你怎麼能講出這樣的話？我們不懂啊。」佛陀說了：「這個女子眼睛喜歡看這些邪色，耳朵喜歡聽好聽的讚美的話，鼻子喜歡聞那些噴在身上香水的味道，舌頭專門喜歡吃好吃的東西，身體呢？專門喜歡穿那些細花柔軟的物質，全身上下都被欲望所蒙蔽，沒有一點智慧展現。藉由她的表面，看出內在是一個骯髒的心，你怎麼能說她好呢？你們看到她好，我看只是一個蒙著臭皮囊很差勁的女子而已啊。」所以當阿難把這些話轉達給這個女子的時候，這個女子很羞愧，把賞金取消，從此就銷聲匿跡了。

我們在生活中往往迷惑，不知道什麼是好什麼是壞，就是因為沒有真正的好老師教我們。如果有的話我們一定會明白的，所以教育真的太重要了。

古大德有說，「戒色先戒心，戒心先戒眼」，你想把色戒住，要戒住心，想把心戒住，先把眼睛一關，自己要把持住。

現在不說那些不好的電視劇，不好的光碟，廣告鋪天蓋地防不勝防，大馬路上也有不知羞恥的女子，你可能就真的要防範

一下。這不僅是對女子，男子尤其要注意。我前一段時間出差，坐機場的大巴士，上了巴士之後站在那兒，人很多，後來上了一個女子，因為是入冬了，可是這個女子穿的很少很少，腿上只穿很薄的網眼的絲襪，上身披了一個毛線圍巾，很短很短的一個小皮裙，頭髮很長，長髮一直留過到膝蓋。我當時很驚異，她怎麼這麼長的頭髮，打扮的很妖豔。她上來之後，一下摟住旁邊一位男性的腰部，這位男士也沒有什麼反應，因為他倆就在我前面。我當時想，可能是朋友，人很多她也沒辦法站穩，這麼做很正常，就沒多想，快到下車的時候呢，她還跟這位男士笑了一下，那位男士也沒說話，男的下了巴士，往飛機上走，她也下來往飛機上走，上了飛機恰巧男士坐我旁邊，這位女士到最後面去了。等到下飛機我觀察，分道揚鑣，根本就不認識，這讓我很驚訝。所以現代社會對男子的考驗和誘惑也真的很多，要想有定力，還真得學柳下惠。

　　古代說的男女授受不親是很有道理的，你沒有想法不意味著對方沒有想法，就算你們倆都沒有想法，不意味著旁邊看的人沒有想法。引起人的邪思邪念，那你本身就是在造業了，就不好了，折損自己的福報。在現代社會，電視、廣告、報紙、雜誌、網路，真的是魔王密佈，很難找到聖賢所在，幾乎都會引發人的心魔。我們看這個「魔」字，其實在古代最早是沒有這個字的，這個字是梁武帝造的，最早只有底下是石的這個磨，就是指東西像石頭磨米一樣，很磨人，很沉重、很煩瑣。後來梁武帝發現人世間的很多欲望，這種欲望對人的折磨和勾引，比磨嚴重多了，像鬼一樣恐怖，他就乾脆把石頭換成鬼了，把這個叫魔。什麼是魔呢？凡是能夠勾引出欲望來的，這個就是魔。所謂潘朵拉的匣子，不可以輕易打開，凡是能幫助打開的就是魔了。你對錢財有欲望有追求，能夠助長你走向欲望極端的這就是魔；你在意姿容、容色，能夠不斷助長你過分追求這種欲望的，比如香水，要幾千塊錢錢一瓶，各種各樣的化妝品，鋪天蓋地的那些衣物首

飾，這就是魔，它在不斷勾引你的欲望向極致發展。名聲也是，有點名聲也很好，但是過了，受到過分的讚歎，就要小心一下，可能是魔來考驗你了。我沒有那麼好，怎麼會讚歎的這麼離譜？太恐怖了。

我這個人說話直，有一次就是這樣的，有一個人對我很讚歎，我當時就很不客氣的說：「你不會是魔鬼吧，我根本沒有像你說的那樣，你這是胡說八道。」我轉身就走了，後來他還跟朋友說：「這個靜瑜老師怎麼這樣說話？」我說：「我不喜歡聽，因為跟我實際相差太遠了，我的德行學問都沒有到，你把我說成這樣太離譜了，離的太遠了，你說別人吧，不要當著我的面對我說。」你自己有這種認識的話，能夠遠離，就能夠保住自己心裡面清靜的福田不被隨便糟蹋。

所以古大德有說：「目妄視則淫，耳妄聞則禍，口妄言則亂，三關者不可不慎守矣。」講的是耳、目、口，就是說你的眼睛隨便的去看東西，就容易淫。這個淫字是指什麼呢？是指過分的意思。打個比方說有的人特別喜歡玉石，看到賣玉石的店就移不動步了，眼睛盯著那個就不轉眼珠，這個時候淫字就出現了。有的女人看見珠寶首飾，挪不動步了，不買心裡很痛苦，這個時候就是眼睛妄自看，心隨境轉了。反之你不看就好了，就沒有煩惱了。「耳妄聞則禍」，就是耳朵聽亂七八糟的，會讓自己迷惑，聽聽這個也有道理，聽聽那個也有道理，自己弄不清東西南北，就會生出禍端了。所以從來古大德修學都要求「一門深入，長時薰修。」這一門不只是講我們看書或是經典，也包括我們跟隨的老師，不要太多，每人講的都不一樣。比如說女德，同樣的《女誡》，陳靜瑜來講是這個樣子，別人來看一定是另外一個樣子。就像一座山一樣，「橫看成嶺側成峰」，每個人看的角度都不一樣，所以你跟每個人修學，你看的也不一樣。

古代有這樣的一則故事，講有一個年輕人非常有誠敬心，一心想求道，尤其想學習道家的法術能夠成仙。於是他就四處拜

訪說：「我想成仙，誰有道術。」很老實的一個年輕人，一個財主一看這個小夥子這麼老實，就跟他說：「你別到處問了，來跟我學吧，我懂得成仙之道，但是條件是你在學之前得先給我做三年工，你做的好，我就告訴你成仙之道。」小夥子說：「沒有問題。」也不要錢，勤勤懇懇做了三年。三年之後，他問：「可以告訴我嗎？」這個財主就說：「你誠心不夠，再做三年告訴你。」他又做三年。共做了六年，他說：「可以告訴了嗎？」這個財主說：「不行，還得再做三年，誠心還是不夠。」他就很誠心的拼命做三年。等到九年過去了，再問財主的時候，財主無話可說了，騙不下去了，想乾脆把他害死算了。於是對他說：「好吧，你跟我到山上來，得到山上告訴你。」想到山上就把他推到懸崖底下。帶他到山頂上之後，就說：「你看沒看見，這山的懸崖峭壁上長出一棵松樹，你就往那個樹上跳，你一跳過去就能成仙。」要是我們，就會想跳過去肯定要死掉了，但是這個小夥子一聽卻說：「老師，非常感謝你九年的教育之恩。」三拜九叩之後縱身一跳，結果沒想到小夥子真的就飛到天上成仙了。這個財主看傻了，說：「難道我歪打正著，這個樹真的是成仙樹嗎？乾脆我也跳，我也要成仙，也不要做人很苦。」這個財主也跳，可想而知他跳到懸崖底下摔死了。

這個故事講的是什麼道理呢？講的是這個小夥子一念誠心，沒有二念，是他自己成就自己的，沒有人成就他，所以「師傅領進門，修行在個人。」師傅自己能不能成還是一回事呢！他也在修，也要「一門深入，長時薰修」，也不要亂。「口妄言則亂」，就是嘴隨便說話容易引出禍亂，那麼這三者是要謹慎防守的。

「出無冶容，入無廢飾，無聚會群輩，無看視門戶。」講的是什麼呢？出去不要打扮的很妖豔很暴露。你只要這樣打扮，其實就是在心有所牽掛，總是希望有男人來看看我，有人來誇獎誇獎我，眼神就會不定，你看這個心念不定的女子，她的眼神不

專一，總是東瞟西看的，很浮躁。同樣回到家裡，也不要因為是獨自一個人，家裡沒有別人了，就很不在意自己的修飾。這兩句話講的是女子出門在外和回到家裡的裝扮原則，在外不妖冶、在內不放肆，這實際上講的都是自己的心性。女子出門在外要有威儀，不僅男子講威儀，女子一定也要講威儀，所以才會有「母儀天下」這四個字。這四個字就常常用來形容一國之后，講的就是威儀。做妻子的要能走出去讓人一看，這家的太太，這家的媳婦，那一言一行，真的是不怒自威，讓人不敢去輕視。女子進門回家同樣不能放鬆，不要讓心鬆懈下來，要時時刻刻有緊張感，要小心謹慎，不能失去這種莊嚴。

「無聚會群輩，無看視門戶。」這句話講的是女子在外面不要成天和朋友聚會，在家裡也不要找來很多人。聚會群輩，講的是做女子的很喜歡跟朋友聚會。古代可能還要好一點，在現代社會是尤其嚴重，女人心不能定在一處，很喜歡東遊西逛，即便是學習傳統文化，自己的心也很難真正定下來。要真正做到一心，就要想到我不必聽的很多，比如傳統文化論壇可能你真正用心，聽一次就夠了，關鍵是回到家後怎麼落實所學的，才是真正有受用。要懂得學習只是一種手段，只是一個工具而已。不要把工具當目的，你的目的是什麼？你求的是什麼？如果你求的是自己的真心，自己的道的話，道不在外面啊！道在你的心裡，道就在家中，在平時的生活當中。不論學習了多久、學習了多少、認識多少大德老師，如果自己該生什麼病還是什麼病，該發什麼脾氣還是發什麼脾氣，該怎麼為人還怎麼為人，脾氣毛病一點沒改好，自身一點沒見提升，學問一點沒見增長，那學的就毫無用處。所以我們做什麼要追求本源，還要真正的見到實質的效果，不要追求表面的一些東西。那種形式化、表面化的東西，毫無意義，最後害人害己。

那聚會群輩是什麼呢？就是這個心不願意放到靜的地方，不肯沉靜下來，總覺得有幾個好友，說說張家長李家短，很痛

快。沒人跟我說，沒人跟我逛，寂寞。逛街一定得拉上三五個好友，喝茶也一定得拉上三五個好友，在現代社會沒朋友好像是一件很丟人的事。這個觀點其實是錯誤的，友不在多，在是不是良朋益友。朋友是有，全都是聚到一起要麼吃喝玩樂、要麼財利相交的，這樣的交往實在說毫無益處。我真是很坦白的說，以前自己的朋友很少，幾乎從來不主動去交朋友，做學生的時候放學就回家，在學校裡成績一直都是名列前茅，因為一門心思就是念書；工作以後就是上班工作，下班回家，回家最大的愛好還是學習，自己以前不願意交友的原因是什麼呢？這裡得懺悔自己的傲慢，自己心高氣傲，看不上別人，總覺得這個人說話太俗，那個人學問不夠。

而透過學習傳統文化，放下自己的傲慢，雖然也是很少主動交友，但心念變了，覺得自己的德行與學養都差的很。時間就是生命，生命只為了提升自己、超越自己，要靜下心來好好改過自省、學習精進，如果時間都放在人情往來上，就會耽誤了學習提升的時間，也很難能讓自己的心清淨下來。但說實在話，現在朋友比以前多多了，雖然不常見面，但見面時大家講的都是傳統文化，探討的都是如何提升自己，每一次與朋友的見面都能解開很多心結，每一次電話的溝通都能讓自己放下很多煩惱。人的一生短暫易逝，一路上有真正的善友相伴，是我們最大的幸福。

「無看視門戶」說的是什麼意思呢？講的是一定要看守好自己心裡那個心門，心戶不是說我家那個大門，得成天看著它，不要有小偷進來，不是這樣的。在古代有這個含義，因為古代不像我們現代高樓大廈，都是平房，有裡屋有外間，它是希望閨門裡的女子不要隨便到外間去探望，看有沒有訪客，有沒有過往的街鄰，這樣顯得這家的女子很沒有教養，有邪思邪念。但是在現代社會，我覺得更多的是講怎麼樣把守好我們的心門。所以在這裡，我也跟大家分享幾個例子，學習一下《列女傳》裡的幾個故事。

看看古代的女子是怎麼樣看守門戶的。

首先來學這個「楚白貞姬」的故事。楚白貞姬是楚國白公勝的妻子，白公死了之後，她以紡織為生不再嫁。吳王聽說她既美麗，而且德行很好，就派大夫拿了一百兩黃金和一雙玉鐲做聘禮，以貴婦所乘的有帷幕的三十輛車去迎娶她做夫人。大夫獻禮之後，這個白妻就說了這樣一段話，她說白公就是她的丈夫，原先在世的時候，她很幸運，在家裡為他掌管這些瑣事，掃地、清潔衣服鞋襪，鋪床、疊被，這些都是作為婦人應該做的事。如今白公不幸去世，她寧願守著他的墳祭祀他，以了此一生。現在君王賜金錢和玉鐲來做聘禮，還賜給她夫人的地位，這都不是她所敢接受的。原文說更精彩，說道：「棄義從欲者，汙也」。就是我拋棄了道義，來隨從我的欲望，這是很愚蠢的一件事情。「見利忘死者，貪也」。看見錢財了，就忘掉了死去的這個人了，這是貪婪。「夫貪污之人，王何以為哉！」這種又貪婪又愚蠢的婦人，大王怎麼能相中呢！「妾聞之」，就是我聽說，「忠臣不假人以力」，真正的忠臣不會去為他人盡力效忠。「貞女不假人以色」，好的女子不會在丈夫死了以後又去把自己的色相出賣到第二個人身上。「豈獨事生如此哉」，不僅僅是對活著的人要如此，「於死者亦然」，對死去的人也要這樣，「妾既不仁，不能從死，今又去而嫁，不亦太甚乎！」就是說我現在已經不合乎人道，沒有隨著丈夫一同陪他去死，假如再另嫁不是離信義太遠了嗎？於是退了聘禮，也不進宮，這個吳王非常讚歎她的守節，於是尊稱她為楚貞姬。所以君子也認為貞姬廉潔有誠信，「任重而道遠以仁德為己任」，非常值得讚歎。在《詩經》裡有專門讚歎她的詞，叫「彼美孟姜，德音不忘，」講的是這樣的好女子的故事。

另外一則故事講的是「梁寡高行」。高行是梁國人，是梁國的一個寡婦，她姿色非常美麗，做事很敏捷。丈夫也是很早去世，她沒有再嫁人，梁國的貴人們都爭著想娶她。但是沒有人能

得到她。梁王知道了就派丞相去下聘，說君王想親自娶她。高行就說我丈夫不幸早死，壽命比犬馬都短，我本該陪葬同下棺槨，因為要撫養幼小的孤兒不能殉節，貴人都有來求的，幸而都被我辭掉了，現在君王又重申此意，對於婦人的立身志向，定下來之後絕不更改，是為了保全貞信的氣節。「妾聞，婦人之義」，就是我聽說婦人的道義是什麼呢？「一往而不改，以全貞信之節。今忘死而趨生，是不信也。」就是忘掉死去的人而跟著活著的國王，這是不守信義。「見貴而忘賤，是不貞也」，看見富貴就忘掉貧賤是不夠堅貞的，「棄義而從利，無以為人」，放棄了道義而跟從著利益走，這樣的話就無法做人了。於是就拿著鏡子，拿著刀，把自己的鼻子給削掉了。削掉之後說，我已經對自己實行了很嚴厲的懲罰，所以不自殺的原因是不忍心孤兒又失去母親。而君王是因為我的美色來追求我，現在我已經沒有美色了，是個傷殘之人，君王可以放棄你的聘禮了。丞相稟報梁王，梁王因此非常讚歎她的信義美德，不僅免除她全年的徭役，而且賜號尊稱她叫高行，高行是國王給她的稱號。所以在《詩經》裡也有讚歎她的為人的，說「謂予不信，有如皎日。」像皎潔的明月，像高升的太陽那樣，讓人仰不可止。

還有一則故事是講「陳寡孝婦。」陳寡孝婦的故事是講在陳國有一個很年輕的寡婦，十六歲出嫁，沒有生孩子，丈夫要去當兵駐防，將出行的時候就囑咐這個孝婦說：「我要在外地長期的作戰，生死未卜，家中上有老母，沒有其他兄弟，如果我不回來，你肯幫我養我的母親嗎？」這個孝婦就說：「沒有問題，我答應你。」丈夫一去竟然真的就死了，沒有回來。孝婦就奉養婆母始終不改，而且很孝順，她以紡織為生，沒有改嫁的意思。結果守喪三年，她的父母可憐她年輕沒有兒子，而且又守寡，就要接她回來改嫁，孝婦說：「信義是做人的基礎，正義是行為的條目。」原文是「信者人之幹也，義者行之節也。」我能夠從小孩長大，遵從父命嫁給丈夫，丈夫外走的時候把他的老母親交付

給我，我都答應了，那麼受人之托要終人之事，怎麼可以背棄呢？違背託付是失信，背叛死者是忘義，失信忘義是不可以的，這是對父母的不孝。母親說：「我可憐你年輕守寡啊。」孝婦就說：「我聽說做人寧可擔負著道義去死，但是不可以貪戀著利益去生，不可以戀利而生，況且答應奉養老母，不能夠自始至終，許人的諾言而又不守信，怎麼能夠立足世間呢？凡做人妻子的侍奉公婆是分內之事，丈夫不幸早死，不得盡他為人子之禮。如果再要叫我離開，沒有幫助他養他的老母親，那顯然是丈夫的不孝，也是我的大不孝。假使為人不孝，不信又不義，怎麼能夠活下去呢？」因此就想自殺，她父母害怕，不敢再叫她嫁了。於是奉養婆婆二十八年，老人活到八十四歲壽終之後，她賣了田地，房產，安葬好老人，終身奉守祭祀。淮陽太守把這段孝行稟報給京城皇帝的時候，漢孝文皇帝對她十分讚賞，「高其義」，就是覺得她這種信義非常的偉大，「貴其信，美其行」，派使臣賜她四十斤黃金，免其終身徭役，賜號「孝婦。」

　　常常讀讀這樣的故事真的能讓我們特別受益。什麼是真正的孝，表面看來她沒有聽父母的話是不孝，但是她真正的大孝在後面。如果她聽父母的話，背信棄義可能真正就是不孝了。所以對父母的話也要看怎麼聽。古代的人在信和利面前都會很清楚很分明，現在的人是什麼呢？見利就忘義，忘恩就負義，忘掉恩情了，不記恩，滴水之恩不記，就把義忘了，看見蠅頭小利就把所有的道義、情義、恩義全都背棄了。所以在今天我們學習這樣好的文章、好的典範，對我們都會有很好的幫助。

**　　【若夫動靜輕脫，視聽陝輸，入則亂髮壞形，出則窈窕作態，說所不當道，觀所不當視，此謂不能專心正色矣。】**

　　我們再來看這一段，在這篇最後結束的這一段，曹大家又重新強調了一下，什麼是不能專心正色？前面我們是從正面講，

你不要這樣，你不要那樣。後面是從反面講，如果你這樣，那就不可以，正反兩方面都強調。這段話白話文的意思是說，如果你起立坐臥，一動一靜態度都非常輕佻，對於所看和所聽到的心裡又沒有定力，所謂心浮氣躁，在家裡則蓬頭亂髮，對自己的容貌不加修整，出門在外則搔首弄姿窈窕作態，說的話都不是禮義所應該講的，看到的也不是禮義上應該看到的一些事情，這就是不能夠讓心念專一住在正道上。

在這裡我們學習一下什麼叫「動靜輕脫」。動靜輕脫也就是背離婦德了。我們講四德，第一德最後一句話是動靜有法，你一動一靜都有法度有原則，當然就不會輕脫，輕脫，就離開法度了。所以在這裡要知道爲什麼會輕脫？說明從小沒有良好的家教，尤其是女孩子從小放蕩恣意、習以爲常，她就不認爲自己這樣的言行是輕浮之舉。我們講「少成若天性，習慣成自然」，從小就這樣，長大自然而然也是這樣。我們看街上現在女孩子走路、說話，大部分都很輕佻，很少能見到儀表端莊、氣質幽嫻貞靜的女性。我們公司女孩子多，我就針對清潔衛生特別管理，就這一項工作從成立公司到現在持續了四年，自己只要有時間在公司也親力親爲。現在公司辦公環境整潔一新，收拾地乾乾淨淨。我跟家裡的要求一樣，家裡乾不乾淨關鍵看兩處，廁所不能有異味，廚房不能有油膩。公司也是一樣，辦公室收拾地乾乾淨淨，人工作起來也神清氣爽，客人前腳一走，後腳就要把辦公室收拾地很整齊。

現代的女孩子很少有會做飯的，所以去年我就教女員工做飯，前兩天公司一位女員工的表哥，給我打電話，他說我這個表妹是家裡最小的，父母非常疼愛她，在家裡別說是工作了，自己的襪子都不洗，他說今年我姨媽就非常地驚訝，總想來公司看看爲什麼。因爲這孩子現在回家就工作，還幫媽媽做飯洗衣服，媽媽都看呆了，說原先不會做飯，現在怎麼能把飯做得這麼好吃呢？所以做老闆的要「作之君、作之親、作之師。」員工要從教

她做人開始，人都不會做怎麼能把事做好呢？

常言道「習勞知感恩」。現在的女孩子四肢不勤，什麼工作都不做就講穿講吃，怎麼能有感恩的心？怎麼會對父母、對師長感恩呢？當她懂得工作，懂得去體念別人的時候，慢慢感恩之心就會油然而生。而人有了感恩心之後自然她的心就不會那麼浮躁了，動作也不那麼輕佻了。公司裡的女孩子同原先比，就有了很大變化，動作更沉穩，神情更莊嚴，言談舉止之間都能讓人看得那麼舒服，變化很大。為什麼會有這種變化啊？是需要有人去教她們，不厭其煩的教，人是被教好的，只要有耐心、有愛心。我帶她們做飯帶了將近一年，經常是親自下廚，告訴她們熱菜怎麼做，涼菜怎麼拌，燉菜怎麼做，炒菜怎麼做，什麼先放什麼後放，你教她們，她們總會學，學完了，她們就變了。

人要一點不學，就會一點都不變。學一點一定就會變一點，長期學下來，就不一樣了。我常跟她們講，你不要把做飯當做一件勞力工作，你要反過來想，大家能夠給你這樣的機會，你也有這種緣分，每天做飯貢獻給大家，是在給自己積福報了，你的福報升起來之後，至於未來怎麼樣，我不好說，但我相信，你的路一定會越走越廣，越走越寬，不會把自己走死，因為首先你不是自私自利的人。現在她們做得都很歡喜，堅持每天做，一直沒有斷過，快兩年了。從在家裡什麼都不會做的嬌嬌女，變成一個懂事勤勞的大姑娘，所以她們的媽媽都很感動，總想見我。我們公司一個四十多歲的女員工，她的先生很想寫感謝信，想見我，因為她也是學女德以後有了很大變化。她先生很幸福地說：「哎呀，幸虧還有一個人能教你這些，你學了女德之後，我的日子可是越過越好了。」所以女人學女德真的是要教，只要有一個人帶她上路了，到最後她可以自學，就無師自通了，一開始領的人很重要。

「視聽陝輸。」陝輸的意思是什麼呢？是說不定，聽了跟沒聽似的，看人東看西看心不定，為什麼心不定？因為本身沒有

規矩，這很簡單理解，沒有規矩說白了，就是做人做事沒有原則，忽而這樣忽而那樣，隨著自己的脾氣秉性來，想怎麼樣就怎麼樣，任意放肆。現在這樣的女子特別多，而且這樣的女子很大的一個問題是什麼呢？即便是學了傳統文化，如果不在這個根上去改的話，什麼經典都學不到手的，哪怕一天背一千遍《弟子規》都沒有用，而且任何問題都聽不明白，這是件很麻煩的事情。她的心不定，就跟在風浪中搖擺的小船似的，根本看不清前途方向，東搖一下西晃一下，你看著她都眼暈。如果自己學習的也比較淺，遇到這樣的人就要有方法遠離，儘量讓自己的心保持清淨。有一段時間一遇到這樣的人，我就儘量遠離，她們說話說風就是雨的，特別愛打斷別人，別人說的什麼話都聽不進去，特別自以為是。如果自己怕受騷擾，受影響，就儘量遠離。

　　記得有一次我跟這樣的人出差，乾脆自己就戴上耳機聽傳統文化講座，很專注地聽，讓自己的心盡量靜下來，因為自己的修學還沒達到一定境界層次的時候，接觸的人越少越好，環境越單純越好，心越靜越好，直到有把握了再一點點適當地放開心。比如原先接觸的是一個小圓，稍微擴大一點，看行不行，如果不行，再回來接著修，如果行的話，可以了，跟這些人再一起我覺得沒有問題，在這個範圍中可以定住，然後修一段已經遊刃有餘了，我再放一放，一點點擴大。你一下扔到大染缸裡就面目全非了，所以懂得修學的次第是很重要的。

　　「入則亂髮壞形，出則窈窕作態。」講的是出入的兩種很不好的姿態，亂髮壞形，我們現在不是說無心這麼做，是有意的。不是亂的頭髮都要作出亂形來，很多女子叫爆炸頭，然後把頭髮染成五顏六色的，紅的紅、黃的黃、紫的紫，我們指表面上這種。看其表面是不是就能看到她的心呢？真的是這樣的，所以很多時候，你真是想給大家展現一下傳統文化的女德，還真就不能做這樣的事情。比如說原先我也染過髮，染那種黃色的，後來從學傳統文化開始，就覺得很彆扭，我就跟理髮師說能不能不染

色，我的頭髮很硬，實在想燙，那燙得稍微自然一點，不要弄得很時尚，給人比較端莊的感覺。經過跟理髮師溝通了好久，最後找到這個感覺，他說這個是比較適合的。我們在學習的過程中也要想，古人為什麼要這麼說？因為這樣子可以幫助整肅我們的心境。我們還沒有達到這樣的境界，就是雖然外面很亂，但心卻能保持齊整。這種狀態是什麼樣的心境呢？就是我們常看的電視連續劇裡濟公的那種狀態，外面很放蕩、很放肆，沒有規矩，可是心還是很純淨，一般人做不到。我們就從守規矩來，一步步地來提升。所以用頭髮做例子，因為現在女子在頭髮上也是很做文章，我們適當修飾就很好，不要過分。

「出則窈窕作態」，講的是在出去跟人交往的時候非常的輕浮，總是想惹人注意，這都是不合禮義的。因為在跟朋友交往的時候，五倫十義中最重要的是一個信字，跟外界交往如果是君臣關係的話，君要守住仁，臣就守住忠。如果是長幼關係、平輩的關係，就要遵守「兄道友，弟道恭。」如果是朋友關係，就要嚴守誠信。朋友交往需要一個信字，這個信字我們一定要好好仔細探究，信，是一個單立人在左，一個點有三個橫，下面是個口，嘴在最底下，跟朋友交往不能不說話，話怎麼說，要以人字為根本，利益人之本。講話之前要三思，怎麼三思呢？這一點是表示一心，要把三思定在一心上，三思好了之後再說話，守住信字。有信字，做朋友足夠了，如果就光看看你長得怎麼樣，穿得怎麼樣，出手闊不闊綽，是不是來請我吃飯來交往，這個不叫朋友了。這種交往毫無益處，我們也不需要浪費這個時間和精力。

「說所不當道，觀所不當視。」講的是我們的言語，從頭到尾看這兩段都是我們說的那三句話，就是這三關。你的嘴、你的眼睛、你的耳朵，這三樣一定要把握好，可不要讓它成為禍亂的源頭，要防止整天不斷的往裡輸入亂碼，跟電腦似的，往裡要輸入好的東西，良性的程式。如果成天輸入的都是亂碼，輸入的都是不好的程式，電腦很快會當機的。我們人腦就像電腦一樣，

要懂得往裡輸入好的，說話要在道上，聽的呢？看的呢？也是要在禮義上。說來說去我們看看曹大家一直在強調女子的言，女子的行，這種言行貫穿學習女德的整個篇章。

我現在在講《女兒經》，《女兒經》有很多版本，那麼我主要講四件事，這四件事是什麼呢？就是婦德、婦容、婦言、婦功，與《女誡》講的德、容、言、功略有差別，《女誡》說的「四德」是提煉出最精煉的禮，但《女兒經》的「四德」講的就全是具體的事。因為《女兒經》是小女兒剛剛呀呀說語的時候給她做啓蒙的教材，就告訴她這麼做就是有德，這麼做就是有容，這麼做就是有言，這麼做是有功，全是在講具體的事，很好聽很可愛。

所以女德真的需要從小做起，就是從《女兒經》開始做起。所謂「童蒙養正，聖功也」，在啓蒙的時候就教正道，她接觸的都是正道，就是長養她聖人的功力，啓蒙不單指生下來以後，是母親還在懷孕，寶寶還在母親肚子裡的時候，就要開始進行教育了。我們學周朝開國三太，太姒在懷周文王的時候就「口不傲言，目不視邪色，耳不聽淫聲」，就要做到這三樣。

所以古代皇帝怎麼樣培養他的兒子來繼承，是給太子配三位師傅—太保、太傅、太師。三位師傅分別掌管什麼呢？他的德行，他的身體，身體得強健，他的學識由這三位師傅，太保、太傅、太師分別來各管一門，所有不正的都不讓他接觸，然後再安排三名副師傅，叫少保、少傅、少師，來監督他是不是完成老師交待的任務，老師交待你修德行有沒有做到，老師交待你鍛鍊身體有沒有做到，老師交待你做學問，你有沒有學習，從這三方面培養國家的接班人，所以他的基業可以長達幾百年。

如果我們希望孩子能夠這樣的話，做母親的，就要把這三個師傅集爲一身，要看看他的德行怎麼樣？他的身體是不是很好？我前面講婦功的時候還落了一項，做飯的時候母親要懂得怎麼樣能夠調理出一家人最好的、有營養的飯菜。我自己兩個孩子

都是吃素，身體非常好。尤其是二寶，我懷孕的時候就是素胎，是一點肉都沒吃，孩子長到現在三歲多了，還從來沒去過醫院，特別結實壯實。很多人對吃素很排斥，我覺得是什麼呢？你本身要有一個正確的理解，然後配合上良好的心態。我跟我媽說：「你如果光吃素，但心態不好，成天在那兒罵、恨，是越吃素可能越營養不良，你要開開心心的，每天都是大白菜煮蘿蔔，也會很健康。」

尤其我跟我兒子說：「上天有好生之德，自古以來都是，動物跟我們一樣是有生命的，你在殺它的時候它有感覺，它的感覺不會是很快樂的，它肌肉裡瞬間積攢憤怒的毒素，便被我們吸取到了。」母親拒絕吃毒素，孩子就能健健康康的。更何況從醫學角度來看，我們的身體更適合接納青菜，常吃青菜的人身體會更輕便舒適。

所以我們公司員工中午免費一餐，是提供素食。我剛開始做的時候沒有人回應，因為員工餐費補助都發到他們戶頭，後來我就跟員工說，中午給大家提供一頓素餐，補助仍原封不動照發，中午的菜錢公司提供。但是不可以在吃素餐的時候還嚼根香腸，再弄塊兒紅燒肉，那不可以。開始兩三個回應，後來大家發現這個很好，可以省三百多塊錢，五六個人回應，最後就全體回應，所以現在保證他們三餐有一素。而且很多孩子現在基本上三餐三素，吃的很高興，還帶動家裡人也吃。她們給我的回饋意見，就是冬天，尤其這兩年冬天，生病率明顯降低，沒有那麼多的感冒、發燒、咳嗽，真的吃出健康。這很重要，這是一家的主婦，很重要的責任。所以婦功的功裡面就有功德、有功勞，如果大家都吃到醫院去了，沒有功德。如果夫妻倆生活，先生沒過幾年就有三高，有糖尿病，你要反省，是不是在飲食方面不懂得健康之道。我先生開始不聽我的，為什麼最後聽了，因為他後來發現痛風，我就說：「你就是海鮮吃多了。」大夫也說，從此不能再吃海鮮，他就很無奈被動地開始跟我吃素。

我們做女子的要把很多事情看透，看明白。有人也問過我，說你的臉色爲什麼那麼好，都三十八、九歲了，好像還很年輕。我說就兩點：第一心裡儘量保持清淨，少琢磨事，不抱怨，隨緣不變心則安；第二就是長年吃素，不要吃肉。我偶爾也發火，但是不會超過二分鐘就過去了，然後就不想了。現在盡量不發火，或者讓自己的很多事情都想明白。

整個專心篇我們說了很多，講的都是女子怎麼樣能夠守住自己的身、口、意，讓自己的身、口、意都不再有問題。最終歸結到希望我們的婚姻關係能夠健康，能夠正常。不要讓自己墮落到道德的邊緣，甚至突破這種底線，最後後悔莫及。

我在講這一課的時候，曾經講過三篇《文昌帝君戒淫文》，聽課的一個老師就來跟我反省，痛訴，她以前背著先生跟過好多的男人，她先生不知道。但是她覺得心裡背負著很沉重的壓力，而且事業越來越差，生活整個一團糟。爲什麼會這樣？因爲自己把福報都折損光了。一個女人不守貞操，福報會大幅度的折損，尤其是一個邪淫的女子，無論是婚外戀還是網路情，哪怕是你意淫，在意念上有這種淫念，甚至包括你手淫，所有這些不符合正常倫理規範的事情，都會把你的福報折損光。折損光的表現是什麼呢？事業不順，身體很差，會出現種種疾病，人際關係會不好，處不好人際關係做什麼事情都感覺很不順暢，到那個時候後悔也來不及。福報積攢很不容易，但是折損會很快，很容易。

我們在這裡要深深地反省，如果以前做過了就不要再想它了，從現在開始就不做，守住正心、正義，一心一意的放在怎麼樣去修養和提升自己的德行上，這樣的話命運就會真正的改變。今天我們就學到這裡，非常感謝各位老師，謝謝大家。

第七講/曲從篇

尊敬的老師大家好！我們繼續學習《女誡》的第六篇—曲從篇。下面我們一起來閱讀一下全文。

【曲從第六，夫得意一人，是謂永畢；失意一人，是謂永訖。欲人定志專心之言也。舅姑之心，豈當可失哉？物有以恩自離者，亦有以義自破者也。夫雖云愛，舅姑云非，此所謂以義自破者也。然則舅姑之心奈何，固莫尚於曲從矣。姑云不，爾而是，固宜從令。姑云是，而爾非，猶宜順命。勿得違戾是非，爭分曲直。此則所謂曲從矣。故女憲曰：婦如影響，焉不可賞。】

曲從篇主要講的是婆媳相處之道，尤其是做媳婦的應該怎麼樣和婆婆交往，講的就是這個道理。我們前面學習完之後，如果對前面的道理有所體悟的話，再來學習這一篇就比較好一點。如果突然來學這一篇估計很難接受，因為篇名就叫曲從，一開始可能誤解，是不是要委屈自己來盲目的順從，好像古代的封建禮教對女子的約束，實際並不然。這個曲字是有大智慧在裡面，我們講善巧方便，方是方法，便是便捷的，方便是最便捷的方法。善巧呢？善是善於，巧是智慧，就是善於用智慧找到最便捷的方法，來達到孝順公婆的目的。班昭用了一個最簡捷的字，就是這個曲字，因為直接達到，直奔主題不怎麼方便，會引起一些誤解，或者公婆不滿。我們就轉個彎來做。

比方說，很小的一個例子，我們的老一輩像我的公婆，都七十多歲，八十歲，他們都比較節儉，因為很少出門逛街，對於買東西時的價格有時就不能接受。比如說，我婆婆喜歡嗑瓜子，

前一段我給婆婆買瓜子，我公公還說：「兩塊錢一斤，這瓜子不錯。」自己也不出聲。實際是十塊錢一斤，而現在的瓜子基本是五塊錢，最便宜的也是四塊錢一斤，沒有兩塊錢一斤的。包括以前去超市買東西，回家之前自己都會把價格標貼給撕掉。爲什麼？因爲他看見價貼就很難過，這麼點東西這麼貴，你要跟他解釋超市定的就是這個價。到超市買比較放心，他們很難理解，所以乾脆撕掉。如果老人家問起，就說一個他們能接受的價格。這不就利用這個「曲」拐了一個彎，實際上讓他們心安就很好了。

這個從也不是盲目地順從。從是什麼呢？夫義婦聽裡面的「聽」，女子的「順」，和這個「從」有異曲同工之妙。你看從是兩個人，前面一個「人」後面跟著一個「人」。後面那個人是自己，前面那個人是婆婆，但並不是表面的跟從，而是要順從她的本性和自性，不是順從她的習性。比如婆婆比較懶惰，你順從她，你也懶地收拾；婆婆比較貪婪，你順從她也比較貪婪，那就麻煩了。你要順從她的自性，當她的習性和她的自性發生衝突的時候，你要懂得很智慧的處理，這是需要一個過程的，透過在事情境界中不斷磨練不斷提升。所謂「吃一塹長一智」，慢慢地就摸索出了曲從的相處之道。

這一章在王相的箋注裡說，此章「明事舅姑相處之道」，在古代稱公公婆婆叫舅姑，也有叫翁姑的。舅和翁是丈夫的父親，姑是指丈夫的母親。我們現在都稱爸媽就很麻煩，如果家裡公公婆婆、父親母親都在，叫爸兩個人一起答應，叫媽兩人一起答應，就會比較爲難，叫別的稱呼又不會，所以古代人在稱呼上都會很注重，所謂名正言順。稱謂是件大事，不能忽視。「若舅姑言是，而婦言順從之正也。惟舅姑使令以非道，而婦亦順從之，是謂曲從。惟曲從乃可謂之孝。大舜閔騫，皆不得意於父母而曲從者也。」王相的注解裡說的是什麼意思呢？說的是舅姑說的有道理我們順從是很正常的，也是在正道上。如果公公婆婆說的不是有道理的話，是非義之話，非禮之事，怎麼做呢？做媳婦

的還能夠順從他們嗎？所以把這裡面的義理探討清楚就很有必要。如果能很智慧的順從，這種曲從是真正的孝順。這裡舉了兩個例子，一個是大舜，一個是閔子騫。因爲他們在自己的親生父母那裡都沒有得到父母的歡心，但還是能夠順從父母，任何事情都不違背父母的心意，任何事情都能反求諸己，沒有絲毫對父母的責備，這才是真正的孝。這兩位也都列在二十四孝的故事中。

那我們來看看，舜的事蹟是什麼？閔子騫的事蹟是什麼？舜是中華民族的祖先，是一位聖帝，一位聖王，歷史上記載舜的父親是一位瞎眼的老頭子，他的母親生完他不久就去世了，他的繼母對他非常不好。繼母跟他的父親又生了一個兒子叫象，弟弟也一直在欺負哥哥。其中有一次舜從他妻子那裡得知，他的父親和弟弟可能會讓他到井裡去工作，順便就把他埋掉，他知道之後沒有去質問，而是提前在井裡挖了一個地道，可以逃出來的地道。果真有一天他父親和弟弟讓他到井裡，他就很安定的進去了，他的父親和弟弟在上面扔石頭，他鑽進地道就跑掉了。這就是曲從的一個案例。

如果他去質問他的父親，可能表面上看還是有道理的，父親做的不義，但是實際上這不是真正的有智慧的處理方法，保存了自己的生命，還不去質疑自己的父母就很好。還有一次，他父親讓他到房頂去曬糧穀，然後在底下把倉庫就燒掉了，他早有所料，在上面準備了兩個大斗笠，拎著兩個大斗笠像大鳥一樣從上面跳下來了，還是安然無恙，然後他跟什麼都沒發生一樣。真是「若真修道人，不見他人過」，你說他看沒看見，他看見了，如果沒看見他會準備斗笠嗎？他會去挖這個地道嗎？但在他心裡面的確又沒看見，這種沒看見是什麼呢？他的心底裡一絲一毫都沒有留下父親弟弟繼母的不好，絕不放在心上，然後自己該做什麼做什麼。舜的事蹟很多，當堯帝把帝位傳給他之前的時候，不僅把自己的兩個女兒嫁給他，來考察他對家務事是怎麼處理的，他的孝道怎麼樣。還讓自己的幾個兒子來輔佐他，看看他處理外面

的事情怎麼樣。內外都觀察完了之後，才安心地把王位給他，是這樣傳給他王位的。

閔子騫是孔子的一個弟子。我第一次看閔子騫的德育動畫片的時候就深受感動，忍不住流下眼淚，在面對義和私情的時候，能夠捨情取義，我覺得很不容易。他的繼母對他如此地刻薄，讓他做家務，給他不好的飯吃，給他蘆絮花的棉襖，無法禦寒。但當父親不明真相責罵他鞭打他的時候，他沒有一絲一毫的辯解，他的父親發現真相後要休掉繼母，他還跪在地上求情，說出這樣感天動地的話：「母在一子單，母去三子寒，請父親留下繼母。」這句話的意思就是有繼母在就我這一個兒子受寒，而如果繼母離開了，繼母生的兩個弟弟和我，我們三個人都會受寒。這番話讓繼母聽了深受感動，幡然醒悟，跪在地上認錯，得到了父親的原諒，一家人得以團圓。

我們想，在現代社會中不要說小孩子，有幾個大人能夠以自己的理智去戰勝自己的情感呢？能夠用道義去面對一些事情的取捨呢？當事情來的時候，很多人都會把自己的私情、自己的得失、自己的恩怨放到前面，不會去想到義、想到禮、想到道，當人自私自利的時候實際不會得到真正的幸福，不會做出真正利益他人、利益社會的事情，當然也不會成為流傳千古被人們稱頌的榜樣。

整個這一篇仍然是緊扣第一篇謙卑的主題，謙卑的作用表現在孝敬自己的公婆上，就變成曲從兩個字了，其實就是謙卑，它是一個意思。能夠真正的謙卑，就會對自己的公婆曲從。所以《弟子規》裡講「親愛我，孝何難；親憎我，孝方賢」。在現實生活中對自己的父母很容易盡孝，為什麼？父母雙親真心的愛我們，但是對於公婆很難盡孝，為什麼呢？不是「親憎我」，而是第一我們找不到一體的感覺，第二好像是公婆稍微有一些對自己不好，就會馬上想到因為我是媳婦，他們才這樣對我。如果我是女兒他們就不會，這樣一想就很難把自己的孝心激發出來。所以

在整個學習中，可能不是在教別人，都是在教自己，怎樣能夠把自己的習性一點點地磨平，讓自己的本性本善能夠顯露出來。這個學習過程會很艱難，不是一蹴而就的。每個人的情況也不一樣，有的人緣分比較好，可能婆婆天性就比較溫良，有的婆婆可能習性就重一點。對於媳婦的考驗都不一樣，如果碰到習性比較重的，比較倔強的，毛病稍微多一點的婆婆，做媳婦的應該感到很幸運。為什麼呢？說明面對的不是小學的課程，我們直接拿的是研究生班的課程。我們自身的檔次也比較高，這個時候一定要給自己鼓足勇氣，怎麼樣才能夠解決所有的逆境。我覺得是需要智慧的，絕對不是單純的靠福報。你說我有錢，我用錢就可以擺平一切，但是錢可以買到護工、保姆，可以買到公婆吃穿用的一些東西，但買不到家裡的親情和和諧。

所以需要你親歷親為，靠智慧處理一些事情。這個過程是比較難的，所以曲從篇重點講的是研究生班的課程，因為普通的婆婆本身就很好了。我碰到的一位朋友很聰明，當時結婚主要看看婆婆怎麼樣？婆婆特別好，人特別的好，現在婆婆給帶孩子，天天下了班去婆婆家吃飯，婆婆醃酸菜甚至幫著洗衣服，老人家一點說道也沒有。我是非常地羨慕，我說你太有眼光了。如果沒有這麼好的情況，怎麼辦呢？我們要有信心。我們面對的是比較高難度的課程，那就重點把曲從篇學透，看看面對這樣的婆婆的時候，怎麼樣把孝道展現出來，把自己的孝心激發出來。

在學習傳統文化課程的時候，我相信很多老師也在看傳統文化老師的光碟，那麼大家在看光碟的時候，一定要記住一點，很多老師講的事不要盲目地去學。這個老師領孩子刷廁所，我也要領孩子刷廁所；這個老師吃飯專門吃剩飯，我也好飯不吃專門吃剩飯。不要在事項上去學，而要針對自己的問題，每個人生的病不一樣。幸福的家庭是相似的，不幸的家庭各有各的不幸。你們家的病，這個病在哪？病根有多深？病情有多重？你對症下藥，不要把別人的藥拿來吃。我聽著也很好，拿過來就吃，吃完

了發現不對症，拉肚子，那是你的問題。你把這個道理，他說的事想表達什麼道理，把道理聽透了，然後看看自己的症狀、輕重緩急，自己的家庭怎麼樣，自己掂量著處理。比如人家侍奉老母親幾十年，你媽本來身體很健康，你就盼著能不能倒下也讓我侍奉幾十年，這就不對了。你應該很幸運，母親給我這樣的福報，我更有精力做對家庭和社會有意義的事情。也真誠地去祝願天下所有的父母親和我的父母一樣身體安康，非常的好，這就對了。否則的話，很容易學偏，非常容易在這裡走入盲點。

下面看具體的原文。

【夫得意一人，是謂永畢；失意一人是謂永訖。欲人定志專心之言也。舅姑之心，豈當可失哉。】

這一段是承接上一篇專心篇來講的，因為專心篇開篇就講了。女憲曰：「夫得意一人，是謂永畢；失意一人，是謂永訖。」又重複了一遍說的是什麼意思呢？上一篇講了自己的妻子，就是做妻子的能夠得到先生的心意就可以畢業了，到此就可以結束了，人生的課程就圓滿了。否則的話，就要一拍兩散，就不會過到頭。但是後面又說了，如果這個女人，做妻子的真正定下自己的志向能夠專心的話，怎麼能只去體貼丈夫而忽略公婆呢？如果我們把上一篇學透，就會非常明瞭這段話，就能夠理解。因為丈夫是公婆所生，他們是一體的，你要能夠真正體解丈夫的心的話，怎麼可能不助他完成孝道呢？你一定會幫助他更好地去孝順父母。如果他本身不夠孝順的話，你要強化他的孝心。如果他本身就很孝順，你應該很幸運有這樣的孝子陪你一生，然後幫助他繼續成就他的孝心。我們在學這一課的時候可能真的會有很多的感觸。

清朝的陳弘謀編輯的一套書叫《五種遺規》，其中有一篇是《教女遺規》。對於想修學女德的，無論是想在家修學女德的

女子，還是想弘揚女德的老師，最好手裡都備一套這樣的書，可以隨時來看看。在這裡我來跟大家分享一下。《教女遺規》裡有一篇是《唐一修人生必學習》，開篇就說「僅按婦人以夫為天，而舅姑為夫之父母，義莫重焉」，講女子以丈夫為天。

所謂一陰一陽之為道，陰指女子，陽指先生，指男子，合起來就是大道。公婆是先生的父母，這種義沒有比這個更重的了，「士志不得其道，孝敬有虧。即才智有餘和足貴乎」，這就是曲從的意思。

就說侍奉自己的公婆，不得要領。總是感覺，孝敬上有所虧欠，原因是自己的才智，才華和智慧不夠，自己又有什麼可以驕傲的呢？「忠敬翁姑之節，周詳真摯，發乎天性。」對於公公婆婆的孝敬禮節一定要出自於真誠，出自於自己的本性。

在這一篇裡具體看看怎麼樣去孝敬公婆。第一個講「人非聖人，不能無過，況婦人乎？」自己不是聖賢，做媳婦的肯定有過失。如果偶爾有過失的話，要是公婆數落自己，我們心一定要大，大到什麼程度呢？什麼東西都可以漏下去，不要攢著，攢著會比較麻煩。這是在生活中需要注意的。在後面有一個講的也很好，講的是「婆與媳雖如母子，然母子以情勝，婆媳則重在禮焉」。我上堂就講過，雖然婆媳像母女一樣，但母女情分更勝一籌，對於婆媳要把禮字放在前面。後面舉了一些例子，比如凡是婆婆的衣服和器具，她的銀錢酒食俱不可以擅動，不可以隨便去動。如果婆婆在房中正在開箱看衣服看首飾，或者與自己的女兒、兒子，私下在交流，你這個時候不要去打擾，要退到一邊。如果有好東西或者好衣服，要看看婆婆、小姑子、小叔子是不是想要，如果想要不妨就給他們，講的是以禮相處之道。

接著我們邊講邊配合這篇文章來學。舅姑的心是什麼心呢？舅姑有這樣幾個心，我做了十六年媳婦體會很深，第一她一定希望自己的兒子能被媳婦照顧得身體比較健康，事業比較發達，這是第一個心。因為我每次見婆婆，她第一句話都會問我兒

子最近怎麼樣，最近身體、事業怎麼樣？一一答覆都很好。她還要不厭其煩地再問，你就再說。如果有不好的事情，比如最近感冒發燒之類的一定不能說，說了她就會著急上火。其次公婆的心是什麼呢？是希望她的兒女之間都非常和諧，如果做媳婦的在她兒女之間說些不該說的話，比如當著婆婆的面說她的女兒如何？她的兒子如何？公婆是最不愛聽的，心裡會很反感。我現在是有兒子，如果在座聽課的老師有兒子的話，你想像一下，如果你有一天也當婆婆的話，你願不願聽數落自己孩子的不是，跟打自己的臉一樣。所以儘量不說，即便知道有問題，你是為他好，希望他的母親能夠教育他，也盡量不要去說。為什麼呢？因為你都嫁入他家，你先生的兄弟姐妹，不可能是幾歲的小孩了，都是成年人，長大了之後都有自己的主見。聽不聽公婆的暫且放到一邊，就想我們說的話有沒有用？沒有用就不要說了，聽之任之就好了，有的時候說了反而適得其反，還不如任何事情自己做好，慢慢就有感化的力量。第三個公婆的心是什麼心呢？公婆會常常以他們所處的生活環境、生活閱歷作為標準，來要求媳婦。比如她的生活習慣很節儉，你如果手頭很鬆，她就會很反感。即便你花的是自己的錢，甚至都沒花先生的錢。總感覺你花的是我們家裡的錢，你的錢也是我們家裡的，尤其是老一代的這種觀點是比較重的。你就要隨順她，她節儉你比她更節儉，就好了。記得自己原先就不是這樣相處，就會有很大的矛盾，心裡其實很難受，總會覺得很委屈。其實都是自己的問題，換個角度考慮也許我們就會心開意解了。

　　學了傳統文化以後就會常常站在婆婆角度上，更周全地去考慮問題。聽一位朋友說起這樣一件事情，就是到公公婆婆家吃飯，鹹菜本來壞了，但這位朋友看出公公婆婆不想扔，保姆就要扔，這位朋友就說：「別扔了乾脆我吃吧。」婆婆就很疑惑的說：「那你能吃嗎？」這位朋友說：「沒關係，我吃吧，東西別浪費了。」就拿過來吃，這位朋友吃素，當時想正好他們做的都

是肉菜，自己也吃不了，於是就著鹹菜，乾飯泡點水吃了。吃完後她的婆婆特別高興，過兩天這位朋友又去看婆婆的時候，還是想把剩菜吃了，婆婆就不讓兒媳婦吃了，婆婆說：「這個你別吃了，如果不行就不要了。」這位朋友第一次聽婆婆說到這樣的話，很奇怪。後來想想，可能是自己的考試通過了，所以婆婆只是人生的一位考官，通過她的考試，就不會再遇見障礙了，通過的唯一方法就是曲從柔順。

我們一直講順，順裡面可真有大道理在，做人尤其做媳婦的，還真就不能什麼事都硬碰硬。你碰到越硬的人，越要柔越要順。鋼刀很難割斷頭髮絲的，為什麼呢？頭髮絲又軟又細又柔，你把鐵塊放那，一刀砍下去，好的鋼刀真可能把它砍斷。相反如果你放的是根頭髮絲，還真就不容易砍斷。要碰到比較強的、比較倔強的、主意比較堅定的婆婆，你就使力柔，柔到底，柔到沒有形了，也就說不出來什麼了。

這也是自己多年的心得，自己一開始性格就很剛強，最後把自己傷的很重。事做了很多，錢也沒少花，別人還不買你的好，最後自己覺得很冤屈。為什麼呢？不怪別人，自己太剛強了。有時候事情做完之後，一句話頂嘴，婆婆就不會記得你的好了。所以做媳婦的要少說話、多工作，這是一個秘訣。遇到婆婆不滿的時候就不要吱聲，徹底地包括臉色都柔和下來就好了。只有把心放平放順才能真正體會婆婆的生活習慣，體會出一些為人處事的細節。有時候覺得不能完全做到順從，那麼一點點來，能做多少做多少。因為有時候太強迫自己去做，第一比較假，第二做完之後還會有牢騷，還會有抱怨，而且不會持續。就明白一點做一點，然後再明白一點再做一點。隨著時間推移，一點點的讓自己去隨順公婆的心。總而言之，公婆是我們的長輩，最起碼的修養不可以跟長輩頂嘴，去拂逆長輩。不管公婆有多大的不對，他們年紀比我們要長，平時婆媳相處所遇見的事，都是家庭一些瑣瑣碎碎的事情，你就不要太在意了。她有她的處事原則，她有

她的處事方法，她有她的爲人方式。要能看得慣看得開，自己的心要放大，這也是在給自己積福。

有一次在外地我講完課後，第二天一大早不到七點，有兩位男士，其中一位是老總，就來找我，這位老總跟我嘮叨了將近一上午，講的就是婆媳矛盾。實在話作爲丈夫他夾在中間很爲難，這面是爲他養育了一對兒女的愛妻，那面是生育他的幾十歲的老母親。他的老母親是農村人，他後來在城裡做企業有所發展，現在生意很好，經濟條件也很好，就把老母親從農村接到家裡來住，希望讓母親享受一下安逸的城市生活。可是他的妻子因爲從小生活在城市裡，家庭條件又很好，可以說是嬌生慣養，就很看不慣農村婆婆的一些生活習慣，最後婆媳之間矛盾激烈，達到夫妻要離婚的程度。他覺得很痛苦，他說：「我沒有想到會這麼激烈，我們夫妻感情真的很好，當然這是母親沒來之前。母親來了之後才發現，原來的好是表層的，一觸及到孝道就發生嚴重的衝突。」他問我怎麼辦？他說都是生活中很瑣碎的小事，比如說，他媽的習慣是要吃乾糧吃餅，他妻子的習慣是吃米飯。做飯的時候兩人就發生衝突，他媽的習慣是擦完的拖布不洗就放在那，下次現用現洗，他妻子是用完必洗，兩人就要打架，反正都是這些，這個大男人就很痛苦。

聽到這些我也覺得哭笑不得。我說要不讓你妻子學女德，畢竟百善孝爲先，做媳婦的應當學習《婆婆也是媽》這首歌。把婆婆當成自己的媽，很多問題就不是問題了。畢竟老母親都七十多歲了，你說媽你必須得按我的規矩來，我們家拖完地得洗抹布，我覺得有點說不過去。對老人家來說，她的生活習慣已經有六七十年了，我們做晚輩的能隨順最好是隨順，實在不能隨順的也要表面上過的去，不能失去對長輩的恭敬心，不能沒有教養。無論兒子還是媳婦都不要想去糾正老人的習慣。

你想如果一顆樹長了六十年，你說有點長歪了，想扳正過來也不大可能吧。相對來講，好像妻子畢竟小一半年紀，正正自

己吧，能正多少是多少，加上你有夫妻的情份在裡面，她如果真正很愛你的話，可能會為你去犧牲一些事情。如果能夠再聽明白一些道理，在理上通一通，就會心甘情願的去做一些事情。而且我有句話放在嘴邊上沒有說出來，就是行有不得反求諸己，作為丈夫的是不是在結婚前就要考量，自己的妻子對自己的母親有沒有孝敬孝順的心，如果沒有，這樣的女人寧可不娶進門。男人如果就是為了情色欲望去找妻子，最後往往不會有好的結局。下面講的這句話就是這個意思。

【物有以恩自離者，亦有以義自破者也。】

物是一個語氣詞，講夫妻兩個人有因為恩愛沒有到頭就分離的，也有夫妻在對父母的孝敬道義上出現問題而分離的。婆婆就是不喜歡這個媳婦，或是媳婦就是不能容納這個婆婆的，最後兩個人就分開了，並不是因為夫妻兩個人的感情問題。王相在箋注裡又說：「言事固有專恩於一人。而人或惡之，不能自保其恩，執義於一人已。而人或亂之，不能自守其義。如婦之不得於舅姑事也。」講的是在夫妻相處的過程中，如果作妻子的眼光太過於狹隘，就以為我和先生兩個人過好就好了。那前提條件除非她是沒有父母、沒有任何親戚朋友，但是在現實社會中，人要面對很多社會關係，最近的也是最棘手的，需要天天處理的，就是先生父母的這層關係，然後是他的兄弟姐妹，他的親戚朋友。對於公婆可能從一進門開始，做媳婦的就要化解掉婆婆對自己的一些不滿和對立。因為做婆婆的天生就有一種情感，好像是兒子找了個女朋友，要娶她了，就把我多少年好不容易養育大的兒子就搶走了，所以婆婆和媳婦天生就有種對立情緒。那麼這個時候做媳婦的就要格外地去恭敬、去孝順婆婆，給婆婆以好感，有機會多跟婆婆聊聊天，主要是多聽婆婆講，這種溝通非常好，能儘快消除婆媳之間的隔膜。

　　記得我剛結婚的時候就是這樣，婆婆就很願意跟我聊天。自己也多跟婆婆溝通，這種交流真的要耐住性子，因為有時候同樣的事情婆婆會反覆講，我們還要有耐心聽。後來有一次先生跟我說起婆婆往年的一些事，我當時就跟先生說，這個故事你可以不用講了，我在你母親那裡聽了已經很多遍了，都是母親年青時候的往事，有報怨，有回憶，有讚歎。就是這樣的，我們應該忍耐，或者說是容忍、包容。現代的女孩子都很有個性，對老人不能容忍，不僅沒有交流溝通，做飯工作就更不可能了，不用老人照顧就不錯了。這都是損耗自己的福報，年輕人要懂得這一點，老人是我們的福田，要多在老人那裡積福，多工作不抱怨就是在積福，尊重老人常懷恭敬就是在積福。

　　事實上，回頭看看自己走過的路自己還是很幸運的，這得感謝從小爺爺奶奶的教育。如果沒有爺爺奶奶嚴格的家教，可能自己也不會按照傳統文化要求的那樣去做。先生是他的父母年紀比較大時生的唯一一個兒子，老父親非常疼愛這個兒子，所以我和先生結婚後，先生的父親一直和我們生活在一起；婆婆是位很嚴格很傳統的老人家，自己也很感恩，結婚至今已經十七年了，通過了種種嚴格的考試，如今又幸遇了傳統文化的教育，讓自己更明白道理。如今公婆年事已高，婆婆七十多歲、公公八十歲了，發現從前自己在心上還有一些事情放不下來，如今也都漸漸放下了，少一些計較就會多一分感恩，感恩他們曾經讓我走過一個個逆境，讓我明白更多做人的道理。因為孝道這門功課真的是貫穿一生，尤其是做女子的，對公婆盡孝，就是對自己的父母盡孝。如果對公婆不孝，讓公婆罵的不是你，是笑話你的父母怎麼養出這樣的姑娘，這是一件很丟臉的事情。所以每個媳婦都要有對公婆的這份孝心。

　　我們繼續來看。有人曾說「媳婦之以丈夫為天者，公姑於丈夫三年而異」。這裡這個天把公婆加進去了，我們說天外有天，天外有天的這個天就是公婆。因為婆婆養育兒子三年，所以

侍奉這三人，「必須愉色婉容，曲體歡心，不可千毫觸犯，若公姑不喜，丈夫不悅，久久則惡名昭著，為人所不齒矣。如不接得而抵觸而已，故父之代言公姑丈夫也，非止於賢者孝順矣，且也圓融也」。那這段話把做媳婦的道理說的就很透。說明什麼呢？對於公姑和丈夫，就是公公婆婆還有先生三個人，重在不是賢和孝，而是讓自己遠於受屈辱，能夠讓自己遠於受屈辱，絕對不是說我在外面做多大事業，做了多大的官，有多大的名聲，有多少的財富，就可以避免恥辱，不是這樣的。什麼叫辱沒門風呢？就是在孝順公婆和丈夫面前，無論你在外面怎麼樣，回到家裡，把所有外面的東西都放下，不要拿你的高學歷，你的財富，你的美貌容色，你的好名聲，在家裡耀武揚威。這些都是沒用的，關起家門，你就是一個小媳婦。

我們講「久來的媳婦熬成婆」，這個熬形容的很好，在公公婆婆和先生面前，就是少說話、多工作，低頭做事。自己要明白，做媳婦的一定不要去觸犯公公婆婆，首先在言語上就不要頂撞，在事情上要懂得曲從。這就是個智慧的女性。

在現實生活中，媳婦與公公婆婆的相處有時候確實很無奈，比如當婆婆這件事情，你發現她做的不對的時候，那怎麼辦？勸又勸不得，所以一定要看開。比如說公公婆婆兩個人感情不好，婆婆有很多的報怨，或者做出一些過格的事情。那麼做媳婦的，一定要看開，不要站到某一邊，說我站在公公那一邊，一定要為先生的老父親去爭個理，說婆婆怎麼可以這個樣子，有時候可能公婆都不會認為你好。其實家不是說理的地方，最好是採取中庸之道，兩邊都不沾，他們倆各有各自的緣分和姻緣，你一定要把這一點看透了，然後自己就能夠淡然處之。公公婆婆的事情不是媳婦所能夠左右得了的，清官難斷家務事。無論是從輩份上，還是從各個角度，都輪不到媳婦說話的份，他們來問你，你就中肯的說說自己的想法和建議。如果他們沒有來問你，就千萬不要插嘴。記得一位老師曾經跟我說過，有一年她的公公住院，

住院的時候商量晚上要有護工和家人怎麼樣去陪護，家人也要在那，也需要一個護工。這位老師的先生和兩個大姑姐就在那商議，先生提議讓自己的妻子也發表一下意見，就是怎麼找護工，怎麼更方便的照顧父親。不過這位老師的大姑姐當時就說：「這事不用跟她商量。」然後這位老師的先生就比較生氣，說：「父親一直在我們家，是我妻子服侍了多年，怎麼可以不同她商議。」這位老師就比較聰明，馬上說：「大姐這話說的很對，這件事你們做兒女的好好商量商量，做媳婦沒有什麼插嘴的地方，這樣我走好了。」這位老師不僅一點沒有生氣，從心裡還挺感激大姑姐的，讓自己無事一身安，太好了。

　　所以你看，得會生活，心要大，凡事不計較，真的是事事是好事、人人是好人，這樣生活才自在才如意。這位老師也是要經常去傳統文化論壇講課，如果她的大姑姐當時不這樣說的話，那她就得天天晚上陪護，也就沒有機會出來學習聖賢文化了。所以有的時候禍往往在福裡面藏著，福裡面也往往藏著禍，你享福的時候是最可怕的，可能禍事就要來了。因此聽到不好聽的話，遇到不好的事，千萬別往壞處想，得往好處想，一想就轉禍為福了。所以在家裡一定要這麼想，什麼事咱都由著他們來，不參與更好；讓我做也很好，給我積福報，我就歡歡喜喜去做，不讓做也很好，我沒有事，裡外都好。

　　總而言之，沒有自己的想法。我最深刻的體會就是在一個比較強勢的家庭裡面，做媳婦處事最好的妙招就是沒想法沒主見，不要總有自己的意見想法，把「我」放下，沒有「我」的時候心是最大的。所謂心包虛空、量周法界，說的就是沒有我，我和宇宙萬物是一體的境界。如果總是想說，我覺得這件事應該這麼辦，我覺得先生你應該這麼做，我覺得公公婆婆你應該怎麼怎麼樣，這就糟了，家就失去和諧了，處處都是對立，生活就會充滿煩惱。放下自己的主見，不要主見，這是最好的。作為媳婦，在婆婆面前能隨順一定要隨順，生活上、飲食上、起居上最簡單

的事做好了就可以了。家裡說實話也沒什麼大事需要你操心，家裡也根本不是說理的地方，不需要說理。家裡往往是非理之議，你看著不是逆的其實它是逆的，你看著不是理的他就是理。所以公公婆婆有矛盾，不要去插手，你可能德行也不夠，說了誰聽啊？就不要再去說了，讓他們自己慢慢去解決就好了。很多時候做媳婦的自召其辱，自己把屈辱召到身上，惹禍上身，碰到這件事躲開就好了，該做的你都做完了，你不能做的，無能力去做的就退避三舍。

下一段講，媳婦不僅自己要盡孝，尤當勸夫要盡孝。古人云「孝衰於妻子，此言即可痛心。」勸夫孝不是在他的父母面前，那會大傷先生的面子，會讓做婆婆的很難堪，難道我教育的孩子不孝順，還需要做媳婦的教導嗎？不需要。私底下慢慢和先生說，而且最好不要馬上就事論事，事情過去之後，找個合適的機會緩緩的說。人的記憶力不會衰退那麼快，而且往往那種印象很深，比如他跟母親吵一頓，他會記得很清楚，不用提醒，在上個月什麼時間，你跟你母親吵了一架，你不用去提醒。過一段時間，比如你請先生吃個飯，吃飯的時候就說一下，《弟子規》裡教的孝道真是很好的，我們做兒女的要學，和父母親不要去爭執；也可以給先生發個短信，也不要直指其事，委婉的說一下，點到為止就很好了。如果先生不理解就不要反覆點了，反覆說就是執著了，人一執著就容易生煩惱，可能機緣還沒到，讓他自己慢慢去悟吧。

因為人沒到那個機緣的時候，你去勸他往往適得其反，越說越擰，本來還好一點，男人都有男子漢的硬脾氣，有的時候面子很重要，你要直截了當的說不接受，拐個彎反覆說聽不明白，那就是機緣沒到，說個一次兩次就好。重在自己做，要是「丈夫忠祭常膩於父母，而疏於己身，被夫之孝行篤於往時，乃見媳婦之賢」，要經常讓丈夫和他的父母多接觸，不要讓他多和自己接觸，這樣做才是一個真正的賢妻。我們現在恰恰相反，經常拉著

先生看電影，出去逛街，出去旅遊。如果先生偶爾說要回家看看父母就很不高興，這樣做媳婦就是不明理，慢慢自己的福報就折損了。做媳婦的要主動想到，父親節來了，要不要提醒先生請他的老父親吃頓飯？母親節到了，要不要提醒先生給母親打個電話？先生已經一週沒有看望父母了，要不要提醒先生常回家看看？如果先生事業忙沒有時間，自己是不是要帶孩子看望一下公婆？當然如果每次都是你去的話，不見先生的蹤影，你的婆婆心情就不會很好，做母親還是最想看自己的兒子，這個時候你可以適當考慮一下，最好和先生一起去比較好。反正每個家庭都不一樣，不可以生搬硬套。看看自己的家庭，大道理都是一樣的，但具體在做事的時候，要看看自己的家是個什麼樣的家庭？是個什麼樣的婆婆？婆婆是什麼類型的？針對自己的家庭去處理，就很好了，不一定要照搬一些事情。若丈夫與公婆小有微言，便當代夫謝罪，如果先生對自己的父母有一些不好的話，那麼你要說這都是自己做不好，使先生對公婆有不孝順的心，不是丈夫的罪過，一定要息怒。

在學習過程中，我希望大家不要照搬去哄人家，把這段話照搬下來去跟先生說，無論先生有微言，還是公公婆婆對自己兒子不滿的話，做媳婦的和稀泥就好了。婆婆如果盛怒之下，一味去說是我不好怎麼怎麼樣，她也聽不進去。有的時候你就默默的聽著，盛怒之下不吱聲。哪怕你端杯水，等她氣過去了，再勸勸她，不要發火了，兒子也有兒子的難處，最近工作非常忙，你要理解。

在現代社會中，婆媳關係是一個很重要的關係。一個婆媳關係，一個夫妻關係，再就是教育孩子，都會出現很多問題。我覺得我們可能回歸不到祖先的那種純淨純善的境界，但是至少以「和」為貴，不去挑動一些是非。「婦與姑之間最以事」指背後的言語，一般媳婦 與公公相處還好一點，而在與婆婆相處的過程中，做媳婦的最容易出現什麼問題呢？就是在背後說一些話，

有時在自己娘家親戚面前，有時在夫家親戚面前，有時在朋友聚會當中，就很容易發洩自己對婆婆的不滿，這麼做是最沒有智慧的。因此凡出言一定是要讚歎公婆的德行，讚歎婆婆的好處，說感恩婆婆的言語。如果不這麼說的話，總是講婆婆的不好，輾轉相傳之後，婆媳關係就會越處越糟糕。所以即便做不到讚歎，也要緘口莫言，守住嘴是最關鍵的。而且要知道人與人之間是有感應的，善與善相感、惡與惡相感，你的心念言語常發出這種對婆婆不滿抱怨的心念，婆婆一定會接收到，婆媳再見面總會覺得不順眼。這也談到我們女子四德的「婦言」，口為禍福之門，要常常提醒自己注意，背後或者獨處的時候，要傾聽一下自己的內心，還有沒有對婆婆的計較不滿，如果有馬上放下，就是心裡的垃圾要及時清除。所以孝順之心關鍵在言語是否檢點，這是最後的結語。

「媳婦對公公疏難為孝，也很好盡孝，但當體翁之心，不需向前親密為孝也，或翁體不安，頻頻勉姑問安為善」，講媳婦對公公，畢竟是男女有別，不可以太過於親密，跟公公做一些親密的舉動，表示自己很孝順，絕對是不好的。如果公公的身體有所欠佳的話，這個時候最好讓自己的婆婆來照料會比較好一點，做媳婦的還是要隔一層，避免自己做出一些違背倫理道德的事情，或者是自己的言行引起公公的一些不好的想法。記得今年我在某地講課，晚上去電臺做了幾分鐘關於如何處理婆媳關係的節目，當時主持人就把大量的觀眾來信給我看。我看了很多來信，大概有好幾封是講媳婦跟自己的公公之間出現了情感問題，那就很不好了。所以現代社會做媳婦的尤其要端莊、端正，在盡孝的時候要走正道，要懂得禮節和禮數，要有智慧，不要盲目去做一些事情，讓人家看了，會生起不好的想法，這是自己的過錯。有一位智慧的前輩這樣教導我們：「世界上兩件事最難，一個登天難，一個求人難。一件事最容易就是求自己。」所以祖先為什麼說「行有不得，反求諸己」，因為求自己最容易了，只要反求到

自己身上，都很容易做到，透過改變自己也就改變了身邊的一切。

【夫雖云愛，舅姑云非，此所謂以義自破者也。】

就是說雖然先生非常的愛自己，說自己很好，但是公公婆婆並不認爲是這樣，對自己沒有什麼好感。那麼這種夫妻關係就是因爲「義」上出現問題而導致分手。也說明什麼呢？自己跟公公婆婆和先生三者之間的關係，我們要看清楚，跟丈夫光有恩愛是不夠的。夫妻關係裡還有最重要的一層，如何處理好與公婆在倫理道義上的事情，這種禮義和道義在相處的時候要遵循，五倫十義中的母慈子孝、父慈子孝，就是父子有親，這是根本。同時還要考慮到後面的君臣有義、君仁臣忠、長幼有序，考慮到這幾層的義。在五倫關係中沒有規定婆媳關係、師生關係，而這是我們人際關係中很重要的兩種關係，應該如何看待呢？

自古以來這兩種關係都歸在了第一種就是父子有親，師徒如父子，而婆婆對媳婦也是以母女相待。在現實生活中爲什麼很難做到呢？其根本原因就是對自己親生父母都沒有真正做到孝敬、孝順，這個孝道的根沒有做全，因此就很難升起對老師、對公婆的恭敬心。此外，這層關係跟天生的父子母女之間的關係畢竟還有所不同，我覺得還需要把君臣的關係和長幼的關係要加進去。這樣相處的時候，就像書裡講的禮的層面就會多一點，情的成分就會淡一點。跟你的老師不會像跟父母一樣嬉笑打鬧了，有的時候還會跟父母撒撒嬌。但是跟老師就不會這樣，總是會很恭敬很有禮。跟自己的母親會說說閨房的家裡話，但是到婆婆那裡，就不會說這些。所以在相處過程中呢，要明白這一點。

爲什麼丈夫對自己很恩愛，而公婆會說一些不好的呢？不會很歡喜自己呢？這也是一個緣分問題。我們講人與人之間的緣分有善緣有惡緣，你恰好跟婆婆不是善緣，自己要懂得轉，怎麼

能夠把惡緣轉成善緣，把善緣轉成法緣，這個法緣就是以智慧為主，讓她明理。法緣是最好的。法是道理，一說道理就通了，就不會在事上去糾纏太多。所以首先需要有這種信念和能力，自己要能做到，一點點的去做，在事上做。我相信「精誠所至，金石為開。」只要能夠堅定地在日常生活中、在生活起居，在所有的大小事上，去持續不斷地去對自己的公婆表現出真誠的關懷和真誠的恭敬，總是有被打動的一天。只要是被打動了，一切就會轉變。夫妻兩個人相處，作為妻子，如何回報丈夫的那份愛，孝順他的父母就是在回報。雖然一開始可能是被動的，但時間長了就會覺得習慣了，習慣性的就去做，也沒有覺得應不應該。所以我相信只要一直去做，總會有成就的那一天。只要自己沒有不耐煩的心就好。不要做做就厭煩，總想這什麼時候是個頭啊，不要想這些，就一味的做下去，做到通透了就豁然開朗了。

總之自己最受益，世上的事情沒有白做的，你孝順公婆是在為自己、為自己的兒女種善因，將來一定會有善果的。反之，如果你總是懷著不耐煩的心想，這一想就有障礙了。希望每一對夫妻尤其是做妻子的，要懂得去調和跟婆婆的這種矛盾，最終以道義取勝，什麼事情都把一個義字放在前面，就不會被面前的一些假像所迷惑。婆婆對自己好也罷，不好也罷，挑自己的毛病也好，誇讚自己也好，都不要太在意。誇自己也不要高興，尤其是對誇自己的話，要聽進心裡感覺很戰戰兢兢，愧不敢當，很不安，要想想自己有沒有德行能夠承受得住這種讚歎。其二，我以後會不會做得更好，就像這次打了一百分，下次會不會保持一百分，不一定，錦上添花的事情不大好做。聽到不好的話也不要就覺得自己什麼也不是，我真要像她說的那個樣子，也沒有必要在意，還是一味的去做自己應該做的事情，只要該做的都做到就好了。

面對順境善緣要心裡不生貪戀和歡喜，面對逆境和惡緣要心裡不生煩惱和憤恨，永遠的心都清靜如水，把心住在中道上。

所謂中道就是不動，中是不動，你一動就不中了。怎麼能夠不動呢？我的體會是天天跟著經典學習，天天去品經典裡的話。把自己的心放大，從小我進到大我，最後從大我到無我，沒有自己，隨便別人怎麼說都無所謂了。隨緣而行，但是隨緣不變。自己的真心永遠都不變。這個真心是什麼呢？是把自私自利放下，把名聞利養放下，把五欲六塵放下，把貪瞋癡慢放下，一心一意為別人，為身邊所有的人，不管是好人還是壞人，為別人著想。只要能有這個心念，有這個信願，一生一定會特別幸福，特別圓滿，不會生活的很鬱悶。現代很多年輕人都得憂鬱症，失眠睡不著覺，其實就是太自我了，成天就琢磨自己那點事情，想不開，最後睡不著覺，心情鬱悶就想自殺。

相反，如果天天忙著想別人，每天都想著怎麼能夠為大家做更多的事情，怎麼可能睡不著覺呢？那是累得倒頭就睡，怎麼可能鬱悶呢？不可能鬱悶。你為人人，人人為你。想到那麼多關愛你的人，真的就會覺得沒有什麼鬱悶的感覺了。我從義務為大家講女德開始，身邊關心我的朋友越來越多。記得有一次我講課嗓子有點失聲，一下課就收到各種醫嗓子的藥，有咽喉糖還有噴霧劑，好多種。第二天上課的時候，桌子上就放著一盒咽喉糖，讓我很是感動。所以現在自己終於明白了，利他才是真正的利己，一個人或者想要得到真正的幸福，就要放下自己，念念為別人考慮，這樣心念擴大了，志向也就擴大了。

常常在講課後，能遇到一些男學生找我。曾經有位老總也是很苦惱妻子的事情，她的妻子全部心思都在丈夫身上，每分每秒都盯著，不是懷疑這個人就是懷疑那件事，讓這位丈夫苦不堪言。自己就跟他說到：「可能她太享福了，人一享福不做事，心思就容易出惡念。如果她能把心放到比如公益事業上，去為很多人做事，可能她就不會天天惦記你了。」所以很多有錢人的妻子，有這樣的經濟條件，有福報要會用，多做一些利益大眾的公益事情，多為別人著想。不要覺得先生有錢，總怕別的女人搶

跑，要知道世間的事情沒有偶然的，如果看了《了凡四訓》就明白了，一切事情都有前因後果，想也沒有用，自己一味積德行善就能改變命運。多想好的事情，想善事，琢磨怎麼做善事，自己有財富有能力有精力，要多做這樣的事。做的越多，心情越好，你的心量也就會變得越來越大，到最後完全沒有自己的時候，一切境界都是好境界。那個時候就是什麼呢？日日是好日，時時是好時，人人是好人。看誰都很好，什麼事來了都能一轉念，這是好事，沒有不好的事。

【然則舅姑之心奈何，固莫尚與曲從矣。姑云不，爾而是，固宜從令。姑云是，爾而非，猶宜順命。勿得違戾是非，爭分曲直，此則所謂曲從矣。】

這一段就是具體地、詳細地開解。白話文是什麼意思呢？就是怎樣才能得到公婆的心呢？唯一的方法就是懂得智慧地順從。如果婆婆說的做的沒有道理，即便媳婦是對的，也要想辦法能順從。如果婆婆說的本來就有道理，做媳婦的不在理上，就更應該聽從婆婆的了。千萬不要在這裡去爭什麼是與非，爭什麼曲與直。這就是所謂的「曲從」。這段含義很深，也是意在言外。我想班昭不單純地講對婆婆的這份心，更多的是講婆婆可能代表的是一個逆境，是一個很艱難的挑戰。我們用什麼樣的心去把女人的自性表達和做出來呢？實際上就是最早說的卑弱，謙卑和柔弱。我們一直在講謙卑的卑是什麼樣的德行呢?是「厚德載物」的德行。因為能像大地那樣謙卑，就可以做到「厚德載物」。弱的德行是什麼呢？我說就是水的性德。水是最弱的，沒有東西比水再弱了，無論怎麼打它，它都沒有什麼聲息，無論怎麼拍它，它都不會反抗。水的德行是「上善若水」，最上的善。

在這裡我們就要體會到，如果是班昭透過婆媳相處的這堂課，來教女人怎麼學會把自身的性德激發出來，就很容易看透

了。不單純是對婆婆這樣，不單純是女人這樣，有一句話叫「一切法得成於忍」，在很多逆境面前，如果不能承受這種屈辱的話，可能真的就沒有什麼成就。反過來說，當生活中不給你任何屈辱，你不需要去承受的話，也就沒有什麼成就。因為你不需要經歷這些考驗，我們在中學就學過這樣的課文，「天將降大任於斯人矣，必先苦其心志，勞其筋骨，餓其體膚」。這些都是讓他承受的，全部都承受過來之後，他才能夠挑起重任，能夠去引領大眾。所以當面臨的考驗越大，越應該低頭，去默默地承受。而且一定是逆來要順受，所有的逆境來了，都順著去承受，沒有什麼可抱怨的，也沒有什麼可在這裡爭的。憑什麼我是這樣，論學歷也不差，論家庭也不差，論長相也不差，為什麼要受這種屈辱，受這種命運呢？不要去問，老天一定對每一個人都是公平的，給你壓的越低，將來彈得就越高。沒有任何壓力，也不會彈得很高。跟皮球一樣，你使力拍，它就會彈得很高；你不使力，它也不會彈起來。所以我想每一個女性，自己都要安於現在的狀況。恰好老天沒有給我們這種苦痛的話，要很感恩身邊所有的一切善緣，沒有什麼苦痛，要好好的去珍惜福報，同時好好的去學習聖賢之道，教育好自己的兒女，自己要做得比婆婆更好。相反給你完全是另外一種境界的話，你也要很感恩。可能你會有什麼樣的使命，或者是承受過來之後，會得到更多的回報。不一定在你身上，有可能在你兒子、孫子身上。像《易經》上說的：「積善之家，必有餘慶」。你積的善，不一定在自己身上回報，可以在你的子孫後代身上。

在這裡我跟大家分享幾個案例，比如我們都聽過《婆婆也是媽》這首歌。這首歌我每一次聽，或者每一次念，都會流淚。為什麼呢？就是說不出來那種心念，覺得自己有很多做的不好的地方。那天也是跟我婆婆還有跟我父母，甚至跟先生懺悔。我說以前從來沒有跟婆婆大聲說話，前兩天跟婆婆大聲說了一句話，覺得還是自己做的不好，可能覺得自己現在，好像有點成績了，

或者在這個家做了一些事情了，就可以有資格和條件去說。其實完全就是自己做的不對，不管婆婆怎麼樣，因為她守的是婆婆的道，但我守的是媳婦的道。如果做媳婦的背離了媳婦的道，對自己是說不過去的事情，要學會慢慢的去轉這個心念。《婆婆也是媽》這個歌詞，不是專業的詞作家寫出來的，她就是一個很孝順婆婆的媳婦，為了紀念去世的婆婆，用自己的真情實感寫出來的，所以才會如此感人。這位女性是吉林人，她當時嫁給這一家人，看中的就是這家人的德行，她的先生德行很好，但是在農村，家境很困難，她義無反顧嫁到這家來。自己娘家的生活條件雖然很好，但從嫁到婆婆家開始，她節衣縮食省吃儉用，把節省出來的錢，買衣服，買糧油，回到農村資助婆婆家人。她說從結婚後就再沒買超過十塊錢的雪花膏，沒買超過一百塊錢的衣服。她從嫁到婆家，婆婆就癱瘓在床，她每次回農村都要給婆婆洗臉、洗髮、淨身、按摩。然後還要照顧多病的公公，沒有怨言，一直到公公婆婆去世。婆婆走後，她按捺不住對婆婆的思念，寫下了這個歌詞。然後又到處找作曲家來作曲，她說一定找一個同樣是孝順婆婆的好媳婦來作曲才有味道。果真這個曲子作出來後傳遍大江南北。每一次聽到對我的震撼都很大。所以做媳婦的，就不要去說婆婆的不是。實在控制不住已發洩了，發洩完了之後，你要馬上懺悔，要讓自己以後都不要再犯，要明白這種發洩都是對自己福報的折損。能讓自己不再犯錯，唯一的方法是不放棄學習聖賢的教誨，天天學，天天反省，日子久了，自己就會煥然一新。因為人只要是天天學就會警鐘長鳴，一不學，一鬆散，一懈怠，就容易出現問題。

我們來學習幾個非常好的古代的孝親尊長的故事。第一個故事叫「孝媳」，孝順的媳婦守護病姑，就是守護生病的婆婆，得免於火災的故事。講的是清代乾隆庚子年間，北平，就是現在的北京，朱斜街發生大火。焚毀的房屋達百餘棟之多，死傷的民眾數以千計，一時大呼小叫，情況極為淒慘。至於損失的財產更

無法估計。可是在這一場大火之中也發生了一件不可思議的事情。就是在火災的斷壁殘垣之中，一間破屋巍然獨存，絲毫也沒被大火焚毀。這幸運的破屋中住的是什麼人呢？爲什麼會獨獨免於這場火災呢？據說破屋中僅住著一位六十多歲的老婆婆和一位二十多歲的年輕寡婦。她們姑媳二人相依爲命，老婆婆的兒子早在幾年前去世，鄰村很多人都來向寡婦說媒，勸她再嫁。可是這個年輕的寡婦，因爲婆婆久病臥床，需要她日夜看護，伺奉湯藥，所以她寧願犧牲自己的青春，堅決拒絕人們的說媒，表示決不再嫁。一年復一年，她細心耐煩的看護著生病的婆婆，口無怨言，面無怨色。在這一場火災中，當熊熊火焰燒到她們家鄰居時，忽然風勢就轉變了方向。火焰沒有燒到她們的房屋。當時的人們都認爲是孝順的兒媳婦守護著生病婆婆的孝行感動了老天，老天保佑她們免除了火災。所以說當人善的時候，真的是「福祿隨之，天必佑之」，一切的福報，都是從善行這個根產生的。所以人要明白「百善孝爲先」。

　　還有一個故事講的是「錢氏孝護翁姑，全家免疫」。這個媳婦嫁到錢家，所以叫錢氏。講的是清代順治甲午年三月，江蘇省無錫縣城東居民顧成，娶這位小姐爲媳婦。有一次錢氏回娘家省親，看望自己的父母，忽然夫家鄉間流行急性疫病，傳染的很廣，病死的人很多。有的全家幾口都死於病疫，也有一條巷中的人大半死去，只剩幾人。病勢兇猛令人心驚膽戰，如果得了這種急性的疫病，至親的人也不敢過問，大家都深恐被傳染。不幸顧成夫婦也染了瘟疫，後來他的兒女等一家八人全都染了疾病。錢氏在母家聽到了翁姑患瘟病的資訊，急忙要趕回夫家探病。她的父母愛女心切，怕女兒回去也被染到疾病，所以就勸錢氏不要回到夫家去。可是錢氏深明大義，她說：「丈夫娶妻，原是希望我能夠伺奉翁姑。現在翁姑病危，而我如果忍心不歸的話，那就跟禽獸沒有什麼兩樣了。」終於不顧父母的反對，不怕疾病的猖獗，隻身回到夫家去。當錢氏回到夫家以後，顧成夫婦，及其

全家染病的八人都豁然痊癒。當時的人都認為顧成全家能免於疫病死亡，是由於錢氏至孝的感應。所以我們講在媳婦的孝順中，表現的是一個家族的家道。家道能不能傳就看這個家的媳婦。媳婦沒有德，不能夠守住的話，這個家可能也會失掉。媳婦有德這個家會安然無恙。這裡有一段評語，這個評語說的也很好，說「民國以來，固有的倫理道德日益的低落。今天能夠孝順父母的兒女，真的是鳳毛麟角。而求能夠孝順公婆的女子，更是了不可得呀！就是孝順自己父母的都很難找，指望孝順公婆的真的是很少有。像本文的錢氏女，能不怕疫病傳染，孝惠病危中的翁姑，實為當今女子的楷模。至於疾病的成因，固然是由於病菌。但科學家也認為人身的抵抗力，足以抵禦病菌，而不患病。所以顧成全家的免疫，也是由於錢氏至孝的正氣，增強了全家的免疫力，而免於死亡。這樣的事實是合於科學的，絕不能視為是迷信」。所以我們很多時候一定要明白，什麼是真正的道德。真正的道德沒有那麼多的大事，那種大的道理。可能我們看到很多名聲在外的有道德之人，遭受到的事情並不好，那要想想是不是一種偽道德。真正的道德完全在平時的日常生活中，在點滴的瑣事中，尤其是在危難的境地中。你的取捨、你的選擇，更見你的真功夫，那都是平時長養出來的。平時都沒有，在這種情況下也比較難。

　　下面我們再來講一個兒媳婦不孝順的故事。河北省文安縣一個小商人的家庭，全家有四個人。夫妻兩個人之外，上有六十歲的老太太，已是白頭鶴髮，老態龍鍾，下有六歲的小男孩，還沒有進學校讀書。小商人每天到市場上去做買賣，早出晚歸，白天只有婆媳兩個人在家，還有小孩子。表面上看來媳婦對婆婆似乎並沒有虐待。老太太吃得飽，穿的暖，物質上不匱乏。可是一個人的生活，精神與物質是並重的。老太太在物質上雖然不愁吃喝，但是精神上卻遭受不可忍受的痛苦。原來這位小商人的太太，每天家事之餘，只知道陪自己的小孩子玩，從來沒有考慮到婆婆的寂寞。看到婆婆總是板起了鐵一般的面孔，很少與婆婆講

一句好話，好像婆婆欠她債似的。就是招呼婆婆吃飯，也沒有一絲一毫恭敬的態度，沒有柔言和語的聲調，常是很厲聲的說：「吃飯的時候到了！怎麼你還不知道啊？」起初老太太只是忍氣吞聲，即使忍不住了，也只是背著人暗暗哭泣，日子久了也不願當面責罵媳婦。可是痛苦隱藏在肚子中，如果沒有適當的發洩，是十分難受的。老太太為了發洩精神上所受的虐待，就每天在廳堂上自言自語的發牢騷，然後踩腳拍胸的說：「我這個苦命的人，活在世上受罪，還不如早些死了好。這個狼心狗肺的媳婦，佔據了我的兒子，我老太婆成她眼中釘，我死了才舒服。這個狼心的媳婦總有一天要吃苦頭。」媳婦心中有數，明知道老太太自言自語的罵人，罵的是自己。但因婆婆不是當著自己的面罵，也就不敢公然和婆婆吵架。但當丈夫每天晚上回家的時候，就對丈夫說婆婆的不好，甚至在丈夫的面前聲淚俱下。

小商人處在這樣的環境下，一方面是恩深如海的慈母，一方面是美豔似花的嬌妻，雙方都不敢得罪，所以聽了妻子的哭訴也就默然不答。可是小商人的妻子一不罷，二不休，接連不斷的在丈夫的面前訴說婆婆的壞話，使得這個小商人無法沉默了。一天晚上，小商人忽然拿出一把鋒利的刀假意對妻子說：「你說我媽媽太兇惡，那麼我把她殺掉如何？」「哎呀，好極了。這樣可是除了家中的毒瘤了。」商人的妻子回答。「那你暫且忍耐一個月，每天你和顏悅色的盡力伺奉母親，這樣的話能夠使鄰居都知道你是個賢慧的孝媳婦，我母親是一個兇暴的惡婆婆，到那個時候再殺她不算遲。」小商人接著說。他的妻子就依照丈夫的囑咐，從此對婆婆的態度完全改變。每天早晚都要到婆婆房間去和顏悅色的問安，有空閒的時候對婆婆說說有趣的故事，聲音是十分的柔和，態度是十分的可親。解除了婆婆的寂寞，溫暖了婆婆的心靈，使婆婆心滿意足。因此在這一個月中，從來沒有無緣無故的發脾氣，也沒有比手劃腳的罵過人，對媳婦十分和善與愛護。一個月過去了，小商人問妻子：「最近婆婆對你怎麼樣

呢？」這個妻子回答：「婆婆最近待我比以前好多了。」小商人
又說：「那麼你再和顏悅色的伺奉婆婆一個月看她怎麼樣。」
又過了一個月，小商人持著那次拿著的鋒利的刀重新問妻子：
「婆婆待你怎麼樣呢？」商人的妻子說：「哎呀，婆婆最近待我
可好了。這是因為我受了你的吩咐，和顏悅色的伺奉她，所以她
才待我很好。可是我是勉強的，恐怕不能持久。」小商人聽了大
怒道：「人生以孝為本，父母的恩德捨身難報。你既嫁給了我，
與我結合，那麼待我的母親就等於待自己的母親一樣，應該竭盡
孝道。可是你嫁我之後，對我母親忤逆不孝，不僅沒有給她精神
上的溫暖，反而受盡了你的冷落。你非但不知反省，反而每晚向
我說盡母親的壞話，後來我假意要殺母親，你竟贊同。我才教你
試著和顏悅色的侍奉母親，你勉強試了一兩個月以來，證明我的
母親很是慈愛。以前她偶發脾氣，完全是因為受盡你的冷落，受
到你精神刺激造成的。你這個不孝的逆婦，要你做什麼呢？」說
道，舉刀要砍妻子。這位太太在丈夫尖刀的警告下，嚇得滿臉發
青，全身發抖，跪在地上求饒。小商人看妻子已知悔改，就把利
刀丟下，從袖中取出一本和尚送的經，叫《佛說父母恩重難報
經》，令妻子早晚虔誠的讀誦，依教奉行。

　　從此以後，妻子就成為孝順的兒媳婦。這個故事我每次講
課，都很喜歡講。它是一個很真實的故事。一方面說明這個先生
非常的有智慧，知道如何去引導自己的妻子。不能硬著來，硬著
來只是火上澆油。另外一方面也說明這個妻子她做假的也能做成
真的。但是做假的我們要明白不能一直假下去。妻子說得很實在
一直假下去，我做不長久，要懂得明理。所以最後先生給她一本
經書，讓她來讀誦，明白這個道理。所以每個做媳婦的，都要透
過學習來提升自己，在理上透了，事上做就有持久心，有恆忍
心，有遠大的志向，這樣就比較好做。

　　還有一個故事，講的是清代嘉慶二十三年，江蘇省無錫縣
北鄉漕溪里，有曹姓兒媳，是一個潑辣兇狠的悍婦，平日懶於操

作家事，一切煮飯洗衣乃至打掃等雜務，都要老態龍鍾的老太太動手。可是婆婆年老力衰，對於家事的操作，當然不能做的理想，或是房屋打掃得不夠整潔，或是菜餚烹調的不夠味道，因此時常受到逆媳的辱罵。逆媳的丈夫，也就是婆婆的兒子是一個懦弱無能的人，坐視妻子忤逆自己的母親，不敢加以勸導，更談不上管教。鄰居有時看不順眼，偶爾從旁勸解，總是無法遏制逆媳的惡性。至於婆婆本人，為了愛護孫兒，竟甘受逆媳的凌辱，逆來順受，日子一久，逆媳越發肆無忌憚。有一天婆婆帶著孫兒玩，不知怎麼的孫子跌了一跤，跌破了頭。逆媳認為是婆婆太不小心，以至跌傷了自己的兒子，竟對婆婆破口大罵。正在兇狠咒罵，使婆婆痛心萬分的時候，忽然烏雲四布，大雨傾盆，不一會房屋內外都積滿了水。逆媳兩腳踏在泥地上，因泥地被洪水沖得很鬆，逆媳竟陷到泥土中，越陷越深，她不禁驚慌起來，急忙大呼：「婆婆救我，婆婆救我！」婆婆看到媳婦陷入危機狀態之中，雖已忘了平日的怨恨，很想救她。但在狂風暴雨中，束手無策，逆媳身體的大部分都陷到地下的深泥中了，放聲痛哭起來。可是哭也沒有用，不到一個小時，整個人就沒到地中。狂風暴雨過後鄰居們把逆媳從地中挖出來，已經窒息斃命，這樣慘死好像是被活埋一樣。遠近的人看到逆媳死的如此奇，都說顯然是忤逆陷身的感應。當時有人作詩說：「大地難容忤逆人，一朝地面近傳聞。婆婆較勁終無用，何不平日讓幾分。」我們看到這樣的故事，其實真的特別多。

　　雖然大家平時不去聽也不去想，但不意味著我們的所作所為就沒有結果。真是我們所作所為，種什麼因就一定得什麼果，沒有得到那個果是不可能的。你種下去了就會得到，只是看時機成沒成熟。像民間講的「善惡到頭終有報，不是不報，時候未到」。

　　還有一個故事講的是巨蛇猛咬逆媳心。講很久以前，高川地方有一個乞丐，在鄉間原來有一間簡陋的房屋，自從某年高川

發生水災以後，他那一所躲避風雨的茅屋給無情的洪水沖走了，從此他成為無家可歸的乞丐。只得帶著七十多歲的老母，不到三十歲的嬌妻，在一座破廟中住了下來。這是一座供奉土地神的廟，地方很小，由於連年天災，當地民眾衣食都很難維持，所以沒有餘錢捐款修廟。原來住在裡面的人因為無法生活而離開。在乞丐一家沒有住進去以前，早就空無一人，屋內到處都結滿蛛網，屋頂上處處都是漏洞。可是在乞丐一家看來，災後找到容身的歸宿也覺得不易。乞丐雖然貧窮的三餐不具，可是對母親卻非常的孝順。他除了行乞以外也撿拾麥穗。當農人在割麥季節，把一捆捆在田中割取的麥挑回家中時，常有許多麥穗掉在路邊，乞丐每天就撿道路上的麥穗，常能滿載而歸。有一天乞丐放棄行乞，整天在路邊撿麥穗，辛苦了一天撿到一斗麥粒帶回家中。他的老母和妻子看到他帶著一大斗麥回來就像久旱逢甘霖，快樂的眉飛色舞，希望能痛快的吃一頓麵食。乞丐就囑咐妻子把麥磨成麵粉，並且還特別吩咐，要把好的麵粉製成餅，供養給自己的母親。哪知乞丐雖是一個孝子，而乞丐的妻子卻是心狠手辣的逆婦，她對丈夫的囑咐表面上唯唯應諾，暗地裡卻違背丈夫的意志，把好吃的麵粉藏著自己做餅吃，用粗的麵粉和著污水製成餅給婆婆吃。乞丐的母親吃了餅滋味不好受，就嘔吐起來，而且肚子開始疼痛。這天晚上風雨交作，在那小小的破廟中，黑漆漆的一團，突然聽到乞丐的妻子嚎啕大哭起來，乞丐點起燈，起身一看，發現一條巨蛇鑽進了他妻子的胸中，把他妻子的心臟咬了一個大洞，鮮血直流，剎那間，這個逆婦竟一命嗚呼了。小廟附近的居民都知道這件怪事，一傳十，十傳百，也都過去看。講這故事的沈老太太也親自去看熱鬧，親眼看見蛇尾垂在逆媳的胸間，有二尺多長。那麼現實生活中這樣的事情真的很多，我們平時多讀讀，多看看，就會引起警惕。我們不要碰到這樣的狀況，我們可能不會碰見什麼蛇，或者是被地埋起來。但是會不會開著車出門突然出車禍，或者哪天身體一檢查，發現自己身體有某種病。

不是說營養的問題，不是說我今天倒楣，要看到自己平日的所作所為。這一點一滴都不會讓你去白做的。點滴之善可以形成大善；點滴之惡也可以形成大惡，最終總會是到自己的頭上。

我們接著往下看，最後的結語說什麼呢？

【故女憲曰：婦如影響，焉不可賞。】

這一句講的是媳婦順從公婆，就像「影之隨行，響之應聲，焉有不得其意而不蒙其賞者乎」。「影」、「響」是兩個字，講的是說媳婦對婆婆的孝順，就像身體的影子，跟著我們的身體，我們敲一下杯子，就馬上會有聲出來，是一定會在一起的。如果你這麼做的話，一定會得到婆婆的讚賞。

具體在侍奉公公婆婆的過程中，我們可以學習一下《女論語》。《女論語》是從事上講，不像《女誡》整篇下來，它的義理非常深，很多都是意在言外。如果沒有通透的話，做起來是很費力的，不是很好做。《女論語》就是《宋尚宮侍女論語》，宋是唐朝的時候宋若昭、宋若華姊妹倆寫的女德學習文章。她們姊妹五個都很優秀，也都是在宮中給皇帝和皇后做老師的女子。我們看看《女論語》的第六篇講的就是侍舅姑篇。可是在侍舅姑篇之前，我們看看前五篇是什麼就能明白了。前五篇的第一篇是立身章；第二篇是學做章；第三篇是學禮章；第四篇是早起章；第五篇是侍父母章。我們這麼一看就明白了，一個女子想嫁人，想婚姻生活如意、幸福，實際上從她出生到嫁人之前，這一段是要完成這五門功課的。這五門功課誰來幫助完成呢？是她的母親，如果她的母親沒有把自己女兒的身立好，沒有教會她學做，沒有教會她學禮，沒有教會她早起，沒有教會她如何侍奉父母，她嫁到夫家，是什麼都不懂的。這個時候要等著婆婆的調教，那就太困難了。你一定不會得到好的眼色的。那你三天受不了，三個月受不了，可能就真的會分道揚鑣。

所以每一個母親，如果有女兒，希望自己的女兒將來生活如意。不是說拿錢去打扮她的姿色，給她整個容，不是說讓她有多少見識，說女兒要富貴著養，見識過多少場面，懂得多少名牌，吃喝玩樂都很瀟灑。這樣的女兒嫁到人家就是一個好吃懶做、愛慕虛榮的媳婦，哪個婆婆會喜歡這樣的媳婦呢？所以在學侍舅姑章之前，要把前面的都學明白，學會，到侍舅姑這一章，才能夠能弄明白。公婆這一章是「阿翁阿姑，夫家之主。既入他門，何成新婦。供承看養，如同父母」。講的是公婆是丈夫家的一家之主。對待公婆就要像對待父母一樣。「敬是阿翁，形容不睹。不敢隨行，不敢對語。如有使令，聽其囑咐」。對於公公一定要非常的孝順，不要隨便跟公公去對抗，不要跟公公走得太近。公公如果有使喚，要隨時來聽從。「姑坐則立，使令便去。早起開門，莫令驚忤。灑掃廳堂，洗濯巾布。齒藥肥皂，溫良得所」。講的是婆婆坐著媳婦要站著，有要求趕緊去辦，早上開門聲音要輕，不要驚到婆婆，要早起把屋子打掃乾淨，侍奉婆婆洗漱。這些細節都是表示對婆婆的恭敬心和孝道。而我們現在的兒媳婦就很少會考慮到這些生活中的細節，比如做飯，你可能會隨順自己的口味，我喜歡吃硬的，米飯稍微硬一點有嚼頭，但有沒有考慮到公公婆婆的牙齒比較鬆動，他們需要吃的是軟飯。自己很喜歡吃淡的，可是公公、婆婆的口味比較重，也不會考慮公婆的口味。我以前也是這樣子，沒有這種細心，在照料上就很容易不周。所以自己要去觀察去反覆的體味，體念別人的心。

　　後面也有講，「溫良得所，退步節前。待其浣洗，萬福一聲。及時退步，整辦茶盤，安排匙箸。香潔茶湯，小心敬地。飯則軟蒸，肉則熟煮。自古老人，齒牙疏蛀，茶水羹湯，莫教虛度。夜晚更深，將歸睡處。安置相辭，方回房戶。日日一般，朝朝相似。」講的是古代大家裡的居家相處、睡覺，平時與老人相處除了衣食住行，再多的可能就沒有了。老人的心要時時的體會，比如穿衣，老人如果是很喜歡穿節儉的，不喜歡買新衣，你

就不要非得順著自己的心意，去買新衣孝順他，他看著花錢就難受。那你就要想辦法，比如我先生有時候不穿的衣褲，我就趕緊拿給我公公婆婆，有的甚至是先生剛買的，我就說他已經不穿了，正好公公可以穿上，你要再去買，他就不是很高興。吃飯也是一樣，越簡單越好，但簡單中怎麼要有營養，要懂得去調配。我覺得老人健康不在於吃，吃是次要的，不是首要的，是他們那個心。如果老人的心比較寬慰，他的身體一點毛病沒有，如果他每天心裡都記掛一些事，都有所憂慮的話，給他吃再好的，哪怕每天海參、鮑魚，一樣會生病，所以體念老人的心真的不容易。而且有很多事情是我們力所不能及的，自己深有體會，只能盡力而為。

「日日一般，朝朝相似」。講的是長期，不是一天兩天這麼做。「傳教庭帷，人稱賢婦。莫學他人，跳樑可惡，咆哮尊長，說辛道苦，呼喚不來，饑寒不顧。如此之人，好為惡婦，天地不容，雷霆震怒，責罰加身，悔之無路。」侍舅姑這一章在《女論語》裡很簡短，但它在事上的詳解跟曲從篇是無二無別的。曲從篇了了數語講的是理，它把理打開講的是事。事宜時宜，這個事在當時就這麼做，那現在做跟當時的做法就有異曲同工之妙，不完全是照著搬下來。上面講跟著公公後面一步一步相隨，早晨一大茶盤，跪在地上，那是古禮。今天就更多的揣摩我們的家庭條件，自己的生活處境，公公婆婆的性格愛好，怎麼樣相應得到老人的歡心。所以曲從篇從頭到尾，講的是心字。這個心是最難的，要想真正得到婆婆的心，做媳婦的真是要付出很多辛苦，不是我們表面上做的一些事情。

曲從篇就學到這裡，學完之後希望大家真正在用到現實生活中的時候，要全部貫穿來用，第一不要用偏，第二不要太執著。用偏了就過頭了，如果還不懂得回頭，就很糟糕，什麼事都儘量做到恰到好處。不要說今天看了這張光碟，或者學了這門課，回去對婆婆非常非常好，過兩天可能又忘了，我們一點點

來。所有的媳婦，在面對婆婆的時候，都會有很多的酸甜苦辣，在我的女德課中碰到很多這樣的女性朋友，都面對婆媳關係的挑戰，自己最大的體會是什麼呢？不去想婆婆的不好，她的好，願意記就記住，只是默默的守住自己的本分去做就好了。你怎麼對父母的，對公婆就更慎重一分，不要有二心就好了。有位朋友就跟我說，她特意為了鍛鍊自己，每次給自己父母買一樣好吃的，一定給婆婆公公帶一份，甚至給公婆帶的要貴重於父母的，公公婆婆很高興。有一次這位朋友去北京，想到自己的父親愛吃北京烤鴨，於是給自己父親買的就是簡易的包裝，給自己婆婆買的就是好的禮品包裝，餅、醬都是現成的，包好的。回家後自己的母親看了有點不大舒服，這位朋友就給自己媽媽解釋說：「咱們是親娘倆就不用客氣了，不過婆婆那邊還是要注重禮的。」媽媽聽了也覺得可以理解。這位朋友就很有智慧，母親、婆婆兩邊都不偏，說明你的心不偏，心是正的，就不用愁你的後代對你做出不好的行為。有一次聽課的老師也跟我分享，就講她的女兒對她不好，而且她的女兒現在大了就明確的說她媽：「媽你對我奶奶不好，不公平，你看你對我姥很好，對我奶奶不夠好。」後來聽課的老師就跟我懺悔，就說的確如此，她大包小包逢年過節對自己媽真是無比孝順，是不是真孝呢？不是真孝，在《教女遺規》裡就有這樣的文字，「有等媳婦不能孝姑，而偏於孝母。此正是不孝母也，侍姑未孝，必以母是孝以惡名，可為孝母乎？」怎麼能說是孝母呢？結果她的女兒對她有很大的想法，女兒長大之後，就會對自己的母親不以為然。

所以做女子的一定要看透這一層，她畢竟跟奶奶有血緣關係，這是不可否認的事實，割是割不斷的，如果自己不明白道理，做出一些違逆自然規律，違逆孝道的事情，你一定會遇到一些不好的境況，有時還反映在兒女身上，這很正常。如果有時候碰到比較刁蠻的婆婆，比如婆婆說話苛刻，做的一些事情也無法理解，讓人莫名其妙，我們就要這樣開解自己：老人家心裡

有一些事我們的確琢磨不透，實在不透的就不琢磨。總之一句話，你不要生氣，要是氣頭上來了，做什麼樣的好事，這個事都變味道。你不生氣了，婆婆是怎麼說也好，怎麼做也好，都聽之任之，你覺得婆婆做的都很好，都沒有問題，哪怕她把你的東西從這個房門扔到那個房門，給它扔出去，我覺得也很好，就揀回來，不要太在意好了。她那麼大年紀，你想如果換成自己的母親，可能你就不會那麼生氣，恰恰是婆婆就覺得應該如何如何，沒有應該的事，世上最沒有的就是認爲應該的事。凡是她這麼對你，總是有因果的，可能你看不到，也看不透，你就不去看。還是那句話「逆來順受」，然後接到的都是福報，將來報在自身，沒有報在別人身上，不是很好嗎！這個時候應該感激給你福報的婆婆或是公公，或是所有給你逆境的這些人和事，都要很感恩。

曲從篇就學到這裡，這堂課也是人生最重要的一門課，我自己修學的也很差，也是在反覆的學習。希望所有的老師一起來提升，透過學習能夠真正在古聖先賢的諄諄良善的教誨中，找回自己的本性。能夠獲得真正的快樂，沒有煩惱的去生活。非常感謝各位老師，謝謝！

＊《婆婆也是媽》歌詞

演唱：高娜　　作詞：秦雅麗　　作曲：鄭桂英

婆婆也是媽
您一輩子辛苦啦
您把兒子撫養大
如今兒媳來報答。
輕輕地叫聲媽

婆婆也是媽
您縮食汗滿頰
把兒子拉扯大。
真誠地叫聲媽
如今兒媳到咱家
兒媳婦為您梳白髮
為您把身擦。

婆婆也是媽
您一輩子辛苦啦
您把兒子撫養大
如今兒媳來報答。
讓您沒煩惱
讓您沒牽掛
幸福生活甜如蜜
讓您有個溫暖的家。
輕輕地叫聲媽
婆婆也是媽
啦~啦~ 啦~啦
兒媳婦讓您生活幸福
快快樂樂度晚霞。
兒媳婦讓您生活幸福
快快樂樂度晚霞。
兒媳婦讓您生活幸福
快快樂樂度晚霞。

第八講/和叔妹

尊敬的老師大家好！我們繼續學習《女誡》第七篇—和叔妹。先來讀一下原文。

【和叔妹第七，婦人之得意於夫主，由舅姑之愛己也。舅姑之愛己，由叔妹之譽己也。由此言之，我之臧否毀譽，一由叔妹。叔妹之心，不可失也，人皆莫知。叔妹之不可失，而不能和之以求親，其蔽也哉。自非聖人，鮮能無過。故顏子貴於能改，仲尼嘉其不貳，而況於婦人者也。雖以賢女之行，聰哲之性，其能備乎。故室人和則謗掩，內外離則過揚，此必然之勢也。易曰：二人同心，其利斷金。同心之言，其臭如蘭。此之謂也。夫叔妹者，體敵而分尊，恩疏而義親。若淑媛謙順之人，則能依義以篤好，崇恩以結授。使徽美顯彰，而瑕過隱塞，舅姑矜善，而夫主嘉美，聲譽耀於邑鄰，休光延於父母。若夫愚蠢之人，於叔則託名以自高，於妹則因寵以驕盈。驕盈既施，何和之有？恩義既乖，何譽之臻？是以美隱而過宣，姑忿而夫慍，毀訾布於中外，恥辱集於厥身；進增父母之羞，退益君子之累。斯乃榮辱之本，而顯否之基也。可不慎歟。然則求叔妹之心，固莫尚於謙順矣。謙則德之柄。順則婦之行。知斯二者。足以和矣。詩曰：在彼無惡，在此無射。此之謂也。】

和叔妹篇是女誡的最後一篇。最後一篇能看出班昭的用意，叫「家和天下興」。所有的學習，所做的一切，無論是夫妻之間的，我們講敬順也好，婦德也好，專心也好，還是對公婆的曲意侍奉也好，最終對於一個大家庭，都是要以和為主，所以和

是全文最終的節點。在和叔妹這一篇裡班昭花了很多的筆墨來說怎麼樣才能做到和。我們先看一下王相的箋注。箋注中說，「叔妹，是夫之弟妹也。不言伯姊者，伯必受室，姊必適人。叔妹幼小，常在舅姑之側。尤當和睦，以得其歡心。然後不失意於舅姑也」。講的是自己先生的弟弟妹妹，因為先生的哥哥姐姐都已經該成家的成家，該嫁人的嫁人。弟弟妹妹因為幼小還在公婆的左右，所以作為嫂子，進到家門裡，怎麼樣能夠和睦先生的弟妹，然後最終得到公婆的心意、歡心。講的是這個「和」。

我們在學習之前要明瞭，班昭所講的和叔妹，絕對不是說簡單的去和自己的、家裡的親人，我們講小家、大家是無二無別的，能夠在小家裡做到上下一團和氣，這個樞紐做妻子的是一個關鍵。這個女子對外也一定能夠從家和到天下興，從家定到天下平。那什麼是真正的「和」呢？我們看「和」字。這個「和」，首先右邊是一個口，也就是說要和先要從嘴上和，家裡不要有是非長短，做女子的、做妻子的這方面尤其要注意。所謂心平則氣和，嘴上沒有那麼多的紛爭，自己的心一點點的就容易平下來，氣也就一點點順了。真正的心平氣和之後，家裡頭就很好實現和平共處，從心和、口和到身和都和了之後，在家相處就很容易。在現代社會裡，要知道一個家和不和的關鍵就在於能不能對金錢放下。所謂價值觀不同，每個人都有不同的價值觀，在見解上達不到相同，和的第一步就失去了，所以和的意義是什麼呢？不要求別人跟我和，只要求自己跟別人和。近一步再說，只要求自己的習性跟自己的自性和，別人怎麼和不要去管他了。那你的習性是不對的了，要拉回來，拉到你的自性上。自性是純淨純善的，自性是仁義禮智信；自性是要守好媳婦道，做妻子的道，做母親、做女兒的道，對方有沒有守住她的婆婆道，他的丈夫道，她做母親的道，我們不要去管她，尤其是我們的長輩。

曾經有這樣一個員工說：「他收人家一千元的回扣，我才收五百，我如不收心裡頭難受。」當時跟我坦白這件事，我覺得

挺可愛，一個男孩子。我說：「他現在要跳樓，你要不要跳？他是從十層樓跳下去，你說我比他少兩層，從八層樓跳下去。不跳我心裡難受，比他矮兩層，其實心裡頭都有點不舒服，一個結果都是死掉。」然後他就跟我說：「那不一樣，這是錢。」我說：「這個錢是燙手的錢，這個錢背後折損的不僅是你的福報、你的德行，可能將來你能賺五萬元，就因為現在的五百元卻沒有了。自古以來不都有嗎？占小便宜吃大虧。」不管這個員工能不能聽懂這番話，總而言之，我覺得做老闆的得盡到君親師，不僅要管理他，也要做他的老師，可能我這老師的資格也不大夠，但是盡到我的心意了，也就能解釋到這個份上了，就可以了。所以在一個家庭裡，也是這樣的，不要去攀比，就是說你弟弟妹妹，他們年輕力壯的，也不出力，也不出錢，我憑什麼要出，我幹嘛要去做？你只要有這個心，你一切的善念、善行就斷掉了。不是別人斷的，是自己給斷掉的。他只是到你面前晃一眼，真正每天看的是什麼呢?看外面的境界，就像看鏡子裡的自己一樣。你覺得鏡子裡的人有污點，臉上有黑斑，有污泥，你去擦鏡子沒有用。你說我想改掉弟弟妹妹、大姑姐、二姑姐的問題，大伯二伯的問題，沒有用的，你改不掉的。你回頭擦擦自己，把自己臉上黑斑擦掉了，再看看鏡子也就沒有了，所以真正的和是自己和。

我們再看金錢觀，對於財富一定要看透，這是學傳統文化要跨的第一關，很現實的一關。我們大經大論、大根大本談的再透，一回到現實生活中，樣樣都落到錢上，你看不明白一下子就掉進去了，這是第一關要過去的。第二關就是名，然後就是色。

關關都是在現實生活中考驗，不是紙上談兵，趙括是紙上談兵而死掉的。他母親不讓他上場打仗，國王不同意，他母親說：「你讓他上去好了，你得免我的罪，別追究我。」國王說：「好，不追究。」果真就打敗了。所以知子莫如母，我們不可以紙上談兵，學傳統文化這是需要真刀真槍的在現實中實幹。什麼是財？財又叫錢，錢是左面一個金，右面是兩戈，每一樣都是殺

人的利器。所以在金錢面前要通不過去，不是傷人，就是把自己傷了。財真的要看透，財就像通貨一樣，古代管財叫通貨，什麼叫通貨呢？流通的貨物，它得流通，它不通不流，它死在那，你捂著它，把錢看得比命都重，一潭死水。古語說：「藏者，多藏必厚亡。」你多儲存它，一定會有亡失的一天，不一定是失掉自己的性命，有可能這筆錢沒用到別處，生場大病就用了，還不如拿去救濟窮苦。何必往醫院送呢？在現實生活中，很難看到對錢看破的，我經歷了那麼多，包括很有錢的人，越有錢對錢越放不下，有一些在放的過程中還有些問題。比如一些學傳統文化的老師，想把錢看破，把房子賣掉捐出去，八十萬、一百萬都不要了，什麼都捨掉了，然後來問我說：「靜瑜老師，你覺得這樣做對不對？」我就笑，我說：「其實真正的捨，不是你都賣掉了，你身無分文了，好像是對財就不在意了。不是這樣的，是你在心上捨，當然需要在事上做，但不要盲目的做，需要有智慧的做。就是這筆錢怎樣用是很重要的，用的在不在道上，用的有沒有理，用的有沒有法度，有沒有智慧？不能說為了自己要怎麼樣，也不管了，把這錢給別人，你去做什麼什麼吧，可能別人拿著這錢去造惡業，也不好。」所以我們在做很多事情的時候，都不要走入極端，而是在恰當的時間，恰當的場合，恰當的地點去做。和叔妹在現實生活中，剛才也跟大家說了，錢需要看破。可能還有很多需要看破的地方，但錢是家裡最容易發生爭執的，所以自己不要計較，不要去跟親人去攀比，只要自己做到就好了。

下面具體來閱讀。

【婦人之得意於夫主，由舅姑之愛己也。舅姑之愛己，由叔妹之譽己也。由此言之，我之臧否毀譽，一由叔妹。叔妹之心，不可失也。】

箋注裡說：為婦者不敢失禮於叔妹，然後得到公婆的歡

喜，得公婆的愛戴，然後讓丈夫很高興。做妻子的是否賢慧，是否遭到毀譽，就是詆毀和讚歎，都是從小姑子、小叔子這裡來的。所以不可以失掉他們的心，否則就會失敬。這是白話文的注解，我給大家翻譯一下箋注，實際上從這裡看班昭寫《女誡》，這個誡是教誨，也是這位老人做女人一生體會。就像剝竹筍似的，一層一層皮剝下來，最後見到實質。第一層好像是嫁給丈夫，那對丈夫應該怎麼樣呢？你應該怎麼做？然後對你講，光對丈夫好還不行，夫妻恩愛並不究竟，還得對他的父母要好，要懂得怎麼樣孝敬孝順他的父母，光做到對他的父母還不行，還有他身邊的弟弟妹妹。在現代社會中，可能很多獨生子女不會面臨到對方的家庭有弟弟妹妹，但有親戚朋友是肯定的，不可能是就這麼一個。在面臨他的親朋好友，在相處的時候，做妻子的要知道不要單純的以自己為重，以我為重。整個這段話講的是把女人的心量擴大，一層層的擴，仁愛的心一層層擴展開去，像風吹水波一樣，一波波的蕩漾開來，越蕩漾越寬。心寬了之後能容納的事就多了，家業的根基就穩固了。

【人皆莫知，叔妹之不可失，而不能和之以求親，其蔽也哉。】

人們都不知道小姑子、小叔子的心是不可以失去的，所以不能和睦相處，而得罪了公公婆婆，這是一個很大的問題。這個蔽是指障蔽障礙的意思，就給蒙蔽住了。蒙蔽住了什麼呢？蒙蔽住了做妻子明理的心，就是做老婆的、做太太的看不透，其實就是一層窗戶紙，這個窗戶紙是什麼呢？你不要把先生當作單單一個人，你當成一個家族就好了，他後面會有千軍萬馬跟著。你真正想把這個頭拿下來的話，後面跟著的這些你也要有心胸、心量去容納下來，否則的話就會出現很多問題。那麼為什麼不能夠和之以求親？就是能夠和睦相處，求得叔妹的親愛，接著底下有

講。

【自非聖人，鮮能無過。故顏子貴於能改，仲尼嘉其不貳，而況於婦人者也。】

這是講人不可能沒有過錯。顏子是大賢，但是有過還馬上就改。所以孔子嘉獎他是「不貳過」。更何況是做妻子的，很多時候都是在犯過錯，換而言之，你不能夠跟叔妹和睦相處，是因為自己有過錯看不到，不自求其過，而這邊在苛責小叔子、小姑子，當你有苛責心的時候，就很難能夠和其親，這也是最關鍵的一點。

我也可以和大家分享一些案例，比如說在學習的過程中會體會到家人很難相處，我們有機會讀《溫氏母訓》就會看到。在《溫氏母訓》裡有記載，自古以來，借錢也好，拿東西也好，寧願給外人，也不願意給親人，尤其不願意給夫家的這些人。《溫氏母訓》裡就寫出原因，第一給家人會感覺他不會感你恩，不會領你的情，反正你條件好，你要給。第二你給了一次，他馬上要第二次，沒有頭，不懂得止，所以乾脆施恩惠於外人，不對家裡人施，這是一個很奇怪的現象。現實生活中說明了什麼呢？說明了在人與人的相處中，距離遠了，是比較好相處的，不走的那麼近。家人不然，天天在一個房屋下，你是沒有辦法，你迴避不了跟他接觸，你要跟他說話，要跟他打招呼，你不想見他，也要在一個飯桌上吃飯。怎麼辦呢？這是對自己心性的一個最大的磨練。《三字經》裡講「玉不琢，不成器」。誰來琢你呢？都是外面的境緣，這些環境、這些人、這些事，把你雕琢成器，他給你創造這種機會。有的時候真是這樣的，明明三天前剛跟他吵過架，如果是朋友可能一輩子就不來往了，但是跟自己的親人，還一定得去相處，而且經常會遷怒。比如有一次我們家有一個親戚就發生這樣的事情。她是因為跟自己的先生有了一點口角，恰好

那時候是先生的母親八十大壽，她就拒絕參加婆婆的大壽，大壽不參加了，準備跟著公司團體出去遊玩。當時我們在一起吃飯，她就很氣憤的說這件事情。我當時就勸諫她說：「婆婆過一次八十大壽不容易，我覺得你還是要去參加。」我們女人是這樣，上來脾氣是很沒有理性的動物。她說：「我不要參加，你這個姐夫惹的我很傷心，我不去了。」我就反覆勸，最後好容易勸通了，我說：「那天我也去。」我去了也順手給老人家一份小禮包，她就更生氣，她說：「你來就很好了，不要給錢。」後來我也發現類似的情況會失去理智。我當時就給她按下說：「你別，你不要這麼衝動，我這樣做她老人家會很高興，其實我們盡到孝心就好了，也不要把跟先生的怒氣發洩到他媽身上。沒有必要，你這火再一蔓延，就會蔓延到其他兒女，兄兄嫂嫂、弟弟妹妹身上，最後都不可收拾了。」我後來就和這個親戚講：「你在發火的時候最好關起門來。我覺得基督教的方式很好，神父的小屋子沒有人知道，發洩完一通再懺悔一下，安慰安慰，悄無聲息的就止住了。你可以自己找個地方去發洩一下，心平氣和之後，根據人情事故，該怎麼辦其實還得怎麼辦。不能走極端。」因為違背常理去做一些事情，一定會遭到指責的，不僅是人來指責你，老天也會懲罰你，老天就是自然規律了。你會諸事不順，何必去給自己製造麻煩呢？自己還是想清楚了，回過頭來還是按照正常的來做，改過就好。

這裡就講我們都不是聖人，「人非聖賢，孰能無過」，關鍵是自己看不到自己的過錯，這是一個大問題。怎麼能讓自己看到自己的過錯呢？我們在這裡好好的分享分享，也就是說我們時時要讀聖賢書，時時要反省自己。因為透過讀聖賢書，看聖賢講的話、那個道理，舉的那個案例，再對照對照自己，就找到差距和不足了，所以人真的是不學不知道。這個道就是宇宙萬物的自然法則、自然規律。你不學習就能夠明道，就能夠明理，就懂道理，沒有這樣的人，太少了，極少。尤其在現在的社會，大部分

都是讓你不知道的。你看的書和雜誌，你以為知道，你知道的那些都是沒有用的垃圾，看那些八卦雜誌、時尚雜誌都是垃圾，沒有用。你就是穿出花來，又有什麼用呢？沒有讀聖賢書就跟不知道一樣，跟沒學一樣。所以在這裡我們還是一樣能夠透過學習懂得聽別人的話，什麼叫懂得聽別人的話呢？我常說：「聽人勸，吃飽飯。」不管誰到你耳前，說勸你的話，發現你有不對了，能夠到你跟前說，說明你這個人還很有福。我們現在不覺得有福的人越來越少了嗎？因為環顧四周，幾乎沒有幾個人會來跟你說，你這樣做是不對的，很真誠的說希望你能夠改。有哪個人會說？都會奉承你兩句，或者是轉身就走了，各掃門前雪了，不會去說你了。我們碰到了這樣的情況，心裡應該感覺到很悲哀。說明自己的福報很低，身邊沒有貴人，沒有良友。

在《了凡四訓》裡說到，改過怎麼改？「明需良朋提醒，幽需鬼神證明」。我們幽的不知道，明的找不著，這是很痛苦的一件事情。所以想有良朋益友，自己要有福報，要懂得多行善，要懂得有容量，能夠包容人。人家剛說你一次不對，你就氣炸了，就馬上反駁，其實我是怎麼怎麼樣，下次就沒有人說了。我跟公司的員工說，告訴他們工作應該怎麼樣去做，我剛開個頭說那個小女孩兒怎麼怎麼樣，我說一件事，她有一百個理由來反抗我，證明她是對的。後來我很真誠的跟他們說：「我還在跟你們說的那一天，說明你們還有福報，你們的工作能力還有機會得到提升。如果我壓根就不說了，你們得不到提升，無所謂。你們隨波逐流，在哪做都是一樣的，賺那份錢就意味著沒什麼了不起的，你們永遠都是這個層次。再過十年看看，你們三十多歲還是這樣，再過十年，你們四十歲還是這樣。一輩子庸庸碌碌，落於凡流，就是一個很普通的世俗之人，連個普通的老百姓都稱不上。」我很真誠的跟他們說完之後，他們再也不頂嘴了。每次就跟他們說出來怎麼怎麼做，他們就很認真的聽，然後我說：「你們要有想法，你可以回過頭來和我交流，長輩在說的時候，要虛

心的聽，不要有一句頂嘴，哪怕長輩完全說錯了，他和你提的一點都不對，你都不要去反抗。回過頭來找個機會，再跟長輩促膝溝通的時候，再跟他說，這件事其實是怎麼怎麼樣的。這樣是對長輩的一種尊重，也是自己虛懷若谷有謙卑德行的表現。」

我們能夠不斷地反省自己，看到自己的過錯，就一定要改，改並不是改這個事，而是真正在事上見到理，改自己的心。別人怎麼改的，不一定就完全照搬，你也怎麼改。比如我在講座中提到，我曾經領著我兒子去刷廁所，有個老總就很慚愧，他說：「哎呀，我都沒有領孩子刷廁所。」後來，我也覺得很慚愧，因為第一我沒有作秀的想法，第二也沒有號召大家都去刷廁所，我當時只是絞盡腦汁想，怎麼能去除傲慢呢？想了這麼一個很粗俗的想法，就領兒子做了。但是我發現如果再做，可能很多人會覺得，是不是在作秀，或是怎麼樣的。後來我跟兒子又去幾次，我兒子就說：「媽媽，我們現在很忙，可不可以做點別的事情，我在家裡刷家裡所有的廁所。」我們家所有的廁所也是由我兒子來刷，我說：「好啊，可以。」所以我們不用那麼執著，雖然看別人怎麼改了，我們怎麼改，有的時候容易東施效顰，人家笑出來挺美的，我們笑出來好像就不是那麼回事。所以我們透過事情上見到理，真正的去改我們的心，不在於事上怎麼做，事上怎麼做都很好，只要是覺得能把心念改過來就很好。那麼透過反省，孔子嘉獎顏回能夠「不貳過」。顏回是孔子最得意的一個門生，孔子讚歎他一生是「不貳過，不遷怒」。第一是從來不犯以前犯過的錯誤，第二是不把自己的火發到別人身上，不遷怒。我們在學習的時候，要明白作為妻子，無論外人讚歎多麼的賢能，多麼的好，自己都很清醒，我沒有德能，自己還沒有成聖，沒有成賢，不要說離孔老夫子，離顏回的距離都很遠。自己要小心謹慎，要像蘧伯玉改過一樣。蘧伯玉是年年知非年年改，日日知非日日改。別人怎麼說不管，我們今天有沒有犯錯誤？可以拿一些經典來對照，拿《弟子規》來對照看看，拿《太上感應篇》看

看。這裡我們有講，這三個根怎麼扎？我們在《弟子規》的學習
中，《弟子規》講的是一百多件事兒，件件事兒裡頭能看見理就
對了。如果單純的執著於做事，而昧於理，在理上是糊塗的，容
易做成一個偽君子。大家看著覺得總是那麼假，自己覺得也是，
做起來很生硬，或者是很拘泥，真正君子的風雅完全不拘泥於瑣
碎的事上，能夠從事上見理是關鍵。舉個例子，比如說入則孝。
入則孝這一篇教給我們什麼理呢？就是教一個敬字，一個順字，
是講《女誡》的第三篇。其實也是講課的第一篇，卑弱篇講的是
謙卑，講的是柔弱。「父母呼，應勿緩；父母命，行勿懶；父母
教，須敬聽；父母責，須順承。」是不是謙卑，是不是敬順？出
則悌教的是什麼呢？是和叔妹，「兄道友，弟道恭」，在家裡要
長幼有序。謹篇是叫我們慎獨，一人獨處時，不可以不沖廁所，
不可以放肆，「入虛室，如有人」。慎獨是君子最重要的一種功
夫了，不要說君子，做女人也是一樣，獨處的時候是不是就很放
肆，我們不講外表，心念上就很放肆了，就會胡思亂想，想東
想西，那謹這個關就沒做到，往後就都會廢掉。所以每一篇裡都
要見到理，學習《弟子規》才有提升的可能。你想見理，有的時
候真是光讀《弟子規》可能還沒有見理的功夫，要再多讀一些古
代的經典。我推薦大家多讀《五種遺規》裡的《養正遺規》，
《養正遺規》這部書是童蒙養正的，看一看跟《弟子規》是無二
無別的，幫助你對《弟子規》更好的理解，更好地去落實。《太
上感應篇》教的就是因果，自己的起心動念，落在什麼因、什麼
果上。很多事情不是《太上感應篇》裡說的，能不能上網《太上
感應篇》裡沒說，可不可以抽菸也沒有說，可不可以手淫都沒有
說，但是要把因果這個概念深深的扎根到腦海裡，做這些事情
的時候就知道，都在造因，背什麼果要很清楚。不知道的話要
學習，不要誤以為是好的就麻煩了。最後就是《佛說十善業道
經》，我們將儒釋道這三個根，這部經典實際就明確告訴我們，
因有十大類惡，有十大類善，果同樣對應的有好的、有善的、有

惡的、有不好的。你怎麼樣念念把善的往上提升，念念把惡的往下打壓？常思惟善法。常觀察善法，每天都在想怎麼樣是善的做法，觀察這些人和事，哪些是善的，哪些是惡的，惡的不要去看它，不管年紀大小，也得「童蒙養正，聖功也」。現在這個童蒙跟年紀大小沒有關係，凡是心智不成熟的，走在邪道上的，都屬於童蒙期間，都得開始養正。在這個過程中，把三個根弄懂了，才能夠真正的紮紮實實的落實下去，不走形式和表面的功夫，而走實際的，像有的老師說我天天一打開功過格，填表，跳到最後都習慣性的打條了，我說那個就不要做了，第一浪費紙張，第二浪費時間，第三完全是表面功夫。你就重點想，哪一項問題最嚴重，你說對錢看的最重放不下，還是對名看的最重？還是自己特別愛生氣，心急，爭強好勝？還是自己特別的傲慢？還是自己疑心重？你把病根找出來之後，針對自己的病根，就治這一個症狀。患者住院，一定先解決那個重症，你看進醫院，現在心臟病爆發，當然腿還有一點小骨折，你說先解決哪個？先救心臟病了，骨折回頭再說了。你也是要先抓住自己重的病，把重的病根找到之後，每天就對治自己。比如說貪財，想到的辦法是懂得捨，每天做點公益的事情，做點救人急難危難的事情，或者是周濟一下親朋好友，多做一些這樣的事情。如果傲慢的話，天天想我做的哪件事，說的哪些話給人感覺傲慢？導致傲慢的是哪些因素？是學歷，還是我的地位、我的財富、我的美貌、我的家庭、我的兒子？把所有的那些否定了，一定要這樣對症下藥，否則一輩子沒有成績了。你做的功很多，天天在打條，天天畫功過格，最後沒有用。這是一個朋友跟我說的，她問我怎麼做？我說我沒有畫功過格，是老師讓我做這件事，但我覺得那一百一十三件事不對症，我就對症。比如第一我脾氣急，性子急；第二，有一些事情看不破。我把這些事情列舉出來，就一定能讓自己看破。舉個例子，比如我在學習的時候，就特別煩別人來打擾，你越煩越有人打擾，一會一個電話，一會我媽說下樓吃飯，我說沒到點，

十一點怎麼就吃上了呢？一會我爸說下樓跟你談談，沒什麼事我這正學習呢？越放不下的事情你越放下，到後來就無所謂了，怎麼都好，隨時隨地來電話就接，隨時隨地父母叫就下去，就配合他們，到最後就沒有感覺了。你一定要把自己的問題列出來，不列出來改過，感覺都是假的，都是虛的表面的。

我們看下一段。

【雖以賢女之行，聰哲之性，其能備乎？】

這一句講的是即使是賢明、聰慧的女子，也不能把所有的善集於一身。這句話是在上面那句話的基礎上再一次去強調。上面那句話可能你會說，這個說的是別人，別人都不是很賢善，家裡家外都說我是賢女，是賢妻良母。只要是還有這樣的心性，至少一樣的毛病是在身上，傲慢。你只要說別人做的都是對的，只有我錯了，天天想這個念頭，錯在哪?你只要有一個「我」字，有這個念頭就是錯的，就是還會把我放在心中，人只要有「我」字，就很難從根本上去除對立，去除控制和操縱的欲望，真正能夠把我放下，就能夠超脫了，能夠超越了。所以有時我跟周圍的人講，不要把我看得那麼重，我說我們這個身體就像旅社一樣，暫時在這裡住一住，走的時候什麼也帶不走。來的時候是兩手空空，去的時候也是兩手空空，那麼執著它，有時候就會出問題。把它看淡一點，自己生活就很自在。

自古以來都是一樣，只要把我放下，哪怕我的仁、我的義、我的禮只要帶一個我，這個全是不仁不義，真正的五常是沒有我的，真正的五倫十義裡也是沒有我的。我只是在演戲而已，人生就像一台戲，演的時候別太當真。今年我給員工寫了一封信說，我感覺以前在臺上跟大家一起來演戲，演的還挺入戲的，經常和你們著急上火。現在越來越覺得我好像在台下看戲，就不那麼著急上火。你們表演得很好，我在下面點評一下，偶爾上去指

導一下，趕緊下來。

人生就是這樣，像一場戲，千萬別跟著大家一樣跑到戲裡去演戲，經常坐在台下看戲，就多了很多冷靜，就不會那麼激動，或是失去理智處理一些事情。

下面繼續學習。

【故室人和則謗掩，內外離則過揚，此必然之勢也。易曰：二人同心，其利斷金。同心之言，其臭如蘭。此之謂也。】

從這一段一直到下面一段，這兩段從正面來勸導如何和睦親友，這一段講的是言語上要和。白話文注解是講一家人要想和睦相處的話，首先要做到把家裡人不好的東西掩住，「家醜不可外揚」，要懂得謗掩，謗是指誹謗的意思，掩就是掩蓋住，家人的一些互相指責和毛病，不要對外人說。「內外離則過揚」，「內外離」是離間的意思，「內外」是家裡家外，就不分家人和外人，不懂得裡外，互相離間，到處宣揚過錯。「過揚」，是揚過的意思，到處宣揚人家的過錯。「此必然之勢也」，就是一定會出現不和的結果。所以《易經》上有說，兩人如果是一個心，那麼它的力量都可以把黃金切斷，兩個人同心所說出來的言語，就像蘭花一樣放出芳香，臭通嗅，是味道，聞的意思，聞起來就像蘭花一樣芳香。其實就是這個道理。

整段看下來，說明什麼呢？說明我開篇裡講的，家和首先是言語上和，尤其是做妻子的，要懂得怎麼樣謗掩，怎麼樣不過揚。我舉個我朋友的例子，她跟我講她非常關心和愛護弟弟，經常幫助他。她經濟條件非常好，弟弟條件不是很好，她就給弟弟買房、辦戶口，所有的家事都幫他操持。結果後來發現弟弟和弟妹反倒不感恩，還覺得她做的不夠。這個姐姐就很痛苦，很苦惱，偶爾一次就把娘家的事跑到婆婆家跟婆婆說，也是在訴苦這

個弟弟怎麼這樣？婆婆就說弟弟是很過分，她就覺得很有道理，心裡就更上火。後來她跟我分享這件事情的時候，我說：「永遠都不要跟婆婆或家人去說不好和過錯。」我說：「這是為什麼呢？這是大忌。因為他如果能夠真正站在道義的角度上去考慮、去批評，你想想你在婆婆眼裡的地位都下降了。婆婆怎麼看你？這個媳婦真的是不懂事，如果她能夠順著你的脾氣，順著你的習性來跟著你說，你不僅看不明白這個事，見不到這個理，反而往下墜的更深，她只是又往上填了一塊石頭而已。最好的方式是跟誰都不說。」因為仔細觀察一下身邊的人，好像沒有一個能夠幫助你往上提升的，大部分是往上添石頭，你本來是掉了一尺，跟一個人一說就掉了十尺，再跟兩個人說，往下掉的就更厲害了，就更快了。越說越覺得我很有理，他一點沒有理，這個氣根本就消滅不了。她說：「那我還是沒想明白，我對弟弟還是有想法，靜瑜老師你說呢？」我說：「你感恩這個弟弟，他給了你一次增長福報的機會，這只是其一了。因為他的條件不好，你是他的姐姐來幫助他，才能夠增加你的福報，而不是增加他的福報。他只是得到一些物質的供養，真正的福報是你的德性提升了，你對弟弟的關愛讓你的福報更強了。其二因為她的母親已經過世，母親如果在天有靈的話，會非常的讚歎你的這種孝行。因為你是在盡孝，圓滿自己母親的心願而已。我是母親的話，絕對不會看見弟弟這樣的落魄，做姐姐的很富裕卻不管不理，相反你能夠去幫助，去提升他，母親很開心，幫助圓滿你的孝道，他是你的一個恩人。第三，透過跟弟弟的相處，還能夠讓你看透一些事情。是你做的不對了，因為很多事情，給的太多太過，又沒有講明白道理，錯不在他而在你。你給每一筆錢，把理講清楚了，弟弟就能夠感恩，單純的為了滿足你的欲望，你去給，反正我有錢，我有東西就要給，最後他不感恩是很正常了。因為他的毛病都是你慣出來的，你現在有能力給十萬，為什麼才給一萬？原先你只有能力給一萬的時候，都給我兩萬。你給他慣出的毛病，還要怪別

人，我覺得沒有道理。」那天她來還跟我重複，她說：「我天天琢磨，這兩天很開心，因為越琢磨越有道理，就放下了。然後她弟弟也突然間像覺悟了一樣，說姐姐我最感恩你了，媽媽不在全靠姐姐這麼多年幫助我，我幸虧有個好姐姐。你放心，我不會虧待你的，我一定去奉養你。」然後她就感動的哭了。我說：「我當時是這麼跟你講嗎？你要是不重複我就忘了。」她說：「你講課的時候最好再講一遍。」所以我又講了一遍。

在生活過程中，我也有朋友身上發生過這樣的例子。比如說有一次，我朋友一個親戚的孩子要上大學，這個親戚家裡很困難，因為她是離異的，親生父親離異後就離開了，也沒有給她資金上的供養，這個女孩子上大學也不容易。她母親就跟我的朋友說，希望她能夠幫她拿幾萬塊錢的學費。後來這個朋友說：「好，沒有問題我來拿，但是我要親自把錢交到你女兒手裡，而且我要親自跟她談談，妳不能參與。」她就很忐忑不安說：「好吧。」因為她女兒也比較大了，已經十八九歲了。我的朋友就跟她女兒談了兩個多小時。上來的時候這個朋友就問她：「你知不知道這次考上大學要交多少學費？」那個女孩子沒有什麼感覺，說：「不知道。」她說：「那你有沒有想過數目是多少？」「不想，不知道。」她就說：「那你下去把入學手冊拿來，自己算完了告訴我。」這個孩子拿上來就算，算出來好像是兩萬九千，然後我朋友就把三萬元整放在那裡了。其實她知道是這個數目，然後她說：「你要明白幾點，我要跟你說清楚。第一，這個錢並不是天上掉下來的，也是我們辛辛苦苦賺出來的。第二，你不要感恩我，首先要懂得感恩父母，沒有父母你也不會來到世間。是你的父母，去幫你說這樣的事情，做母親的心是很不容易的，你要懂得體念母親，雖然父母拿不出錢，但是跟你父母拿的沒有兩樣。第三你一定要珍惜這筆錢，珍惜四年的大學學業。學好了之後，要把自己的能力回報社會，也回報自己的父母。時時刻刻都要有一顆感恩的心，千萬別感恩我，首先要感恩父母，如果父母

都不感恩，你來感恩我，你不是感恩我，是感恩這堆錢，跟我沒什麼關係。如果有人能出比這更多的錢，你一定就會把我拋掉，去感恩他了。第一要感恩父母，第二要感恩社會，感恩所有身邊的親朋好友，時時刻刻都有一顆感恩的心。」之後這個女孩子變化也很大，有一次我的朋友出差到那個城市，她聽說了半夜買了一大捧蓮花，到飯店來看我的朋友。她知道我這個朋友很喜歡蓮花，這個朋友就很感動。她說：「你其實不用買了。」這個女孩說：「我知道你喜歡，特意給你買來，很新鮮。」她特意給我的朋友買了一個花瓶，我的朋友真是挺感動的。所以說給錢不能盲目的給，如果盲目的覺得我有錢，好，就給出去一筆，很容易你就是一個主要的殺人犯。殺什麼？殺對方的慧命，沒有殺這個人，肉身是沒有殺，你把他智慧給斷掉了。他拿到錢之後心花怒放，只看錢了，看不到錢背後的一些東西，那就很麻煩。所以不明理的時候寧肯不給。等把這個理明白透了，給的時候要給的明明白白，清清楚楚的。

　　有的時候，我們往往會在親人交往上出現問題，所以說在謗掩和過揚上尤其要注意。家人有任何過錯就不去說，要懂的把自己的嘴管好、把好。《易經》上也說「二人同心，其利斷金，同心之言。其臭如蘭」。這個二人就是指仁字，「仁」是一個人加一個二，也就說想到自己就想到別人，推己就要及人。「己所不欲，勿施於人」。當有一個人到你面前，不論是誰，你都要想想他的想法，做換位思考，這個時候就很容易去跟他同心，然後有這種力量，真誠去做一些很有利益的事情。否則的話，這種同心，你說我跟小叔子很好，跟小姑子很好，有的時候這種同心是假的。在真正的大事情、大考驗來臨的時候會出現問題，所以還是「求己仁」比較好一點。這個「同心之言」我覺得是自己真正能體會到別人的那個心，那說出來的話就像蘭花一樣，會散發芳香。我們想想是不是這個道理？否則的話不在自己身上去求，去求別人，都容易求錯。在這求明白了，到別人那又求不明白了，

要在自己身上全部都通了，真是一通百通，無二無別。家裡的小叔子，家外的同事是一樣的，都能夠處理好，這個心是指真心，不是說虛假的虛妄的心。真心的言語一定是念念落在純淨純善上，真心的話一定是讓人家非常受益的，是智慧的話。我們在這方面做的時候要一點點去品味，透過學習來提升。

【夫叔妹者，體敵而分尊，恩疏而義親。若淑媛謙順之人，則能依義以篤好，崇恩以結援。使徽美顯彰，而瑕過隱塞。舅姑矜善，而夫主嘉美，聲譽耀於邑鄰，休光延與父母。】

這裡講的是什麼呢？講的是叔妹，叔妹指小叔子和小姑子。「體敵而分尊」，這個分念份，體是指身體。體敵是什麼呢？是說身體雖然跟我們不同，小叔子、小姑子是先生的弟弟妹妹好像比我們小，但是「分尊」，在輩份上要比我們尊貴，所以要稱為叔，稱為姑。「恩疏而義親」，講的是雖然從恩義情愛上，沒有那麼近的關係，要有一定的疏遠，但是在道義上卻要格外的去親近他們。如果是「淑媛謙順」之人，就是講的非常嫻淑的女子就能夠「依義以篤好」。就是根據禮義，根據道義來把關係修復好。「崇恩以結援」，講的是根據自己對丈夫的恩愛、恩情推而廣之，愛屋及烏，來跟他的弟弟妹妹交結好的情分。

「使徽美顯彰」就是指名聲，做妻子的名聲就會越來越彰顯，小叔子、小姑子就會說：「這是一個好嫂子。」嫂子的名聲就會顯彰。「而瑕過隱塞」，瑕和過都是做嫂子的不足，瑕疵不足的地方就會被隱塞過去。人與人之間相處真的就是這樣，他要覺得你好，怎麼都好，不好的也看不見了；覺得你不好，好的地方也根本看不見，就過於情感化。「舅姑矜善」，公公婆婆因為小叔子小姑子經常在父母面前美言，這個嫂子如何如何的好，公公婆婆也會誇獎你，非常的淑善，是個好女子。誇獎的結果怎麼

樣呢？「聲譽耀於邑鄰，修光延與父母」，你的聲譽就是名譽越來越在鄰居之間推廣開來，也讓自己的父母跟著沾染你德行的光輝。所以我們講什麼叫真正的孝道？孝始於事親，中於事君，終於立身。事親、事君和立身是孝的三個臺階，一層層的上，這個君在社會上是指我們的領導者。比如說我們的老闆，你怎麼樣的盡忠，實際上是在盡孝。所以在《弟子規》裡講，「居有常，業無變」，什麼叫常呢？指不會變來變去。工作本身就意味著你對老闆的忠誠，這是在入則孝這一篇裡，在家裡面什麼叫事君呢？誰是君呢？我們講夫君，先生是君，公婆是君，他是我們上面的管理者、領導者。你怎麼樣對他盡忠，這是很關鍵的。在這裡我們看到連小叔子、小姑子也要比我們分尊，也是在我們之上，更何況大姑姐、大叔伯，就是先生的哥哥姐姐，更在我們之上。看來家裡都是領導者，只有你一個兵。這個時候就很好在家裡去練習自己，怎麼樣去長養自己的謙卑之情。

很多人說學女德是不是很委屈？要聽這麼多人的使喚，其實不用了。換一個角度想，有機會去給這麼多人服務，實際上是在增長自己的福報而已，哪怕越來越多的人不工作，就你一個人工作，你還不抱怨，你的福報是不可思議的。大富大貴之人沒有無緣無故富貴的。我記得在傳統文化論壇上聽過，億萬富翁張選董事長講「我是怎麼成為億萬富翁的」，大家有機會聽聽他的課。他吃過的苦頭太多了，小的時候都撿過煤渣，無緣無故的被人蒙冤，進監獄，無緣無故的出來都不知道怎麼回事，受過很多苦，最後能有這種富貴，太多富貴人都是這樣了。**不是說有幾個是富二代，富二代的下場沒有幾個好的，富三代都沒有聽說過，到二代就終結了，錢財蕩盡，不說家破人亡，基本就是沒落了。**我說沒有家規、沒有家道真的不行。我們想能夠真正把家振興起來，要靠妻子來肩挑，怎麼挑呢？好像是你圍著全家人轉，你去給他們服務，去做吃的、做喝的，跑前跑後，跑裡跑外。實際恰恰相反，是全家人圍著你轉，你在這默默去累積福報，為家族的

振興在做貢獻。你不出聲而已，真正做事的就是在你這。你做到一定程度時，當公婆老去，當叔姑都成家立業，當你也到四十不惑，六十耳順的時候，回過頭來再看看，原來這個家族已經興旺起來，已經走向振興的道路，它是這樣來的。大家想問題千萬要換個角度，角度不對就容易出麻煩，陷到死角裡看不透。角度一對，一看心曠神怡，就覺得很容易理解，很好做。

我們學女德課的一個老師原先是什麼都不會做，結婚很久不會做飯，我不知道她這一點。第一次分享課裡她講包包子很費勁，我還挺奇怪的。下課後她說學女德課之後才開始學做飯的，已經四十多歲了。當她第一次把親手包的蘿蔔纓餡的包子（她買了二十多斤蘿蔔纓，洗完了非常用心的切，然後跟婆婆討教，在家裡包了，蒸了好幾鍋），送給家裡的親人，給他的小叔子，給他的大伯，給他的婆婆拿去之後，她說包子外交成功。幾次包子下來之後，她婆婆非常誇獎她，然後大家都覺得她變了，說學那麼多年沒見效，這個女德課很見效，她來聽課她先生很支持。所以我們真正把心念轉過來之後，就會發現在家裡修福積福，做妻子、做太太的一家主婦最容易。為什麼管你叫主婦？沒有管男人叫主夫，因為你是真正的一家之主，你做的這些工作還得有人來接受，你做了一頓飯很好吃，沒有人來吃也沒有用的。所以有時候說施者比受者更有福，真是「授人玫瑰手留餘香」。往外施的越多應該越快樂，如果施得多不快樂的話，就要反問自心，是不是在做假的表面功夫，或者沒有把道理看透，定下心來看透，快快樂樂去做，沒有什麼可抱怨的，這就很好。

所以這裡講的是叔妹，小叔子和小姑子，他們雖然年紀比我們小，但是輩份比我們尊貴，我們一定要修好跟他們的關係。尤其是做嫂子的，人們經常說「長嫂如母」，你要像母親一樣，有這種大度去包容他們，對他們的小過不要放在眼裡。在很多女學的書籍裡，都會講到怎麼樣去和睦親鄰。在《內訓》裡，內訓的第十七章睦親章裡就講到，對一家人相處，這裡說「仁者，無

不愛也。親疏內外，有本末焉，一家之親，近之爲兄弟，遠之爲宗族，同乎一源矣。若夫娣姒姑姊妹，親之至近者矣，宜無所不用其情」。這是講做女子的要有仁愛的心，去把親疏內外宗族裡大大小小的關係，用這種大愛去包容住。

有一位學習女德的老師也有這樣的經歷。她告訴我，她先生是家裡最小的，先生上面是兩個姐，兩個姐要比他大十幾歲。但是他們家所有的事情，只要是發生了，第一個肯定是找這個老師。她和我說前一段婆婆生病，外地的親人打電話不給別人打，都來問她。那一天她其實也很煩，她說：「幹嘛都要來問我，我是最小的，他們都比我年長。」後來有一次，她們就跟這個老師說：「感覺問你比較有底，我們自己都沒有底。」包括去年她的公公婆婆需要找一個保姆，正好她在外地出差，兩個大姑姐分別給她打電話，讓她速回家給父母找保姆，她說：「你們在家就可以找了。」這兩個姐姐說：「我們自己不確定，還是你回來找比較好。」她就趕緊從山東坐飛機趕回來，然後去家政市場看了好幾個，最後領回來一個。還好當時她的婆婆也比較滿意。我們在做這些事情的時候，一定用這種大的心胸，不要想我是不是年紀最小的，或者他們都比我年長很多，千萬別這麼想，很多事情跟年紀沒有關係。可能你的心智成熟一些，你看的事情通透一些，能夠包容的廣一些，那你承擔的事情就多一點。「能者多勞」，你就不要往外推，該承擔就承擔，自己也要當仁不讓。

後面也有講「仁恕寬厚，敷洽惠施，不忘小善，不記小過。錄小善則大義明，略小過則讒慝息。」講爲人第一要仁，第二要恕，要懂得寬恕別人，這是寬厚之道。不忘別人的小善，也不記別人的小過。不忘小善，大的義理就明確了。不計別人的小過，所有的讒言慢慢就消了，就不會放在家裡。這是內訓裡講的睦親章。下面看班昭在反面的教誡。

【若夫愚蠢之人，與叔則託名以自高，與妹則因寵以嬌

盈。嬌盈既施，何和之有？恩義既乖，何譽之臻？】

　　講的是愚蠢的婦人、女子對於自己的小叔子「託名以自高」，什麼意思呢？托是假託，這個名是自己的名分，大嫂的名分，假託大嫂的名分顯示自己比較的高貴，要高出一籌。對於小姑子，因為寵是什麼呢？「寵」含有丈夫對自己的寵愛，可能也會含有公婆對自己的寵愛，「以嬌盈」，嬌是驕傲，盈就是滿的意思。「滿招損，謙受益」，你一旦盈了，就是驕傲了，就要開始墮落了，自己不知道。「嬌盈既施」就是說有這種傲慢、驕傲的態度和言語出來之後，這個施是指用，怎麼用呢？行為言語中透露出來。「何和之有」，這是反問話，怎麼會有和睦呢？就不會有了。你在小叔子小姑子面前，又傲慢又自大，到處以長嫂自居，以兄嫂自居就會比較麻煩。「恩義既乖」，乖是背離的意思，和恩義相背離了。「何譽之臻」，譽是讚譽讚歎，臻是到的意思，至的意思，對你的讚歎，對你的榮譽怎麼會來臨呢？會到嗎？沒有了，沒人會讚歎你。講的是反面的這個境界。我們學這一段文字的時候格外有感觸，就是說在第一篇卑弱篇之後，這個主線會一直貫穿到最後一篇和叔妹。也就是為什麼女子一生下來，要教謙卑，教你有柔弱的心，是因為你在嫁人之後，很容易在很多方面出現反面的情況，驕傲、剛愎自用，這裡尤其舉的是在小叔子和小姑子面前。可是我們要懂得舉一反三，是不是僅僅在家人面前，在比自己晚輩小輩面前，會出現傲慢自大，不一定。我們在外面也經常是這樣，

　　比如說一個企業，老員工說話就傲慢一些，資格老；老會計師說話要傲慢一些，資格老；老醫生說話也是，覺得自己有資歷，老闆就更是一樣了。你看凡是帶老字的都是傲慢的資本。所以我們在這裡就要反省，我們在家裡家外，隨時隨地會不會有傲慢的現象出現。如果有的話趕緊想，這跟恩和義是背離的，我們在情理上不可以有。傲慢是一個很深的毒素，在現代社會中真是

很難去警覺。太多人的傲慢是在很深很深的隱微處，他都沒有發覺，外人有感覺，但是也不是很明顯，尤其是當他有一定資本以後，外表又都做出很儒雅的樣子，這個是最可怕的。所以只有靠自己去警覺。對治傲慢最好的方法是什麼呢？就是真誠心和至誠心，什麼事都能讓自己以最真最誠的心去做的話，驕傲的氣焰就容易削掉。而且什麼事情都記住，不敢為人先，不敢為天下先，什麼事都退到後面，想想這句話，本來以前會講對這件事有什麼看法，我得說出來利益大眾，利益大家。現在要想想，你有沒有資格說？或者說了之後人家會不會理解？會不會顯得自己比較傲慢？是不是還沒有想好想周全？還是嚥回去比較好，回頭再好好琢磨琢磨。驕傲是很難去除的了，我們在學習的過程中需要不斷的反省自己。曾國藩曾經教誨說，討人厭離不開一個「驕」字。所以驕傲是最讓人厭煩的事情，關鍵是自己不自知。

【是以美隱而過宣，姑忿而夫慍，毀訾布與中外，恥辱集於厥身；進增父母之羞，退益君子之累。斯乃榮辱之本，而顯否之基也，可不慎歟。】

美是讚美的意思。「美隱而過宣」，因為上面的這件事情讚美的話就會隱失了，就會隱蔽了，就會消失了，就沒有了。「而過宣」，過錯就會被人大力的宣揚，宣導出去。「姑忿而夫慍」，婆婆就會很憤怒，先生就很懊惱。「毀訾布與中外」，不好的詆毀言語就會在家庭內外傳播開來。「恥辱集於厥身」，羞恥和垢辱就會加到你的身上。還要連累父母蒙羞，同時也要讓自己的丈夫受到德行的牽累，讓丈夫受侮辱。這真的是榮辱的根本，也是自己德行是否能夠被人讚歎或被人批評的根基，要謹慎的對待。

這段白話文的注解從表面上看是這個樣子，再看看這段文字背後，班昭想要傳達給我們一種什麼概念？實際上她是在講，

一個人尤其是一個女人，一個已婚女子怎麼樣有一個好名聲？這個好名聲最根本的問題，還是在於是不是有一個卑弱的心？它是承接前文所有而來的，什麼是卑順呢？我們在後面結語裡再來看看前面，敬順、婦行還有專心，最重要的三篇。實際上是從外面所有具體的事項上，進一步詮釋謙卑之心，也就是謙卑首先要表現出這種敬、這種順，要有女子的四德，最關鍵的要有一心，不二心，守住自己的操守。但很可惜，因為現在榮辱觀的缺失，很多父母不以為自己家的女兒在貞操、操守上有缺陷，德行上有缺失而覺得有羞愧，甚至覺得女兒現在不跟窮小子，換個有錢人很好。我們這個時候真的是要開始反省，要學習。

在現實生活中很多女子恰恰是這種很愚蠢的人，不懂的怎麼去愛護自己的聲譽，我們講家裡的很多瑣碎小事和細事，為什麼會有驕慢的心？剛嫁到夫家的時候會不會有?如果剛嫁過來就有，往往是因為你在娘家，可能娘家的條件很好，娘家很有錢，娘家很有勢，自己的學歷又很高，自己的才貌又很好，所以嫁過來的時候帶著這種無形的資本，讓自己會露出來驕盈之勢。

古代有很多這樣的案例，我們看古代女子帶著財富嫁到夫家，丈夫很賢能，很有德行，一眼看出來之後，會馬上讓她把華美的衣飾換下去，穿上布衣去工作去打水，進屋去給婆婆下跪，侍奉公婆。所謂「教婦初來」，丈夫馬上就要打掉她這種驕盈之勢。如果這個時候不及時打掉的話，到後來真的是無法無天。丈夫在這裡就很關鍵。一開始嫁到夫家可能還很好，慢慢的有了驕盈，就是所謂的老資格，覺得在這個家裡活也做得差不多了，年頭也住的比較久了，兒子也生了，說話好像也有分量了，就開始不把公公婆婆放在眼裡，也不把小叔子、小姑子、親朋好友放在眼裡，這樣子的話很快可能自己就會墮落，先生也會有所不滿，這是可以預見的事情。所以我們隨著做事情，尤其是積善行，做得越多越要反省，防止的就是自己的驕盈之心，就是自己這個託名以自高的心。如果在這兩方面不防止的話，最後一切事情

會都功虧一簣。自己可能不覺得，攢水一桶一桶的很辛苦，提了無數桶水到這大桶水，覺得很好，可惜這個底一下掉了，瞬間水就沒有了。你看積攢德行不容易，點滴的這麼去做，可能在這個家裡面做了十幾年很辛苦，可是到一定程度，傲慢的心滋長出來了，自己不覺得，但一旦爆發，底一漏，大家可能就因為你一兩次的舉動，從此就會對你「毀譽布與中外」。

所以我們很感激班昭，為什麼呢？因為她看問題真的是一眼就看到根本，我們在家庭的生活瑣事中，往往是忙於瑣事，沒有一眼見到根源，她給你指到這個根本之後，你就明白了。原來根是這個，拿著理上的根，看所有的事情真的就很好看。自己反覆學《女誡》，學了一年下來，拿著《女誡》看其他的，包括像《女兒經》、《呂新吾女小兒語》、《溫氏母訓》、《呂新吾閨範》、《女範捷錄》，看所有這些書之後，都很容易看明白。為什麼呢？我就很感激班昭，她把《女誡》的理，就是做女人的理，給講的太通透了，講到最透的根上之後，你返本溯源就很容易，其他的本子和書一眼就見到底了。《女兒經》為什麼要讓你做這些事？完全都是在磨做女人的嬌盈之氣，嬌貴、嬌氣，容易傲慢，給你磨，都打磨掉，磨成什麼呢？非常的敦厚、非常的仁慈、非常的和緩、非常的大氣，你就可以是一個非常好的容器了，我們說就是一個很好的法器。你就能夠到夫家，盛下夫家的富貴，盛下夫家的福報。否則的話，你根本盛不住，你去了，你這個容器不行，一盛就碎掉了，就接不住這個福。或者你在家裡壓根就沒有打磨成器材，那你就是到貧窮人家去受苦好了。這個法器是很重要的，所有做的這些事都是幫助你去鑄成這個法器。

我們接著看最後一段，最後一段是結語。

【然則求叔妹之心。固莫尚與謙順矣。謙則德之柄，順則婦之行。知斯二者，足以和矣。詩曰：在彼無惡，在此無射。此之謂也。】

講想要求得叔妹的心意，最堅固的莫過於「謙」和「順」兩個字。「謙」就是德行的柄，這個柄是指刀柄。比如說這個刀，你要能夠用著得力，就是你這個德性展露在外面，用得著勁。你用謙卑做柄，否則的話，這個刀捏哪都是不好用。你說什麼是德？你說勤快是德，簡約是德，你的善良也是德，可惜你不夠謙卑，你這個德就養不住，這個刀就拿不起來。「順則婦之行」講女人的心，柔順是真正的行持，懂得這兩方面之後就能夠足以和睦天下。所以《詩經》才會說，在那裡沒有人憎惡，在這裡也沒有人厭煩。所謂「那裡和這裡」，就是家外和家裡，都是一團祥和，就是這個意思。

「詩曰」是引用於《詩經》裡《周頌·振鷺》這一篇章，「在彼無惡，在此無射。此之謂也。」最後結語也是全篇的結章，全篇的結章我相信也是非常的重要。在這裡也要明白在謙和順上面，我們把這段話背下來。「謙則德之柄，順則婦之行。」常常在心裡面多念幾遍，多念幾遍你在事上就容易做到。也多反覆去品一品古代的這些案例，在婦女的行持中所做的這些行為，她的謙、她的順都是怎麼樣做出來的，我們就會非常的明瞭。

我相信學到這裡可能很多學習《女誡》的朋友會有很深的感慨，《女誡》看似文章很簡約，只有不足兩千字，但是意義卻非常的深，做起來也非常的不容易。我每一遍講《女誡》都有很深的感慨，每一遍也都不一樣。當然每一遍比前一遍要有所提升一點，這種提升也是對自己修學的要求。

我相信大家透過《女誡》的學習，都會明白真正在現實生活中去做一個幸福的女人，這種幸福絕對不是別人給的。我堅信不是先生給的，也不是公公婆婆或者任何一個外人給的，是自己給予自己的。什麼是真正的幸福？要從自己心上去求。**古大德有講「一切福田，不離方寸」。方寸就是指自己的心，這福田怎麼往裡種福呢？結語裡這個謙和順，就是福田裡很好的種子了。把這兩個種子種到自己的心田，天天拿這事，所有的小事，拿所**

有的言語，拿所有的行為，去給它澆灌，去長養它，讓它越長越深，越長越厚。當根深葉茂，開花結果的時候，相信你一定是很幸福的女子。

所有的考驗可能都會過去，也不會太在意生活中的這些挫折。有很多人覺得我是不是很幸福？我天生就是這樣？我可以很坦白的告訴大家並不是這樣，我經歷過很多心性上的挫折。但是今天再回首的時候，真的像過眼雲煙，跟自己沒有什麼關係，都是考驗而已。回憶起來，好像在說別人的事一樣，一笑了之。我們都往前看就好了，不要總去追溯後面的，每一天都把握好當下。**在當下的把握中，希望大家記住，對任何事情都不要貪戀，不要執著，不要抱怨。女人有好的東西就很容易貪戀，容易執著，放不下。跟大家講好兒子都需要放下的，到最後不是財寶，金銀財寶能放下，兒子也要放下，世間沒有一樣是可以拿走的，只有真正的心裡頭乾乾淨淨的女性，才會真正的幸福。**

我們講「兒孫自有兒孫福」。我這個人比較粗心，我只要出差，家裡的事想都不想。我那二寶小的時候，我出國大概一個來月，回來好像也沒有什麼感覺，不要太兒女情長。我覺得真正的好女子是這樣，不太拘泥於兒女情長，否則很容易讓自己在這裡迷失本性，見不到真正的智慧。也不要覺得做女人的這麼虧，就應該像男人那樣享福或怎麼樣，沒有那麼多假想。如果現在就是女人，就是現在的這種狀況，就是現在這個處境，我跟大家說，所有的這些都是好的，只要到你跟前的一定是最適合你的。到你跟前的課，就是你現在需要攻克的課，你就沒有必要去說憑什麼要我去做？為什麼我要做？沒有那麼多為什麼。

公司女員工多，我就說：「你們生活中，如果去問為什麼有這麼多事，還不如去問為什麼我沒有這種能力，沒有這種德行去承擔這些事情。如果能承擔的話，那都不叫什麼事啊，那算什麼事啊？」記得有一次我跟一位大德老師出差，那個環境很艱苦，這位老師就一個勁跟我抱歉，好像我是金枝玉葉很委屈，他

跟我說：「以苦爲師，這個怎麼樣？」當他說第四遍，我就跟他說了，我說：「我的很多東西，你並不是很瞭解。我對苦和樂都沒有什麼感覺，你說我享福，我對享福沒有什麼感覺。我也不想描述家裡的一些境況。你說吃苦，我對吃苦也沒什麼感覺，我覺得這些對我來說都不是重要的。真正的樂我，的確是越來越感覺到，是對於自己靈性的提升，對於自己精神境界的這種提升是真樂。其他的苦樂都是假的，都不是真的了，你不用太在意了。」然後他說：「好，好，好。」好像才心安。

所以我們想追求幸福，幸福可能有不同的理解。有的人說小安即富，就幸福；有的人說，我這輩子怎麼怎麼活算是幸福。但是我希望真正透過學習《女誡》，透過學習女德，讓我們獲得究竟圓滿的幸福，一個女人也不枉在此生能夠去活一把。讓自己真正能夠爲社會留下一代良民、一代賢才，把好兒女教育出來，這是實實在在的。好的兒女就是你功課完成的最佳答案，自己的功課完不成，你兒女那塊是不可能拿出作業的，他就是你最完美的作業了，說你能打一百分，看看你的兒女怎麼樣，兒女只不過是三四十分，好像也說不過去。因爲在這個世界上大家還是要看結果的，看現實的證明，那你就把這個證據拿出來給他看。

在教育兒女上面，同樣要用謙和順兩個字在兒女面前也要保持謙卑，要保持順，要順他的自性，同時也要把他的習性給順過來，你先跟著他走。我大兒子就是，他有一個愛好，很喜歡玩大富翁的遊戲，後來我就跟家庭老師說：「他下完課，你陪他上完課，陪他玩個二三十分鐘。」然後家庭老師就聽我的話，我們就這樣陪他玩。但是玩的過程中我會跟兒子講，有的時候我也跟兒子玩兩局，當然每次都玩不過他，他賺的錢總是比我多好多。賺完錢之後，他說：「媽媽你看你這個，不應該這樣選擇，這樣賺不到錢。」後來我就笑了，我說：「這只是一個遊戲，不要認真。」然後他說：「那將來現實生活中呢？」我說：「現實生活的錢不是你這麼來賺的，完全來自你的德行。你怎麼樣的孝順父

母？怎麼樣的友愛兄弟？怎麼樣的去對待同學、恭敬老師？你有德行就不愁沒有財。」然後他就聽明白了，他就不是很在意，那天還跟我說：「媽媽你這個錢都不夠了，乾脆我替你出點錢。」我說：「好好好。」我是玩東西很心不在焉，然後他說：「媽，你也很累了，不玩了。」因為現在的孩子你把他都封閉掉，隔絕掉，完全恢復到古代的狀態，這不大可能，那我們就隨著他，在這個過程中再去教，再去化他。教的過程就是轉化的過程，一點點轉化開了，他明白了。道理就是這個道理，很簡單，這個事情也是一樣。

因為我沒有小叔子和小姑子，可能體會不是很深，但是我有弟弟，我對弟弟也很恭敬，因為他們是男子。我們家歷來都很重男輕女，所以我弟弟就是像我的哥哥一樣，對我也非常好。我在經濟上無論各方面也都跟弟弟友好往來，我們一家人相處，就覺得沒有什麼隔閡。但是對於兩個大姑姐，她們比我大，我一直也是很恭敬。家裡偶而有小摩擦，不要太在意，因為就像前面說的，沒有成為聖賢，還有過錯，那我們默默的反省，然後不斷的去改，把自己的大毛病、大問題給它化小，最後化了，總會有成功的那一天。

《女誡》講到這裡，我們就講圓滿了。我相信肯定有很多不足的地方。但是我希望所有有緣的老師和同學，我們一起來學，一起來提升，一起透過修學女德來獲得自己最圓滿的幸福和人生。女德的德是行出來的，德不是藏在裡面，是行在外面。如果每個人都能夠德行於家庭，德行於天下，我相信不是世風日下，一定是世風日上，我們一定可以見到真正的和諧天下。我們每一個女人在這個社會上，都會覺得是真正的自豪和光榮，都會覺得中華的女子真的是不一樣。希望女德也能夠弘揚到世界的各個角落，讓所有的女子都以德行為美，以德行光耀自身，光耀家庭，光耀宗族，光耀門楣，同時光耀父母。《女誡》就講到這裡，感謝各位老師，希望各位老師多多批評指正，謝謝大家。

附錄篇／企業的家文化

弟子規讓我找到了企業經營的方向

在懵懵懂懂中，我與大連鴻祥共同走過了三年半的時間。回首走過的路，作為一名企業家，自己真的是很慚愧，走了很多彎路。二〇〇九年可以說是我人生的轉捩點，與《弟子規》結緣，與傳統文化結緣，讓我很幸運地找到了人生的方向、企業經營的方向。

說實在的，什麼是傳統文化呢？我琢磨，「傳」就是傳承，「統」就是統一。一個家透過家規、家道的承傳，達到統一和諧的目的。其實透過學習傳統文化，我最大的體會就是企業就是一個家，企業文化就是家的文化。企業其實真的就像一個家，老總就是這個大家庭的家長，員工就跟孩子一樣，一個企業的老總不僅僅是個管理者，還應該是員工的親人，員工的老師。正如《三字經》中所言「人之初，性本善；性相近，習相遠；苟不教，性乃遷」。如何教？教什麼？是我一直困惑的問題。學習傳統文化之後，慢慢地好像一點點找到了答案，就教我們中華五千年古聖先賢的優秀文化，從自己做起，身教大於言教。

以前沒學習傳統文化的時候，最讓我頭痛的問題是員工的頻繁流動，員工來了走、走了來就像走馬燈似的。員工的不斷跳槽、工作的不斷交接，對企業真的是弊大於利。從去年（二〇〇九年）五月份開始，員工每天早晨透過半小時的晨會學習《弟子規》《孝經》，我與員工共同反省對父母孝道的落實。員工透過學習，透過反省，深深體會到「居有常、業無變」，體會到自己工作安定、身心健康能讓父母少了很多掛念。從學習傳統文化後，每月公司都舉辦一次《感念師恩－大連鴻祥員工分享會》。

記得有一次恰巧是一位員工的生日，我們請來了員工的母親，這位八〇後的年輕男員工第一次給母親跪拜磕頭，感恩母親把他帶到這個世界，感恩母親含辛茹苦將他撫育大。員工全體送了他一個洗腳的木盆，希望他能常常給母親洗洗腳，大家在淚水中唱起了《感恩一切》。我自己也透過學習，深深體會到孝道對一個家庭、一個社會的重要意義。二〇〇九年「十一」的時候我第一次給所有員工的父母寫了一封信，並讓員工帶回去一個紅包給父母。我說這是「孝金」，希望我們都能感念父母的恩德。節後上班時員工帶回來他父親的一封信讓我至今難忘，這位長輩希望我能堅持傳統文化的學習，並帶動全公司的員工都能學習落實傳統文化。

「百善孝為先」，孝道是企業的家文化的起點。從去年（二〇〇九年）下半年到現在，員工透過學習已能不斷調整自己的心態，改變對人、對事的自私自利的一些看法，很多時候大家都能站在對方的角度去考慮問題，能更全面的考慮問題和解決問題，企業的穩定性大大強化了。

以前還有一個令我頭痛的問題就是企業的和諧，員工之間經常為瑣事計較。怎麼樣才能讓企業更有凝聚力？我覺得一個家之所以是港灣，是因為永遠都有父母無私的愛的海洋讓你任意停留。一個企業也是如此，老總要用無私的愛和感恩的心讓員工感受到家的溫暖。我從自己做起，有兩點：第一就是要改掉自己發火的毛病，「待婢僕，身貴端；雖貴端，慈而寬」，讓企業這個磁場充滿愛和感恩；第二就是我拿出對待自己兒子的愛心對待我的員工，「事諸父，如事父；事諸兄，如事兄」。從道理上明白了，最重要的是從心上做。力行真的是很艱難的事情。有時候忍不住還會發火，但會很快回頭並給員工道歉。記得我們全體女員工剛學完《女誡》後，女員工開始輪流自己做飯做菜，我也每天中午都上去吃。很多年輕的女員工從沒做過家務，但是做起來都很高興，菜做得不是很好吃，大家也都包容著吃了。有一天我

坐在辦公室就琢磨，自己怎麼這麼差勁，就沒想到給員工做點好吃的，教教女員工怎麼做飯呢？於是自己那天中午就親自下廚做了兩個菜，員工格外高興，就像興奮的孩子似的把菜全都吃光了，緊接著說好吃，後來又告訴女員工怎麼做飯更有味道，怎麼配菜。往年年底我們都是去飯店吃，這次大家在12月31日那天都聚到一起一同包餃子。我訂了個大蛋糕，上面寫著「我們是一家人」，大家在一起真的就像一家人吃年夜飯那樣開心極了。那一刻，我想這不就是企業的凝聚力嗎？愛是什麼—愛就是用心時時感受別人的需要。

每天晨會我都會與員工一同念感恩詞，生活在感恩的世界裡—「感恩斥責你的人，因為他助長了你的定慧；感恩絆倒你的人，因為他強化了你的能力；感恩遺棄你的人，因為他教導了你應自立；感恩鞭打你的人，因為他消除了你的業障；感恩欺騙你的人，因為他增長了你的見識；感恩傷害你的人，因為他磨練了你的心志」。每每念到這些，我都會釋然很多，因為現代人真的很容易抱怨、煩惱，原因不外乎上面幾種，當你在面對這些都能心存感恩之心的時候，自己的心態一定就會平和許多。我很感恩投訴我們的會員，因為每一次投訴都讓自己看到自身存在的問題和不足，都能夠更加完善自我、提升自我。以前我對不學習傳統文化的員工會很煩惱，覺得那麼好的文化你為什麼不學呢？自己生悶氣、抱怨，但現在自己則很釋然，覺得正是他們的存在讓自己看到自己的問題。「行有不得反求諸己」，正因為自己做得不好，不是很好的學習榜樣，當然無法感染身邊的人提起興趣。他們就是我身體力行《弟子規》的推動器。

傳統文化的學習最關鍵的是改變了我對財富的看法，正如《大學》裡所說，「德者，本也；財者，末也」，「德為財土，財有吉凶」。

記得有位銷售經理曾經困惑地對我說：「我不知道您到底希望我們做什麼，我們的工作不就是不斷提高銷售額嗎？」我說

其實我們以前對金錢的看法都是不正確的，不能為了賺錢而賺錢，不該賺的錢賺來的是災禍。其實企業如同一棵大樹，樹有樹根、樹枝、樹葉，會開花結果，我們希望果實長得繁茂，那麼方法不是在果實上下功夫，應該是在樹根上下功夫。企業財富大樹的樹根是什麼呢？就是我們這個企業全體員工的德行。懂得做人的道理就懂得做事的道理，就能夠將事情處理得有智慧，就懂得如何剪枝修葉，只有這樣才能收穫豐碩的果實。這個員工好像恍然大悟似的頻頻點頭，但實際上明白道理是一回事，真正能在生活中去落實，真的是很難。很多時候員工當時很明白，但一遇到具體問題就將所學的全都拋到腦後了，結果辦了糊塗事情，錢是賺了，但也出問題了，會員投訴。我們腦子裡要時時刻刻有這個弦，所謂「少成若天性、習慣成自然」，人只有天天讀聖賢書、天天想聖賢事，才能在做事的時候，習慣性的考慮自己做的是否符合聖賢的標準。

很多時候員工為了銷售，忘了《弟子規》「信」篇的教誨，落實「信」就是君子之財取之有道，就是安貧樂道。讓「道」成為我們常常掛在嘴邊的話題，我希望有一天我們所有的員工都將財富觀建立在道義的基礎上，而非功利主義者，只有這樣，我們的企業才能走得更加久遠。

學習傳統文化、學習怎麼做個如理如法的好人是一輩子的事情，我很幸運有這樣一群同事與我同行，讓自己的人生之路不孤單。看到員工一天天成長起來，真的覺得自己所有的付出都是值得的，這比賺到多少錢都開心。更多的年輕人透過傳統文化的學習，明白了一些道理，找回了失落的靈魂，不再空虛鬱悶，對人生有了更深的理解，對身邊的人有了更多的愛和感恩之情，我想這就足夠了。正如員工寫到的「學習傳統文化，我們都在路上……」願更多人與我們同行！

「五倫」之道在企業中的落實

學習我們老祖宗的中華傳統文化就快一年了。《論語》中說：「學而時習之，不亦說乎？」學了多少又用到幾分？自己靜下心來希望好好總結一下。

　　任何企業的運營都離不開與人打交道。傳統文化認為人與人的交往總離不開五種關係—父子、君臣、夫妻、兄弟、朋友，這五種關係的交往之「道」是什麼呢？就是父慈子孝、君仁臣忠、夫義婦和、兄友弟恭、朋友有信。一個人只要遵循這五種關係之道去工作、生活、學習，就一定能得到真正的幸福、平安與快樂。

【君仁臣忠】

　　「百善孝為先。」孝道作為五種關係的核心與基礎，孝道的根紮下去了你才有可能看明白其他幾種關係。說句實話，一直到去年（二〇〇九年）十月份我金幣總公司開年底經銷商總結會之前，我一直認為自己「君道」做的不錯，「臣道」那是員工的事，跟我沒多大關係。

　　去年(二〇〇九年）年底參加總公司年底經銷商工作會時，聽著總公司領導者對全年行業的總結和未來發展規劃，突然反省到總公司不就是我的君嗎？作為中國金幣的特許零售商，我不就是臣嗎？當自己回首與總公司交往的三年多，我真的是無顏以對。當時我就對同來參會的我公司一位高級主管說，我作為總公司的臣做得太差了，《孝經》中說「夫孝，始於事親，中於事君，終於立身」。自己這個「臣忠」沒做好，怎麼能算是孝道盡得圓滿呢？從總公司那次開會回來，我召開了全體公司員工會議，落實了總公司會議精神，並當著全體員工的面真誠懺悔自己以前的種種，號召全體員工能堅定落實總公司所有的要求與政策，共同弘揚金幣文化。

由於我們所從事行業的特殊性，總公司要求我們銷售央行金銀幣必須執行總公司的發行價格，當發行價格與二級市場價格不一致，尤其是二級市場價格遠遠大於發行價格的時候，大家就會出現惜售心理。由於法定金銀幣本身發行的數量有規定，供不應求導致客戶對經銷商出現很多抱怨與不滿。自己在沒有學習傳統文化之前，也有同樣的心態，但自從學習傳統文化之後，我們一律按照總公司規定的發行價格銷售金銀幣，員工一開始不理解。

我相信老祖宗不會騙我們，古聖先賢更不會騙我們，財從哪裡來？財從德行中來、從捨得中來，大捨大得、小捨小得、不捨不得。「積財傷道」「多藏必厚亡」，這些話是我從學習傳統文化中得來的，我想學了就是為了做的，全當試驗，看看我們是虧了還是賺了。

一年運行下來，我們的銷售並沒有減少，由於客戶的認同度大大提升，客戶的口碑相傳讓我們新客戶的數量不斷提升，而且省了將近幾百萬的廣告費，以前費盡心機打廣告，但的確沒有贏得客戶的心，我們遵守「君仁臣忠」之道，按照總公司的要求忠實的盡心盡意去做，的確收穫了意外的喜悅。從客戶和市場的回饋看，我們更多贏得了品牌和信譽，帶動機構客戶採購量的同時也帶動了其他產品的大量銷售，真的由衷的感恩我們中華五千年的傳統文化，她讓我能智慧的對待人生！

【朋友有信】

在與員工的分享中，我說我們與同行、與客戶都是朋友關係，守住一個「信」字，就收穫了一個「情」字。「信」從哪做起？從「誠」做起。「誠」到什麼程度，達到至誠就可以感通。什麼是至誠？就是心裡一絲一毫的雜念都沒有，能純淨純善。

人說同行是冤家。沒有學習傳統文化之前，我的確就是報

著這麼個觀點，經常很煩惱。記得有一次我們同行將金銀幣的銷售價格在報紙上進行了公佈，我一看公佈的價格遠遠低於我們公司的同類產品，當時氣得不得了，還找工商局的人想辦法查人家。學習傳統文化之後，思維一點點轉換過來了—同行不是冤家，正所謂「一榮俱榮、一損俱損」。我主動請同行吃飯賠禮道歉，逢年過節都打電話問候一下，趕上有個別產品銷售價格差異比較大的，就會主動跟人家溝通一下。有時候同行趕上貨品短缺，到我們家借個貨什麼的，我都會盡全力幫忙。

自從去年（二〇〇九年）在企業推廣傳統文化後，我將《弟子規》《孝經》《女誡》《如何經營幸福人生》等很多書籍免費寄送給同行好友，希望他們都與我們一起分享古聖先賢的智慧，大家「德不孤必有鄰」，合作定會越來越愉快。

去年（二〇〇九年）大連一位同行主動將國際投資大師羅傑斯引薦到我們店面，在我們的店採購了很多東西，我們一起合影留念等等。後來我們將這件事登到了我們公司的網站上並上報了總公司，我們公司的知名度立刻大大提升，這比做多少廣告都要值得。我很感恩我的同行好友，我越來越深信幫人就是幫己，所謂「愛人者人恒愛之、敬人者人恒敬之」。

與客戶的關係也能越來越融洽了，心底裡放下了貪念，煩惱沒了，處理事情也就變得簡單智慧了許多。年前有一個大客戶採購了很多老幣，但採購完後發現同行有報價更低的，很生氣地打電話來希望能退貨，銷售人員到我這裡來說：其實按照我們幣品的品相、證書號，我們的價格不貴呀。我說那也給退貨，而且要很歡喜真心誠意給退貨。結果客戶收到我們的電話後很意外說考慮考慮，後來再打電話他很高興地說不退貨了，而且還要堅持在我們家採購。

【兄友弟恭】

我曾經跟員工分享過這個話題，我說在一個企業中主要涉及的就是「君仁臣忠、兄友弟恭、朋友有信」這三種關係。大家把這三種如何相處之道琢磨明白，人生之路就順暢了好多。

　　比如，很多員工最困惑的是當碰到同事有問題，是說還是不說。《弟子規》看似容易，真正拿到生活中運用很是考驗一個人的心智。我與員工探討了很多次這個話題，但總離不開如何站在對方的角度上考慮問題。後來我跟大家說，說出來的話如果是「愛語」就說。愛語是愛護他（她）的語言，並不一定是柔和的、有時可能是訓斥的，但關鍵是他（她）是否能真正接受，如果不接受反倒生怨就暫時不要說，還是機緣未到。有一次一位部門經理看到很多問題，考慮了很久後以電子郵件的形式發給我，對高級主管人員提出很多意見，並說不介意給這位高級主管人員看。因為他是真誠地希望這位高級主管人員越來越好，於是我就轉發了這封電子郵件給這位高級主管人員，結果這位高級主管人員看後觸動很大，並在默默改正自己的不足，兩人關係不僅沒有交惡反倒更親密了許多。我很高興地對他說你是有福報的人，因為「福在受諫」。

　　我是個很執著的人，在去年（二〇〇九年）剛剛接觸傳統文化的時候，我先生曾經語重心長地告誡我：**透過中國五千年優秀傳統文化的學習應該做到「睿智而不奸猾、仁厚而不迂腐、與時俱進而不隨波逐流」**。先生當時跟我說這段話的時候，我並沒有放到心上。直到春節後先生再次提出這個話題的時候，我才如當頭一棒—自己是不是奸猾、迂腐、隨波逐流而不自知呢？於是我把這三句話送給所有的員工，希望與員工共勉，作為今年（二〇一〇年）我們學習傳統文化的標準。我想智慧是從人的福報中來，福報是從人的積德行善中來做。如何能將傳統文化圓融到家庭、事業、與人交往中，的確是需要我們不斷身體力行與感悟的。

【結束語】

生活是一張考卷，每個身邊的有緣人都是考官，自己則是答卷者，有時考過了，有時落榜了，答案是什麼呢？答案就是：「懂得感恩。」參考書是古聖先賢留給我們的經典。當歷經一椿椿事，一個個人後，你能用感恩之心對待一切，智慧增煩惱輕，心就自在清安快樂無比！

我願將自己的點滴心得與所有人分享，如果能對他們的人生、家庭、事業有所啟迪的話，這所有的功勞都歸功於給我出考卷的這些人，感恩他們成就了我的人生。感恩總公司每一位領導者，感恩每一位合作者，感恩每一位同行，感恩每一名員工，感恩身邊所有的人……

學習《女誡》的心得體會

記得（二〇〇九年）偶然接觸到《女誡》這本書的時候，第一個感覺是：「嗯不錯，可以用它來教育女員工。」然後就很興奮地把這本書帶回公司，讓公司全體女員工每週必須學習一次。

我很感恩我們公司的全體女員工，其實是她們的變化讓我走進了《女誡》。她們能任勞任怨地每天中午做午飯，能不爭名不爭利甘願做好分內工作，心胸真的像母親一樣越來越寬廣，能謙虛忍讓不抱怨……看到公司女員工，有一次我問她們，是什麼讓你們變化這麼大？她們很開心地說是學習《女誡》。那一瞬間，我的臉紅了，自己愧為老總，沒有學也沒有做，怎麼能說是在弘揚傳統文化呢？透過與她們的溝通，發現她們還有很多地方不是很清楚，於是對公司全體女員工說：每週三是我們鴻祥的女

子課堂，我們就從學習《女誡》開始，題目是「修養女德、和諧人生」。自己暗暗立下志向，從我做起，言傳身教，希望能帶出一支真正具有中華傳統文化美德的女性團隊。

我先給大家簡單介紹一下《女誡》。這本書是東漢班昭所寫。班昭是東漢史學家班固的妹妹，班固去世後她幫哥哥完成了《漢書》的著作，並被皇帝請進宮內以老師相待，博覽群書，能文能賦。為教育自己家族中的女性，班昭晚年寫了這本書，全文七篇，不足兩千字，書成之後被廣為傳誦。文章始之於卑弱、終之以謙和，大要以敬順為主，開古代女德教育的先河，與明代仁孝文皇后所著的《內訓》、唐代宋若昭所著的《女論語》及《女範捷要》並稱為「女四書」。

我記得公司女員工曾經問過我這樣的話：「傳統文化中有沒有糟粕？我們是否應該去其糟粕取其精華？」說實在話，我對此也有疑問，沒敢貿然回答。後來我的老師告訴我，中華文化源遠流長，有五千年的歷史，在這麼長的歷史長河中，糟粕早就被一代代淘汰了，留到今天的都是精華。著名詩人李白、杜甫，著名文學家韓愈、柳宗元，當年應該寫了很多詩詞文章，古代沒有印刷術的時候，人們都靠手抄，能夠被人抄送流傳到今天的一定是精華了。我覺得真的有道理。今天當我們帶著傲慢的心看我們中華文化時，真的是得不到真實利益，而當我們靜下心來，細細品味的時候，才發現我們的祖先有多麼偉大。

一、女德教育是齊家治國之本

翻開清代陳弘謀編輯的《教女遺規》，才恍然發現原來古代並非重男輕女。古代對女子的德行教育非常重視，古人認為女子在家為女，出嫁為婦，生子為母，有賢女然後有賢婦，有賢婦然後有賢母，有賢母然後才能有賢子賢孫。所以教女為齊家治國之本。孔子誰教出來的？是他的母親。孟子誰教出來的？也是他

的母親。好女子真的是靠教出來的。教什麼？怎麼教？打開古聖先賢的典籍，學習古人。企業是個大家庭，在這個家庭中，我發現女人尤其重要。當女人能夠安於本分任勞任怨，那真的是家和萬事興。記得頭幾年沒學習傳統文化的時候，企業裡經常因為女人東家長、西家短紛爭不休，我的一個男助理，上班頭一個月跟我說，天哪，這個月沒做別的，就做婦女主任的工作了，女員工動不動就哭著告狀投訴。那時我覺得這是很正常的，也不以為然。學了傳統文化後，才知道「建國君民、教學為先」。創辦一個企業，也需要以教育為先導，教育之中尤以女子教育為先。自己雖然走了幾年的彎路，但是很慶倖，現在能夠時時與古聖先賢為伴，與中華五千年優秀的傳統文化為伴，帶著全體員工和我們的客戶一同學習如何做人，如何做事。

二、修養女德始於謙卑

《易經》中說，男為陽，屬乾卦，「天行健，君子當自強不息」。女為陰，屬坤卦，「地勢坤，君子當厚德載物」。女子怎麼樣才能有厚德呢？正如《女誡》開篇所說的，應該主卑弱。其實自己一開始對「卑弱」這個詞特別反感，覺得是不是瞧不起女人，為什麼要這樣呢？但是一位傳統文化的老師告訴我：卑弱就是謙虛，甚至比謙虛還要進一步是謙卑。所謂「滿招損，謙受益」。自己從小就比較傲慢，聽不得別人說自己不好，回首過往人生，真的是走了很多彎路而不自知。

記得自己以前學習《了凡四訓》，其中有一句話是：「天道虧盈而益謙，地道變盈而流謙，鬼道害盈而福謙，人道惡盈而好謙。」說實在話，一直不解其意，不明白是怎麼回事。後來才一點點品味出來，水總是會流到低窪的地方，不會往高處流。高的地方是自滿、貢高我慢、驕傲自大，得不到利益，得不到滋潤，低窪的地方才能得到滋潤。以前我特別喜歡以挑剔的眼光看

別人，專愛找缺點，甚至有一次我們高級主管人員說，陳總專門負責到公司挑毛病就好了，員工這麼說我都還沒發現自己的問題。後來是我們公司的員工教育了我，每次我挑毛病，這個女員工都很謙卑地說：「好的，陳總我這就改。」這位年輕的女員工一畢業就在公司，成長得非常快。一直到我看到《女誡》才認識到，她很多地方是在按照《女誡》來做的。什麼是卑弱？《女誡》中說：「謙讓恭敬，先人後己。有善莫名，有惡莫辭。忍辱含垢，常若畏懼。」這樣的人，才能常得貴人相助啊。

當女人能夠低下頭來認認真真、勤勤懇懇做事的時候，能滋長智慧。也許這就是古人所說的「性慧」，從自性中流露出的智慧，與學歷無關，與閱歷無關。我們公司經常爲大家做飯的兩個年輕的女員工，除了本職工作這是她們主動應承下來的，而且變著法爲大家做各種好吃的菜，真的是無怨無悔。她們默默做飯的同時，大家發現她們在實際工作中，做事比以前有條理，考慮更全面了。後來我們一起探討的時候總結到，古人修身養性最重要的是靜心、淨心，讓自己的心一點點靜下來，讓自己的心充滿愛和感恩，一點點純淨純善，真的是這樣。

三、修養女德從「四行」做起

《女誡》第四篇中說「女有四行，曰婦德、婦言、婦容、婦功」。具體而言就是婦德不必才明絕異，但得「清閒貞靜，守節整齊，行己有恥，動靜有法」。婦言不必辯口利辭，但得「則辭而說，不道惡語，時然後言，不厭於人」。婦容不必顏色美麗，但得「盥浣塵穢，服飾鮮潔，沐浴以時，身不垢辱」。婦功不必技巧過人，但得「專心紡績，不好戲笑，潔齊酒食，以供賓客」。

在沒有接觸傳統文化之前，我一直對古代讓女人守住「三從四德」不以爲然，覺得這是封建禮教對女人的束縛，完全沒必

要去理會它。但是當我學習《女誡》之後，才意識到這哪裡是束縛，字字句句分明是在幫我們打造一個幸福人生的根基。所謂「妻賢夫禍少，子孝父心寬」。如果能做到四行，我想一個賢妻一個良母不就油然而生了嗎？那真的是一個家的福報。四行好比桌子的四條腿，能穩穩當當地舉起一個家。在學習過程中，我與公司全體女員工都以此為戒，按照先人告訴我們的去做，從生活的點滴做起，這不就是傳承文化嗎？

看到「清閒貞靜」四個字，自己感觸特別深。女人不懂得清淨就不懂得如何自愛。清什麼呢？實際上是讓自己的身清、語清、行清。女人清家就清，女人濁家就濁。清就不濁，閒就不燥，貞就不邪，靜就不妄，知恥方能改過自新，在學而時習中真的是不亦樂乎。還有就是婦言，女人話多，但真的是如《弟子規》所言「話說多，不如少」。口為禍福之門，女人因為話多經常惹是生非。我的先生很智慧，做生意十餘年從來沒有讓我參與任何一個應酬場合，估計就是怕我說錯話。以前看公司女員工不愛說話我還很著急，覺得做服務的應該能講才是，學了傳統文化才發現自己很慶倖有這麼好的員工為伴。公司的女員工與我亦師亦友，真的是教學相長。我們曾經探討過為什麼現在女性都言家庭不幸，事業不順，孩子不孝，原因何在？不用外求，問問自己有沒有做到。看這個家興不興，真的就看這個家的女人就夠了。女人是不是驕傲？是不是奢侈？是不是放逸？今天再看女子這四行，才發現格外具有意義。

【結束語】

很多人認為學習傳統文化，成天弄這些與企業經營相違背，作為一個企業家就應該琢磨賺錢之道，這些都是無用功。但經過一年來的學習感悟，真的不是這樣。去年（二〇〇九年）年底我在給員工發獎金的時候，一個員工含著淚水說：「陳總我不

是因為錢留下來的，我是因為一個情字留下的。」我的一個業務經理跟我說：「我之前打工都是老闆著急業績我不著急，現在我真的從心裡著急，希望公司好。」當看到員工能念念感恩、念念知足，我知道傳統文化的根已經慢慢在鴻祥紮下了，我們以道義相聚，而非利益相逐。

這樣和諧共榮、知恩報恩的團隊不優秀嗎？這樣念念為客戶著想的企業招牌不亮嗎？我怎麼會擔心業績擔心未來？是傳統文化的教育成就了這一切，在此我特別感恩我們總公司那句話，「淬煉金銀、傳承文化」。就是這句話一直激勵我在找尋：如何淬煉金銀，傳承什麼文化？文化之根在哪裡？今天我希望透過傳統文化的傳承，讓我們的心都淬煉得如同黃金一般高貴，白銀一樣典雅，真的無愧於這個行業賦予我們的使命。

家和萬事興

從學習《弟子規》開始，僅僅一○八○個字的小冊子真的成就了大連鴻祥的「企業家文化」了嗎？我回頭再看看，不禁讓我感慨中華傳統文化的博大精深。看著企業一點點地蛻變，看到傳統文化一點點地生根發芽，突然一句話湧上心頭：「家和萬事興。」我覺得這足以總結傳統文化帶給鴻祥的所有。

【家讓我們懂得愛與感恩】

我記得我曾經看過這樣的一個ppt(簡報)，名字叫「家不是講理的地方」。婚姻成就了一個家，家是一個社會組成最基本的細胞，這個細胞要是變質了不和諧了，社會也就不和諧了。在這個ppt中，說道：「家不是講理的地方，家是講愛的地方，哪裡

有愛哪裡就有家。」這句話深深觸動了我，如果企業是一個大家庭，應該講理還是講愛呢？回首學習《弟子規》的一年多來，似乎就是在教我學習如何愛，如何感恩，把一顆僵硬的心一點點柔化下來，把利欲之心轉為道義之心，從「事諸父，如事父」到「凡是人，皆須愛」，就是將對父母對自己兒女的孝心、愛心推廣至員工的父母、員工而已。

我曾經在心內質疑過這個《弟子規》這個小小的冊子，它真的能讓人改變嗎？真的能帶來企業的效益嗎？是不是應該將儒家四書五經、十三經都教給員工，廣讀博聞才能增長智慧呢？後來聽到一位大德長者語重心長地說：「**如果將儒家四書五經、十三經放到天平的一端，將只有一頁紙薄的《弟子規》放到天平的另一端，天平才會是是平衡的，為什麼呢？因為《弟子規》裡就包含了所有聖人的教誨。把《弟子規》真正做圓滿了就成聖成賢了。**」

想想「信為道源功德母」這句話，沒有信念的支撐，我想什麼都白費。於是我就抱定一門深入、長期薰修的道理，領著員工一個字一個字地去做去落實。

這個月正好上海世博會開幕，我就同意了員工的建議，讓主店所有員工休假去上海參加世博會。員工聽說後，比給他們幾千幾萬的獎金還興奮，首先就想到了感恩，有的年輕人和公司高級主管說：「才姐，母親節的禮物不用花公司的錢買了，我們自己準備，不能總讓陳總給我們花錢。」有的員工說：「才姐，看看五月份以後還有什麼法定假，我們就不休了，把去上海佔用的時間補回來。」都說八〇年後是自私索取的一代，但在我們公司這些八〇年後身上看到的卻是感恩。從上海回來後，大家不忘在商場分店還有兩個去不成的員工，將買來的好吃的拿去給她們吃。員工姜文發短信給我說：「陳總，今天非常高興收到大家從上海帶回來的禮物，點心非常好吃，我和父親一同分享的，感恩大家！」我回的短信是：「應該感恩的是你和雪麗，是你們的無

私成就了大家，不計較不抱怨，不就是在積德積福嗎？向你們學習。」姜文再次回我的短信是：「其實一直在想，傳統文化到底可以改變什麼？現在覺得最先改變的就是我們的心態，不去爭，不會有那麼多怨，心裡也開始裝著別人了，生活真的很快樂！」當愛心、感恩的心在企業中流動，我想這不就是最寶貴的財富─「和」嗎？

【家讓我們懂得放下與付出】

員工從抗拒到接受，直到今天成為一個又一個傳遞愛和感恩的火炬，我覺得所有的付出都值得。當一個人心變了，他的面相就會改變，讓人願意親近。我自己就是一個最明顯的例子，在沒學習傳統文化之前，自己給人的感覺總是拒人以千里之外，員工也很少願意與我溝通。從學習《弟子規》開始，明白了兩個詞「放下」「付出」，不知不覺自己的面相真的變化了，身邊的環境也變了，我想這就是吸引力法則吧，身邊的人也都是懂得放下與付出的。

比如公司一個員工庫管，是我們公司身體比較單薄的一位女員工，在她身上表現出了默默無聞與付出。因為大庫實行嚴格管理制度，不允許其他員工進入，所以在整理、擺放、裝貨、搬貨等方面都是由她一人來完成，幾次到大庫看見她搬貨的場景，真是想像不出她會有那麼大的力氣。幣品很重，有時我也試著搬，可是搬不動，她會搬起來就走。我想這不是一天練就的，不知經過多少天的付出才練就成的。因為從來沒有聽她說過一個累字，所以有多少人會想到她在大庫默默付出、認真工作的身影呢？二十三歲的女孩，在父母身邊應該還是個乖乖女吧！

再說說分店業務經理王強，每次麥凱樂布展，他都要忙到夜晚十二點，昨天為麥凱樂移櫃檯忙到後半夜一點才回家。因為按麥凱樂制度，裝修、布展、撤展都要等到晚上九點半員工下班

閉店後才能工作。我們一年會經常發生這樣的事情，所以他作為麥凱樂的負責人，每次都站在前面，堅持到最後，可沒有抱怨過自己的辛苦，不管熬到幾點，第二天都能按時上班。王強自己說道：「每天多一些微笑，多做件好事，多改變下心態，盡可能的多付出一些，我想工作會完美的，生活也會更美好的，而生活品質也一定會提高的。不要對自己要求太高，因為每個人的資質與條件都不一樣，何必強求呢？

一百萬有一百萬的苦惱，一塊錢有一塊錢的幸福。透過傳統文化的學習，我可能沒得到什麼，但我學會了改變，改變心情，改變心態，改變工作方式，改變與人交往，改變……」

知足常樂！！！

【家讓我們懂得謙讓與包容】

透過傳統文化的學習，大家學會了謙讓與包容，工作中發生的矛盾少了。一個公司裡因不同的崗位、不同的部門、不同的角度，很容易產生不同意見，以前往往都是各占各的理，互相埋怨對方。現在如果再出現不同意見時，每個人都能先站在對方的角度考慮一下，大家想辦法解決問題，不再去互相埋怨。就拿史總來說吧，他主管銷售，以前銷售業績不好，他經常會埋怨市場訂貨定價、大庫備貨不及時、財務開票等問題，而現在他總是跟公司另一位高級主管說：「才姐，我沒有太多的管理經驗，您看是不是銷售這邊需要這麼做，出現問題不怕，我們想辦法解決就行了。」看到他們這一幕幕，我真的是很欣慰，欣慰在傳統文化的孕育下他們在不斷成長，同時也鞭策自己不斷地學習、反省，做到謙讓、包容。

「各自責，天清地寧，各相責，天翻地覆」。以謙讓包容之心去溝通，才是真正的溝通。大家以責人之心責己，以恕己之心恕人，真的是越走路越寬。透過一年的傳統文化學習，我們都

學會了找差距、找不足，如果您仔細觀察，無論大事小事，一代年輕人都在成長，都在不同程度的發生變化。

【家讓我們懂得孝的真諦】

我曾經看過一個小冊子中提到，《弟子規》就是學生的規矩。何謂「規」？畫圓的東西就叫規，「矩」就是畫方的「L」形的尺子。一九七四年在湖南長沙馬王堆出土的古墓當中，有一件衣服是用「絹帛」做的，衣服上面畫了一個男人和一個女人，男人手裡拿的是「矩」，女人手裡拿的是「規」，男人拿矩畫方，女人拿規畫圓，所以中國古人「沒有規矩，不成方圓」。一個家要有家道家規，才能成就一個家的家業。從學習傳統文化之後，我才明白了家道就是孝道，展開來就是五倫五常；家規就是《弟子規》。

今年（二〇一〇年）母親節前夕，我倡議全體員工以各種形式表達自己對母親的養育之恩，自己身體力行第一次給母親磕頭頂禮，感念母恩。媽媽第一次高興地哭了，而我的兒子當時也給我磕頭感恩我，當時我想孝道就是這裡傳下去的吧！後來得知員工都想出各種不同的方式表達了對母親的愛與感恩。公司的一位年輕的男員工，提前幾天就答應陪媽媽去逛街，這在以前對媽媽來說是一件奢望的事，是從來沒有做過的，她媽媽特別高興。一位年輕的女員工頂著大雨去給媽媽買最喜歡吃而平時又捨不得買的東西吃。公司高級主管才總的兒子利用週日休息時間到書店看中醫書籍，學習按摩，母親節那天他對媽媽說到：「媽媽，我還沒有賺錢，但母親節要給您一個特殊禮物，給您的腳按摩，解除您的疲勞。」那天才總真是被兒子的真誠所感動。我想我們公司所有員工的母親會和我一樣感受著兒女的回報，也一定會被兒女的愛與感恩所感動吧！

《孝經》上說：「夫孝，始於事親，中於事君，終於立身。」透過學習傳統文化，員工都明白孝道從孝養父母之身做起，到養父母之心，養父母之志，養父母之慧。一個真正有孝心

的員工一定會將對父母的愛擴及到對一切長輩、領導者，一定會努力做好本職工作，讓自己的事業蒸蒸日上，以養父母之志。

【家和一定生財】

員工講信修睦，從和諧自己做起，到和諧自己的家庭，再到與公司同事、客戶、合作夥伴和諧相處，真正受益的是公司，看到公司銷售額穩步提升，而廣告費卻在逐年遞減，我深深的感歎：財不是外求的，是內求的。

我記得以往每年參加總公司的錢幣博覽會，很少能賣出去產品，去年（二〇〇九年）參加時我們帶了一些傳統文化的書籍，把公司去年舉辦的「傳統文化公益論壇」的光碟帶了一些過去，沒想到公司展位前客戶盈庭，最後帶去的產品都賣出去了，連裝飾產品的小配件也都賣了，參展的業務經理感歎道：「想不到傳統文化的魅力真大啊！」公司市場開發部將傳統文化與金銀幣文化相結合，開發出的幾款產品很受客戶的歡迎，比如將熊貓幣鑲嵌到水晶裡，在水晶上刻的「誠敬謙和」四個字，被很多客戶選為團購的禮品；另外我們也是將幣品放到水晶裡，水晶上刻的就是《大學》裡的一句話：「德者，本也；財者，末也。」公司從推廣傳統文化以來，從去年（二〇〇九年）開始大連市很多私人銀行找到我們，與我們合作，一位行長很感觸地說：「特別願意與你們公司的員工合作，他們讓我們感覺特別舒服。」這句話可能很質樸，但的確也是讓我很感動。這正是所謂家和萬事興，和氣生財啊！

每天四十分鐘的鴻祥早會學習，除了《弟子規》，就是《了凡四訓》。這是我最喜愛的一部書，自己獲益匪淺，最後讓我以《了凡四訓》上的一句話作為本文的結束語：「一切福田不離方寸，從心而覓，感無不通。求在我，不獨得道德仁義，亦得功名富貴，內外雙得。」

「忍耐」的幾點體會

從開始學習傳統文化之後，公司所有員工每月都寫一篇傳統文化學習心得，以前都是自由發揮，今年（二〇一〇年）五月份公司集體定的題目是「忍耐」，請大家從各自的角度談談對這兩個字的理解。俗話說「一切法得成於忍」，自己也很有些感悟，寫出來與大家分享。

我查了一下《漢語大字典》，「忍」解釋為「能也」，「耐」與「忍」是同一個意思。我又查了一下「能」字的含義，在《說文解字》中，「能」是「一種像熊的野獸，足似鹿，強壯謂之能」。放下字典我似乎恍然大悟，原來真正的忍耐是強壯的表現。能忍的人才是真正的強者，正所謂以柔克剛，上善若水。在實際生活中，我們很難做到忍耐，原因何在呢？

【「忍耐」來源於孝心】

我們在學習《弟子規》中開篇「入則孝」就寫道：「父母呼，應勿緩；父母命，行勿懶；父母教，須敬聽；父母責，須順承。」這四句話如果都做到了，是不是就是忍耐呢？對自己的父母都無法做到孝順，哪裡能忍受得了別人呢？《孝經》上說的好：「不愛其親而愛他人者，謂之悖德；不敬其親而敬他人者，謂之悖禮。」對自己父母都沒有愛敬之心，而能夠愛敬別人，既違反道德又違反常禮。

我看到員工的心得裡有寫到現代很多人，也能「忍耐」，「忍耐」的是什麼呢？是種種欲望，尤其是「利」字當頭的時候，都能做到「忍耐」。以這種忍耐之心與人交往，會不會長久呢？古人說的好：「以勢交者，勢傾則交絕；以利交者，利窮則交散；以色交者，花落而愛渝；以道交者，地老而天荒。」這段話說的就是因為你家裡有勢力，他跟你來往，如果一朝勢力沒有

了，這個交往也就斷絕了。他圖你的利益來跟你交往，利益要是沒有了，這個交往也就疏散了。他要是喜歡你的美色來追求你，人總有老的一天，中年以後容貌開始衰老，這個愛也就完結了。那究竟以什麼交往能長久呢？道就是道義、道德，大家都以聖賢之道交往，這種情義才能長久。聖賢之道的根就是孝道。如果自己不能夠忍耐，先反思一下自己對父母能做到百分之百的忍耐嗎？**我自己在學習傳統文化的過程中，發現一個真理，所有問題的癥結到「根」上尋找就能找到。傳統文化的根就是「孝」，這是所有德行的源泉。無德之人必不孝，德行不圓滿必定孝道不圓滿。家如是，企業亦復如是。**員工做人的根基是孝道，如果孝道缺失了，企業這個家的「根」也就沒有了。

《弟子規》第二篇就是「出則悌」。悌道是孝道的延伸，如果沒有孝悌之道就不稱其為「家」文化。曾國藩對自己的四個弟弟這樣叮囑，他說：「從古到今，官宦人家，大多只有一二代就享盡榮華了，主要的原因是子孫後代開始驕橫跋扈，緊接著就是荒淫放蕩，最後就落得個拋屍荒野的下場。而那些做生意買賣的富家子弟，我們能看到勤儉持家的，可以延續三四代；耕讀傳家的，能夠謹慎質樸，這個能延續五六代；孝友傳家的，孝友就是孝悌，孝悌傳家，可以綿延十代八代。」有一本古書叫《師古篇》，裡面就講了一個故事：唐朝有一個人叫雷孚，他的秉性很仁慈，從來不與人爭，人任何人都和睦。他的先祖就是以孝悌傳家，傳到雷孚這一代已經是十一世，都是這樣的家風，舉家和睦沒有紛爭，雷孚後來考上進士做官很清白，最後很榮貴做到太子太師。

「兄道友，弟道恭；兄弟睦，孝在中；財物輕，怨何生；言語忍，忿自泯。」忍的是什麼呢？首先就是口角上。你看「和」這個字，是先從口上和啊。言語不能忍耐，就會產生忿恨就有相爭了。如果能夠對財物看輕一點，別看得那麼重，多讓點利，在言語上多忍耐點，自然風波就不起了，所謂一個巴掌拍不

響。落實《弟子規》，的的確確就是傳統文化的扎根教育，根扎得不夠深不夠透就容易出問題。同事如手足，要有這樣的存心就不會忍耐得那麼痛苦了。真正的忍耐是一種仁愛之心，想到自己就想到別人，「已所不欲、勿施與人」。到了企業就像回到家一樣，甚至比回到家還快樂，這樣每天上班的心情有多好？日子過得有多快樂呢？幸福不是擁有的多，而是計較的少。我常常想，人為什麼會有煩惱，無非是想自己的利益太多了。如果不想自己的利益之事，念念想的都是父母家人、員工同事、客戶朋友……這個人一定是非常快樂的。

這是我們的員工寫的關於「忍耐」，我很受感悟，很質樸的一段話。他這樣寫道：「『忍耐』這個詞對我來說做得太差了。記得有一次，我做雜誌，有一頁，我做了好幾天一直沒有感覺，很鬱悶。在別人眼裡，我的工作好像很簡單，幾下子就能出來一張圖。其實，我的工作很費心思，從美學角度講，每個顏色、每個比例、空間留白、黑白灰對比都有理論基礎，但是，事實上，需要多次修改，調整。在第三天的審稿中，我的稿被否定了，我忍不住了，很生氣，說了很多不該說的。在第二天早上，我們誦讀弟子規的時候，『言語忍，忿自泯』猶如當頭一棒，給我骯髒的心靈洗了個冷水澡。我覺得我做得很不對，我很慚愧，感覺《弟子規》教育了此時此刻的我。我向同事道歉，同事原諒了我。這讓我明白了，原諒別人，忍耐別人是多麼智慧的一件事情。所以，如果想成事，必須要學會智慧地面對。所以，世界上雖然有很多謊言，很多虛假，但是我們沉下心來研究古聖先賢的經典，理性地看待周圍的事情，面對困難和挫折微微一笑，沒有解釋不了的事情，沒有溝通不了的事情。要想提高我們的德行，就從忍耐開始吧。」

【「忍耐」就是修身養性】

古人常講「修身、齊家、治國、平天下」。怎樣能讓企業這個家齊呢？齊家也好、治國也好都要從修身開始。身怎麼修呢？身不是靠名和利修出來的，所謂「格物、致知、誠意、正心」，這是修身的路徑。格物是第一步。外在的欲望好格除，內在的壞脾氣可是不太好格除。這是自己這一年多來最大的體會。現在能做到三日不出門，唯讀聖賢書，但是無法做到將自己的壞脾氣很快放下。我想「忍」是最關鍵的，看到不如自己心意的人啊、事啊能夠忍過去，從小事上培養自己的涵養忍耐工夫，從細微處默默洗滌自己的壞脾氣。

　　前兩天看到一則電視新聞，說的是一位醫院的女護士因為與一位患者家屬發生口角，一時沒忍住將一杯熱水拋到了這位家屬的身上，頓時嚴重燙傷，結果這位女護士不僅承擔所有醫療費，還賠償了五萬元，被媒體曝光。看到這則新聞自己很受震憾，如果沒有學習聖賢文化，在極端情況下自己是否也會忍不住呢？前兩天，公司一位主管生病了，我讓一位男員工打電話問問好了嗎，等了一上午也沒等到回信，我就自己打了一個電話問了一下。下午的時候，這個男員工想起來過來給我彙報，我一聽就生氣了，冷冷的說：「這都幾點了，我自己問完了，你不用跟我說了。」晚上回家後，怎麼想怎麼不是滋味，就拿起電話給這位男員工道歉，說下午真的對不起，其實自己主動打個電話就好了，麻煩別人還抱怨人家，真是不應該，請他能原諒我。男員工訥訥的沒說什麼，回頭給我發了一個短信：「陳總，你剛才的電話讓我楞住了，我都不知道說什麼好了，你生氣是應該的，是我彙報不及時，我以後一定改，您放心吧。」

　　後來自己在家琢磨，**忍第一步是忍住口**。先在嘴上忍住不說，自己心裡一點點轉，將自己煩惱的心轉為平和的心，多想想平時學的那些道理。**第二步是忍住色**。就是自己的面色上不能有一絲動怒的感覺，這就需要自己能真的感恩帶給你煩惱的人。無論什麼樣的人和事，都是來考驗你的，是他們成就你的德行的，

所謂「以事練心」。**第三步是忍住心。**世間的事如果能包容其實也就不需要忍了，任何事都無所謂對錯，只是站的角度不同罷了，如果每個人都是你自己感召來的，那他們就像你的一個投影一樣，誰會和自己的影子計較呢？就像舌頭和牙，舌頭怎麼會和牙打架呢？更何況人老了，最後留下的是舌頭還是牙呢？柔能克剛，一點都不假啊。

我記得看過古代《德育故事》中有這樣一則故事，叫「公藝百忍」。 唐朝時候，有個姓張名叫公藝的，他家裡竟有九代同住一塊兒不分家。高宗皇帝就叫了張公藝來問他道：「你們能夠使得族中這樣的和睦，究竟是用的什麼法子呢？」張公藝就請求用了紙筆來對答，高宗皇帝就給了他紙筆，張公藝提起筆來，竟接連寫了一百多個忍字，進到皇帝那裡。照張公藝的意思，以為大凡一家人家，宗族間所以不和睦，每每由於尊長的衣食，或者有了不平；卑幼的禮節，或者有了不完備。大家互相責問，互相怨望，所以就發生了種種乖異和爭鬧的事情，倘然大家能夠百樣都忍耐些，那麼家裡當然很和睦的了。

【「忍耐」是成功的根基】

我的先生曾經跟我和員工說過這樣的話：忍耐分為三個層次：

第一個層次是「忍受」。忍受就是一個人能夠對一切人、一切事做到不回口，別人即便誤解了自己也不辯白，在心裡默默承受下來，這至少是一種修養。

第二個層次是「寬容」。就是從心裡能夠原諒對方，把心量放寬，站到對方的角度就容易理解了，就不需要忍受了，就能夠寬以待人，猶如大海容納百川，大海沒有因為說那條河流是污穢的就不接受了。人說心有多大事業就有多大，的確如此。

第三個層次是「包容」。先生說事情其實沒有什麼對與

錯，如果根本不放在心上，**這些事情也就不會妨礙到你。讓自己的心永遠都清淨，無染汙，那真的就是「心包太虛」的境界了。**

想成功嗎？我想這就是成功的根基。古人有句話叫「量大福大」，忍耐能讓自己的心量變得越來越大。人爲什麼要忍耐？明白道理了就會心甘情願的忍耐，忍耐能讓自己心平氣和，不斷提高自身的境界。

我們從事的是金銀幣行業，這個行業是有點特殊的服務行業。爲什麼呢？因爲銷售的產品比較特殊，是國家的法定貴金屬金銀紀念幣。幾年做下來，自己得到的體會就是「一枚枚幣因爲人而生動起來」。如果沒有造幣工匠師精心雕刻，幣就不會有神韻；如果沒有收藏愛好者的喜愛，幣就不會有人欣賞。而我們作爲中間的傳遞者，如果單單就是爲了謀利，是不是這幣上會多了很多的銅臭味呢？「幣」還是文化些好，還是清淨些好，所謂「物以類聚，人以群分」。一個企業如果都聚集的是一些貪利的利益之徒，這個企業的磁場一定不會好。如果企業員工個個都是有孝心、有愛心的人，是個和諧團隊，「幣」是不是就會更精彩，吸引的客戶也就不一樣了呢？客戶都是來成就我們的，無論是什麼樣的客戶，來的都是有緣人。每每放下自己，以一顆真誠的心與客戶相對，永遠讓自己的心純淨純善，沒有染汙，我相信就不會有那麼多煩惱與抱怨。

【結束語】

我非常喜歡這樣一段話：「愛是恒久忍耐，又有恩慈；愛是不嫉妒；愛是不自誇，不張狂，不作害羞的事，不求自己的益處，不輕易發怒，不計算人的惡，不喜歡不義，只喜歡真理；凡事包容，凡事相信，凡事盼望，凡事忍耐；愛是永不止息。」忍耐就是愛，愛一切人，愛一切物。尤其是我們進入社會都要從事一份工作，如果能用一顆恒久忍耐的愛心在做，所謂行行出狀

元，一定會在這個行業裡出類拔萃的。

鴻祥「賺錢之道」

也許中華優秀的傳統文化我們缺失的太久遠了，也就陌生了。很多人都會認為，學習傳統文化就是不賺錢或是賺不到錢。事實是不是這樣呢？我們大連鴻祥經歷了一年半學習傳統文化的路程，雖然很短，但事實證明，傳統文化不僅讓我賺到錢，而且引領企業向更健康、長期、有序的方向發展。

作為中國金幣的特許零售商，在沒學習傳統文化之前，對總公司提出的「淬煉金銀、傳承文化」理念並不能深刻理解。而在不斷學習並身體力行傳統文化的過程中，對這個理念有了更深層次的理解，也明白了一個道理：有了文化的企業才能持續長久的經營，也才能真正明瞭「賺錢之道」。我請教了鴻祥的董事長，也是我的先生，請他來跟員工講講什麼是「賺錢之道」？自己很受益，總結出來與大家分享。

先生說，其實賺錢很容易，對每個人來說都是如此，只是你要具備良好的心態。這也是學習傳統文化讓你們慢慢明白的道理，這是最基本的條件。他總結了這麼幾點：

①**從來不抱怨。**的的確確，在先生經商的十幾年歷程中，我從未看到過抱怨與不滿，總是平靜面對任何順境、逆境，所謂「勝不驕、敗不餒」。在成功的時候沒有驕傲過，好像這都是過去式，在心裡很快就翻過了這一頁；在不順的時候從來沒有氣餒過，總會百折不撓的去努力再努力，即便放棄了也從來不遺憾。投資也有失敗過，但就像他自己說的，就算交筆學費，自己能學到的更多。不抱怨是人的修養，也能看出人忍耐的程度。先生曾經總結過，其實談到「忍」，更多是指面對自己不能接受的人和事如何去做。他說「忍」有三個層面：一個是忍受，就是即便自

己對了或者無所謂對錯，自己在嘴上也要能忍受住，不要隨便發洩；第二個是寬容，就是從心裡原諒對方的過錯或無理，能夠坦然受之，自己不僅嘴上不說，心裡也能放下；第三種是包容，就是自己能夠站在對方的角度上去看問題，就會發現其實無所謂對錯，只是站的角度不同罷了。比如：對方很無理，如果對方根本不明理，這不是很正常的嗎？又何必去計較呢？愛計較愛抱怨的人只能把自己越活越狹窄了，把自己的路走死掉，關鍵還不知道自己為什麼會這樣，豈不是愚癡嗎？不抱怨才能有一個寬廣的胸懷才能有一顆感恩的心，所以成功從不抱怨開始。我覺得很有道理。所謂「禍從口出」，不抱怨的人積攢了「口福」，人的口的確是禍福之門，一定要讓自己的口能成為積福之門。

　②**謙虛。**先生說自信的謙虛與不自信的謙虛有本質的不一樣。他舉了一個很形象的例子，比如倒茶水的水壺，當水滿自溢的時候，你倒水就很輕鬆；如果水壺裡的水不滿，你倒的就很費力。謙虛的人正如水滿自溢的水壺，他自己有道德，有學問，內在的東西可以源源不斷地流出來，而不謙虛的人恰恰相反。壺裡的水要自己往裡裝，比如在年輕時自己事業沒有起步的時候，要努力學習，透過不斷學習來充實自己，讓自己能真正沉澱下去，厚積薄發就是這個道理。機會對每一個人其實都是平等的，只是當機會來時，準備好的人可以安然受之，而沒有做好準備的人只會抱怨歎息。先生還用了一個很形象的比喻，他說你看動物之王，無論是老虎、獅子，還是大象，走在田野上，永遠都那麼悠閒自在，那種威儀就是自信的謙虛，而且他們輕易不會發怒不會叫喚，所以他們能成為獸中之王。而蚊子，成天嗡嗡直叫喚，沒有人在意它，往往剛一叫就被人拍死了。所以成天滔滔不絕，喜愛表現喜歡講話的人，一定肚裡沒有真東西。這就是「惟謙受福」。這是第二個積福之道，有福的人才能賺到錢，沒有福怎麼會有財。

　③**忠誠度。**先生說忠誠不僅僅是對企業、對主管、對朋

友，還有對自己從事的這份工作以及自己所銷售的產品，說白了就是對自己是不是忠誠。一個只有對自己能忠誠如一的人，才能做到對別人忠誠。這話初聽似乎有點費解，實際上很簡單，就是你自己對自己有沒有信譽度，是不是口是心非。先生舉了一個例子，如果你對你賣的產品都不喜歡，都沒有自信，怎麼能言不由衷地將它賣給客人？

人這一生並不是愛哪行做哪行，實際上是做哪行愛哪行。只有自己內在的那份真誠心不變，才能在一切環境下都能自在如意，否則就會煩惱很多，總會給自己的不成功找到理由。

這個行業不是我愛做的，這個產品不好賣不出去，這個領導者不好、同事不好等等。這樣的人沒有對人忠，對己不誠，是不會成功的。無論做什麼，都要全身心的去做，所謂「一門深入、長期薰修」，自己才能在這個行業中得到真諦，才能真正取得成功。俗話說「一通百通」，先生說經商有商道，你得明白道。什麼是道？就是自然規律，就跟你學法律要先學法理，學經濟學要先學經濟學原理一樣。經商也有經商的道理，明白了其實做什麼都一樣，做什麼都能賺錢，跟做什麼沒有關係。比如「捨財得財」「財散人聚，財聚人散」，這就是商道。你悟透了就明白怎麼捨，怎麼散，如果沒有悟透就會四處碰壁。悟是需要靠時間的，貴在有恆，對於那些「三天打魚、兩天曬網」的人，是怎麼也不會成功的。一個人都對事業如此，對婚姻如此，一生都會幸福。

④**勤奮**。所謂「家興一曰勤，二曰儉」，勤一時易，勤一世難。先生從二〇〇〇年開始自己做生意，直到今天始終沒有懈怠過。我幾次提出想帶孩子與先生去國外旅遊，都被先生拒絕了，先生總是說還不到時候。十多年了，自己後來也就不提了。記得前年（二〇〇八年）行業內組織去美國考察，我在簽證的時候，美國移民官都很奇怪，說你的家庭條件很好，怎麼都一次沒有出過國？我笑著說：「太忙沒時間。」記得先生自己花三十元

買來一個木製的小工藝品，上面是一頭牛和四個字，這四個字是「業精於勤」，放在他的辦公室桌案上，一直用於自勉。勤奮是在生活的點點滴滴之中，如果沒有這兩個字，先生也不會走到今天。在先生日曆中從來沒有休息與假日兩個字，所以當去年（二○○九年）在傳統文化論壇上，我聽到「丈夫您辛苦了」這個歌，歌詞中的每個字都讓我感動，自己淚流滿面，先生的確值得我一生去學習。

⑤**不見人過**。先生說，人要懂得尊重別人和向別人學習。每個人身上都有優點，要善於學習別人身上的長處，不斷修正自己身上的短處，哪怕每年只改掉自己身上一個毛病，十年下來你也會有很大收穫。事實也是如此，我從來沒有聽到先生說任何一個員工不好，他經營企業十餘年沒有主動辭退任何一個員工。這話說說容易，但真正能做到，的確很難很難。生活就是一本大教科書，怎麼能善學會學，需要有一番定力。沒有定力的人，一定會被生活的漩渦沖走，容易迷失自我。先生在十餘年的創業中，有這樣幾句話一直跟著他，記得在創業初期是「無欲則剛」。

先生說不良的嗜好在受用的時候很快樂，但也能將你的事業家庭頃刻之間毀於一旦，正如「刀尖舔蜜」一樣，人一定要懂得自制、自律。

後來是「上善若水」。像水一樣能隨圓就方，隨順外面的境界而不變自己的初心。再後來就是「厚德載物」。雖然先生不像我每天都學習傳統文化，但是傳統文化好像從來沒有離開過他。我想那是更高的境界吧。

⑥**家庭觀**。先生是個家庭觀很重的傳統男性，「男主外、女主內」，妻子如何做好相夫教子這是先生與生俱來的觀點。一個事業能成功的男人的確有他不一般的地方。回首這麼多年，發現先生最大的一個特點是從來沒有把家裡當成發洩的場所。有時只能從他的臉色上猜一猜，然後安慰他幾句，以前總是說：「別想那麼多了，車到山前必有路。」後來先生笑著說：「你這個路

在哪呀？」我自己也啞然。再後來就說：「別那麼累了，差不多就行了，我們已經很好了。」先生就會說：「那跟著我的員工和朋友怎麼辦？我不能只想自己。」我還是啞然。這幾年隨著自己學習傳統文化的深入，似乎對先生的心意更明白了幾分。也是在前些天，看到先生晚上回家似乎有些不如意，我就隨口問他是不是有什麼煩心事，他就答應了一聲。我想了想，說道：「人有煩惱都是有所求，如果能將求的心放下，其實煩惱也就消失了，所謂『人道無求品自高』。以我們現在的狀況，完全可以以一顆無求的心去做。」先生當時沒有說什麼，但事後很高興地說他很有啟示。隨著先生事業的不斷做大，自己也常常警醒自己，自己是不是「德不配位」？是不是有足夠的心量去關愛更多的人？

最後先生總結說，這些話聽來都很簡單，也是耳熟能詳的話，但真正自己能做到，還是靠「悟」的，就是用自己的心不斷去感受。

悟是向內不是向外，外求是求不到的。如果悟不到，即便賺到錢也留不住錢。

怎麼樣能安然的賺錢和智慧的花錢，這需要人不斷去學習的。再一次感恩我們祖先五千年的傳統文化，每天學習它，就像每天與一位五千歲的智慧長者在對話，她超越時空讓我們能夠回歸自性，明白人與人之間如何相處，明白人為什麼要做一個有道德的人，在不斷的明理中超越了自己，也能在現實生活中找到心靈的寧靜和歸屬。

【我們是相親相愛的一家人】

「有緣才能相聚，有心才會珍惜，因為我們是一家人，相親相愛的一家人，有福就該同享，有難必然同當，請相信這份感情值得感激。」這是鴻祥的家歌《相親相愛的一家人》。每當公司年會，每當有重要活動，每當給員工過生日，這首歌就會在鴻

祥團隊中唱起來。鴻祥一路走過五年，有坎坷有歡笑，不過這個大家庭卻越來越興旺、越來越和諧了，這都源於每位鴻祥人堅定的信念，那就是：「我們是相親相愛的一家人。」

　　和諧和效率是鴻祥企業家文化的主旋律。二〇〇九年五月我將中華傳統文化引入大連鴻祥，剛開始也遇到了質疑、猜測和不解，但懷著堅定的信念，不懈的努力走下來，至今已經兩年多了，公司發生了巨大的變化。《弟子規》的教導已經深入每位鴻祥人的心田，員工懂事了明理了，遇事不再計較不再抱怨，明白做事之前先做好人。更重要的是，員工從心底裡開始真正喜歡這份工作，所謂做一行愛一行，能發自內心的投身於金銀幣事業，讓我們看到了公司的未來，也看到了金銀幣的未來。那些喜歡鴻祥理念的員工，經過考核走進這個大家庭，傳統文化像一個淨化的篩檢程式一樣，把鴻祥提煉得越來越像一塊閃閃發光的金子。

　　在二〇一一年，公司經營也面對一些挑戰，比如部分專業人才的流失、產品線的調整。面對挑戰，公司做出重要戰略調整，重新整合人員架構，與去年（二〇一〇年）同期相比，創造了更好的業績。我常常跟鴻祥人說「筷子理論」，一根筷子容易折，一捆筷子擰不斷，團結就是力量，相信家和萬事興，相信鴻祥的命運把握在我們自己手中。我同員工講：銷售有淡季，人心不能有淡季，要永遠用真誠的愛心對待我們所從事的金銀幣事業。重新調整後的銷售團隊，因為大家心往一處想、力往一處使，因此更具戰鬥力，創造了一個又一個銷售業績：比如今年（二〇一一年）六月公司開拓了電視購物平臺，第一次上節目就迎來了「開門紅」，備貨二十套熊貓金幣不到一小時銷售一空，轟動了整個電視臺，對中國金幣品牌認可度大大提升，也讓我們更有了信心。記得二〇〇九年我們也曾經與電視購物合作，但卻因銷售極其不理想而停止了合作。

　　在今年（二〇一一年）大連第三屆國際珠寶節上，展會期間雖然連續幾天暴雨，來展會的人並不多，但在中國金幣大連鴻

祥的展臺前卻人潮湧動，銷售額近八十萬。與前兩屆銷售額緊緊幾萬元相比，讓鴻祥人更有了信心。麥凱樂商場是大連最高端的商場，鴻祥以優秀的業績從五樓進駐一樓，一樓是世界各大高端奢侈品品牌薈萃之地。「中國金幣專櫃」一開始並未受到重視，但沒有想到今年（二〇一一年）上半年，業績一直在前三名，僅次於周大福、周生生這樣的國際一線珠寶品牌，而鴻祥員工的誠敬謙和更博得麥凱樂商場上下一致好評。金銀幣行業每年過了春節以後，在上半年都會面臨淡季，但鴻祥今年（二〇一一年）上半年卻「淡季不淡」，同比去年（二〇一〇年）銷售額增加了百分之二十多。鴻祥主店在經營三年後，進駐商場 開設了第一家分店，到去年（二〇一〇年）開設了第二家分店；從營業店面到開拓有線購物，每一步都穩紮穩打，絕不盲目擴張，業績一直穩步上升，每個店面都帶著鴻祥特有的企業文化，帶著中國金幣獨具的魅力，打響了一個又一個市場。

　　鴻祥今年（二〇一一年）每月舉辦的各種主題宣傳活動，在行業內更是引起廣泛關注，從金融展、珠寶展、汽車展、遊艇展，到獨家承辦「沈久銘鋼琴」音樂會，再到為會員孩子舉辦「中國金幣鴻祥國學夏令營」，每個活動都令人耳目一新，讓人印象深刻。這些活動全部出自於跟隨鴻祥五年走下來的一位老員工。她年紀僅二十四歲，一畢業就來到了鴻祥，跟著一同創建鴻祥，也見證了鴻祥走過的五年。這五年來很多員工都像走馬燈似的來了又走，但她卻一直留了下來，兢兢業業，安安穩穩，踏踏實實地盡力做好公司交代的每項工作，正如《弟子規》所言「居有常，業無變」。而反觀現在很多年輕人，好高騖遠，一時工作不如意或者追求高薪，就不斷跳槽調整工作，心思不定，最終也一無所成。而她卻能將心安住在鴻祥，安住在金銀幣事業上，從一名站在櫃檯前的普通營業員，成為今天公司的企劃骨幹。公司目前全部的活動從主題策劃、對外聯繫、組織開展，到後續的活動總結，全部由她來挑大樑。公司在大連最有名的財富雜誌《新

魅力財富》上一直有長期版面，進行鴻祥「企業家文化」的弘揚，她在編輯需要發表文章的過程中，也在不斷學習和克服自身的毛病習氣，她以一股不服輸的勁頭咬牙闖過了一個個難關，她的辛苦付出得到了公司內外的一致認可，讓我們看到了幾年來她的成長。我相信以德爲本，一門深入，她今後的路會越走越寬。

　　一直以來，自己相信，人的能力不是最重要的，最重要的是德行，你再有能力，如果品德很差，自己就會堵死自己發展的路。在學習傳統文化的過程中，曾經老師這樣說過：有德無才的人是普通品，有德有才的人是優秀品，無德有才的人是危險品，無德無才的人是廢品。什麼是德？德的標準如何衡量？就是簡簡單單的一本《弟子規》。企業的良性有序發展絕對不是依靠某一個人成就的。企業不能沒有文化，只有當這種文化真正扎根在每位員工的心裡，隨著根越紮越深，企業就越來越有凝聚力，就會成爲擊不垮、打不敗的常勝將軍。

　　麥凱樂店長大學畢業進入鴻祥，從公司主店進入分店，看著她一步步成長成熟起來，就像看到了自己的女兒一樣。就是這位店長，半年完成全年銷售任務，但卻從來沒提出要過一分錢的獎金和獎勵，在她給我的信中，她寫道：「陳總，我沒有讓您失望，也沒有讓您擔心，我沒有給中國金幣、沒有給大連鴻祥丟臉。感謝您幾年來的培養與教導，鴻祥是我家，我真心地愛這個家，愛這個家裡的每個人！」看到這段話，眼前不禁出現一幕幕畫面：就是這位員工，自己曾經面對面教她如何背誦《弟子規》，如何理解那裡面經句的意思。就是這個員工，曾經寫錯過銷售小票，白白賠給客戶幾千元。當她向我借錢時自己咬咬牙忍住沒給，只是希望她能一生記住這個教訓，但卻悄悄在年底的紅包中多放了幾千元，並告訴她別欠人錢。同樣當這位員工相戀，遭到男友母親的反對時，自己暗地給男友母親打電話溝通，告訴她這是個好女孩，現代社會已經很難得了。男友母親只是很婉轉的跟我說，現代女孩都太大手大腳了。於是自己在公司專門開了

個會，號召所有年輕員工每月都能存一部分錢，讓公司財務幫忙理財；不要見什麼都買，要懂得節約。年輕員工紛紛響應。後來當我告訴那位母親時，母親非常高興，兩人已經商議明年（2012年）要結婚了。這就是鴻祥的家文化，正如古訓所言「作之君、作之親、作之師」，自己既像老闆，又像母親，又像老師，帶著他們一點點成長起來。

古人有訓：「王化出自閨門，家利始於女貞。」是說一個國家的教化出自於閨門，一個家庭的利益始於女子的貞德。考慮到公司女員工占的比例大，女德的教育就格外重要，自己學習也帶著她們一起學習，自己講課的光碟都拿回來給她們聽，公司還有個義工打字小組專門幫我打女德講課資料。所謂「相由心生」，女孩子心地越來越純淨，越來越善良，很多來過鴻祥的人都覺得鴻祥女員工氣質不一樣。女人沒有了怨氣沒有了惱恨，這個家的磁場也越來越好了。在鴻祥四樓的員工食堂，有這樣一景，雪白的牆上，掛著一幅員工自己做的畫，上面寫著一行字「我們是一家人」。每天中午鴻祥女員工會自動輪流做飯，記得一位銀行行長有一次找我談事，就在我們公司用的午餐，對我們女員工做的飯菜讚不絕口。想想剛來公司的時候，女孩子都是八〇年後沒有會做飯的，自己從開始學習女德，講女德之後，就在公司教女員工學習女德，開始手把手地教她們做飯，教她們如何做女人。現在她們不僅在公司做，回家還能給父母做一頓可口的飯菜，父母都非常高興。這份盡孝之心就是最寶貴的德行。

俗話說「百善孝為先」，一直以來自己帶著員工力盡孝道，敦倫盡分。在今年（二〇一一年）的七月，我收到了公司一個女孩的一封來信，題目是「子欲養而親不待」。看到這篇文章，我幾度落淚。記得二〇〇六年接過先生剛成立的這個公司，也是我人生第一次擔任總經理走馬上任。那時公司只有十來位新員工，都是剛剛走出校門的學生，給我寫信的這位女孩子就是其中一個。她當年只有二十一歲，記得第一次見面，她穿著白白的

裙子，一笑臉上就有兩個大酒窩，甚是可愛。公司開業那天，她的母親特意來到公司，並囑咐孩子要在這兒好好幹。這位女孩子身體不是很好，幾次因病休假，母親擔心被公司辭退，就幾次來公司表達歉意。每次看到母親那份對女兒的愛，我的心都被深深感動。可這份愛在二〇〇九年十月的一天打破了。那天我回公司，我在往樓上走的時候，身後有個小手輕輕拽了拽我的衣服，一個聲音無比悲痛的說：「陳總，我完了，你幫幫我。」我回頭看看是這個女孩，自己還很鎮定地說：「天不會塌的，到我辦公室說吧。」到了辦公室，女孩立即痛苦失聲，說：「陳總，我媽媽今天檢查是肝癌晚期，醫生說只有三個月了。」我聽了雖然很震驚，但還是安慰她說：「沒關係，相信我，一定會有轉機的。」她的母親雖然已知道自己的病情，但面對死亡這位母親很堅強，也很平靜。記得我去看望她的時候，她跟我說：「女兒以後就託付你了，你就是她媽媽了，麻煩你多費心，只要女兒能在你身邊我就放心了。」我聽了心酸無比，怎麼也想不到，這樣活生生的人怎麼就會走呢？自己立即決定讓女孩回家，陪伴母親度過最後的日子。兩個月後女孩給我打電話，說母親已經安然走了，雖然肝癌最後都很痛，但母親似乎沒有什麼痛苦，醫生也很奇怪。這位母親的離去，讓我領悟到，作為企業的老總，不僅僅帶著企業獲得財富，更重要的是，要給員工最堅強的後盾，最安穩的一個大家，讓所有鴻祥人在這個家裡得到幸福和快樂。我想告訴天下人，面對如此容易逝去的生命，兩件事不能等：盡孝不能等，行善不能等。

　　兩年來，這位女員工曾經一度頹廢消沉，我不知道如何關愛她，也不知道怎樣走入她的內心。但隨著自己學習傳統文化的深入，也能感同身受小小年紀失去母愛的痛苦，看到她越來越覺得就像看到自己的孩子一樣。我相信，只要有母親一樣的愛與耐心，她總會成長起來的。今年（二〇一一年）她就已經不是很讓我掛念了，工作越來越努力，也提升了很多。自己也告訴這位女

員工做人要有仁義，要多為別人著想，把女德學好，一定要有愛心，愛是一切疾病的良藥。我堅信，這位女員工一定會成為一個優秀的女孩子，讓她母親無論在哪裡都會高興，自己沒有白生下這樣一個女兒。

作為鴻祥帶頭人，自己不僅在企業落實「家文化」，也帶著員工走向社會，讓員工在給予與付出中感受真正的幸福與快樂。在二○○九年八月公司舉辦主題為「和諧身心，和諧家庭，和諧企業」的大型傳統文化公益論壇，從前期籌備到正式舉辦，全體員工都是義工，讓更多人明白修身齊家治企之道，明白和諧的重要意義。如果企業家就是為了賺錢而生存，如果企業就是賺錢的工具，我相信這樣的人生和企業不會有價值和意義。自己從二○○四年接觸並學習古聖先賢的經典，自二○○九年開始一直致力於弘揚中華傳統文化，並義務為國內各地政府舉辦的論壇講課。記得去年（二○一○年）參加香港舉辦的「亞洲企業家精神啟迪論壇」，做了「齊家治國，女德為要」的主題講演後，有位老人送我一幅字，上面寫道：「老吾老以及人之老，幼吾幼以及人之幼。」這句話真的說出了自己的心願，有願也需要有緣，如果沒有善緣也很難成就。

在去年（二○一○年）大連舉辦的「魅力盛典」上，當我風塵僕僕從呼和浩特講課剛下飛機，走上台去領取「魅力年度公益人物」獎項的時候，組委會播放了對我員工採訪的一個短片。自己很意外，但是當聽到員工一句句發自內心真誠的話語時，忍不住熱淚盈眶。員工說：「陳總，讓我叫你一聲陳姐，我們愛你，當你為社會付出的時候別忘了，我們永遠在背後挺你！」想想怎會忘記這些鴻祥家人呢？每一點滴都離不開他們默默無悔的支持，有時自己剛到一個講課的地方，就會收到員工的問候短信和郵件，每封信裡都是：「陳總您辛苦了，要注意身體，您放心，家裡一切都好！」有時銷售額上不來，他們比我都急，尤其是公司的管理層以身作則教導員工，真正做到了正己化人，挑起

各部門的重擔，使公司管理越來越有序，逐步邁入了規範化發展的軌道。鴻祥作為中國金幣的一分子，每位鴻祥人都有一種擔當、一種使命，讓企業的家文化徹底落實在公司上上下下，裡裡外外。五年來他們所作的一切，怎能讓我對他們不感恩呢？！鴻祥已經成為我生命中又一個家，每位鴻祥人都如同我的手足、我的家人，鴻祥因為有了他們而精彩。

【小結】

《易經》云：「積善之家，必有餘慶；積不善之家，必有餘殃。」對於鴻祥這個大家庭何嘗不是如此呢？一個企業真的就如同一個家一樣，哪個企業不希望這個家成就百年基業呢？但正如《易經》所云，這個家要想有根基，一定要如理如法地去經營，要懂得自利利他，要懂得回報社會。自己從二〇〇九年五月把中華傳統文化引入大連鴻祥，用《弟子規》、《女誡》等古聖先賢的經典教導員工，企業面貌真的煥然一新。

時光如流水，轉眼鴻祥已經走過了五年，自己也從三十五歲步入了四十歲的中年。帶著這個團隊一路走下來，最幸運的是我們遇到了中華傳統文化，遇到了同樣與中華傳統文化有不解之緣的中國金銀幣，這才慢慢品味到總公司那句「淬煉金銀，傳承文化」的真正含義。

承載著總公司對我們的期望，也承載著鴻祥家人對我們的期望，在金銀幣這個行業內，傾盡我們畢生的精力也無怨無悔。鴻祥一定會不負使命，邁著每一個堅定的步伐，走向下一個更美好的五年！

國家圖書館出版品預行編目(CIP)資料

齊家治國 女德爲要 / 陳靜瑜編著.
初版. 臺北市：華志文化, 2017.01
面； 公分. -- (中華文化大講堂；8)
ISBN 978-986-5636-73-9(平裝)
1.修身 2.女性
192.15　　　　　　　　　　105022566

系列／中華文化大講堂 ⓪⓪⑧
書名／齊家治國 女德為要

華志文化事業有限公司

編　著　陳靜瑜（講述）
執行編輯　張淑貞
美術編輯　簡煜哲
封面設計　王志強
總　編　輯　楊雅婷
社　長　楊凱翔
出　版　者　華志文化事業有限公司
電子信箱　huachihbook@yahoo.com.tw
地　址　⑪⑥台北市文山區興隆路四段九十六巷三弄六號四樓
電　話　02-22341779

總　經　銷　商　旭昇圖書有限公司
地　址　②③⑤新北市中和區中山路二段三五二號二樓
電　話　02-22451480
傳　真　02-22451479
郵政劃撥　戶名：旭昇圖書有限公司（帳號：12935041）

出版日期　西元二〇一七年二月初版第一刷
售　價　二八〇元
書　號　D108
本書稿酬無償　歡迎公益助印